KB104619

파 리 의 열 두 풍 경

Tout sur Paris

루브르에서 루이뷔통까지,
조홍식 교수의 파리 이야기

파 리 의 열 두 풍 경

조홍식 지음

책과함께

차례

저자의 말
파리로의 초대
· 9 ·

I
예술의 파리

"우리는 평생 삶을 사랑과 희망의 색으로 칠해야 한다."

아름다운 빛의 도시 · 17 | 작고 아기자기한 규모 · 21 | 일상에 살아 있는 미 · 23 | 다양한
무대와 공연이 풍부한 천국 · 26 | 실험정신: 새로움에 도전하라 · 30 | 축제의 도시 · 33 | 가
난해도 예술가로 성공할 수 있다 · 36

II
낭만의 파리

"현실적이 되어라! 불가능을 요구하라!"

생미셸 분수 앞에서 만나자! · 45 | 쇼팽과 상드의 로망스 · 49 | 우발적 사랑과 필연적 사랑
· 53 | 남과 여: 노르망디에서 헤어지고 파리에서 기다리다 · 56 | 일광욕을 즐기는 파리의
해변 · 60 | 파리지앵은 모두 한 마을 사람이다 · 63 | 센 강변의 노상파티 · 66

III

명품의 파리

"향기가 없는 여자는 미래가 없는 여자다."

문화의 후광 · 75 | 유럽의 문화 수도 베르사유 · 78 | 부르주아의 본산 · 82 | 파리 최대 명품의 거리, 몽테뉴가 · 85 | 루이뷔통과 에르메스 · 87 | 세계 최대 화장품 회사 로레알 · 92 | 차이나 프라이스에서 차이나 파워로 · 95

IV

혁명의 파리

"인간은 법적으로 자유롭고 평등하게 태어나고 살아간다."

근대 정치의 광장, 샹드마르스 · 103 | 대중이 주인공이자 관객이다 · 106 | 아이는 아빠와 엄마가 필요해! · 109 | 저항의 전통이라는 유전자 · 112 | 정치실험을 관광하다 · 116 | 부당한 권력에 항거하라 · 118 | 젠트리피케이션: 부자들의 도시가 될 것인가 · 122

V

이성의 파리

"나는 생각한다, 고로 존재한다."

근대성의 천재, 고독의 데카르트 · 131 | 수학적이고 합리적인 공간 · 134 | 수학은 성공의 필수 · 138 | 기하학적으로 재단한 자연 · 142 | 미터와 그램과 리터 · 145 | 13개의 파리 대학 · 148 | 계몽주의 삼총사: 루소, 디드로, 볼테르 · 151

VI

과학의 파리

"행동하기 위해 예견해야 하고, 예견하기 위해 알아야 한다."

프랑스 과학기술의 상징, 에펠탑 · 161 | 공과대학과 엔지니어의 온상 · 164 | 산업혁명의 기수: 푀조, 미슐랭, 블레리오 · 167 | 근대 자연과학의 뿌리, 뷔퐁의 식물원 · 170 | 바이오 과

학의 선구자, 파스퇴르 · 174 | 최초 여성 노벨상의 퀴리 부인 · 177 | 원자력 연구의 개척자, 졸리오 부부 · 179

VII
자본의 파리
"손님이라는 민족을 위해 만들어진 근대 상업의 성당."

신용 지폐의 탄생 · 189 | 캥캉푸아 거리의 거품과 폭락 · 192 | 혁명 정부의 교회 자산 몰수 · 196 | 여인들의 행복 백화점 · 198 | 배려와 기부의 부시코 · 201 | 유대 자본의 대표, 로스차일드 가문 · 205 | 금융 자본주의의 흥망성쇠 · 208

VIII
미식의 파리
"치즈가 없는 디저트는 눈이 없는 미인이다."

근대 레스토랑의 탄생 · 217 | 식탁의 휴머니즘 · 220 | 맛의 문학: 미식을 예찬하라 · 224 | 포도주 문화: 역사와 영혼을 마시다 · 227 | 종합적 삶의 예술 · 231 | 카페에서 정치와 문화를 논하다 · 235 | 세계화와 패스트푸드의 쓰나미 · 238

IX
운동의 파리
"더 빨리, 더 높이, 더 강하게."

한가롭게 거니는 산책의 도시 · 247 | 자유의 자전거, 벨립 · 250 | 올림픽의 아버지, 쿠베르탱 남작 · 254 | 더 빨리, 더 높이, 더 강하게 · 257 | 함께함을 중시하는 공동체 의식 · 259 | 파리의 대표 축구 클럽, PSG · 262 | 계절 따라 이동하는 파리지앵 · 266

X
연대의 파리

"연대의 특징은 소외를 절대 용납하지 않는 것이다."

박애, 형제애에서 연대로 · 275 | 일요일 휴식은 노동의 권리 · 278 | 고품격의 임대주택 · 281 | 노숙자 친구 · 283 | 지하철의 이력서 · 287 | 나는 샤를리다 · 290 | 야만적 테러와 성숙한 대응 · 293

XI
세계의 파리

"파리지앵은 파리에서 태어난 사람이 아니라 파리에서 다시 태어난 사람이다."

국적, 인종, 종교 불문 · 301 | 유대인의 마레 지구: 이민자에서 엘리트로 · 305 | 적응이 빠른 라틴계 이민자들 · 308 | 아시아 각지에서 파리로 모인 중국인들 · 311 | 아랍인과 모스크 · 314 | 다양한 흑인 · 318 | 파리지앵의 조건 · 320

XII
기억의 파리

"기억이 없는 머리는 군대 없는 광장이다."

중세부터 현대까지 시간여행의 도시 · 329 | 300년 전통의 개방적 국립도서관 · 333 | 역사학이 최고 학문 · 336 | 역사를 즐겨라 · 340 | 박물관이 나라를 지켜준다? · 342 | 인류 예술과 문명의 박물관 · 346 | 공화국 정신이 만든 묘지, 몽파르나스와 페르 라셰즈 · 349

나가는 글
그래도 삶은 계속된다
· 357 ·

파리로의 초대

경제 발전을 이룩한 한국이 1980년대에 해외여행을 자유화하자, 사람들은 대부분 단체관광으로 유럽을 여행했다. 가이드가 깃발을 들고 명소를 소개하면 서둘러 '인증 샷'을 찍고 다음 장소로 이동하곤 했다. 한곳에 여유롭게 머물면서 현지 문화를 느끼기보다는 유럽 지도를 펼쳐놓고 여러 도시를 '찍으면서' 방문한 나라의 수를 늘려갔다. 압축 성장의 시대정신을 반영하듯 해외여행도 다양한 영토에 정복의 깃발을 꽂는 방식이었던 것이다. 세계 최장 노동시간에 휴가는 짧은 한국 사람들의 궁여지책이기도 했다.

하지만 시대가 바뀌면 여행 문화도 달라지게 마련이다. 이제는 단체보다 개인 여행을 선호하는 사람이 늘고 있다. 방문국과 도시의 수를 늘리기보다는 한곳을 가더라도 깊이 느끼기 위해 개인의 자유로운 시간과 여유를 가지려는 여행객이 많아졌다. 선진국에 비하면 우리의 휴가는 여전히 짧지만, 단 일주일을 여행하더라도 여러 나라를 주마간산으로 훑기보다는 한 지역의 문화를 깊이 체험하려고 한다. 게다가 은퇴한 장년층이나 대학생 등 시간적 여유가 있는 여행객도 예전보다 늘었다.

이 책은 여행이 또 하나의 일이 되는 것을 거부하는 사람들을 위한 책이다. 여행이란 여유로운 마음으로 쉬고 느끼고 발견하고 경험하는 기회이길 바라는 사람들 말이다.

여행이 단순한 관광 상품의 소비가 아니라 존재적 경험이길 원하는 사람에게 파리는 최상의 선택이다. 나는 그 이유를 설명하기 위해 이 책을 썼다. 예술과 낭만과 명품의 파리는 익히 잘 알려져 있다. 이는 한국뿐 아니라 미국, 중국, 일본 등 전 세계 사람들이 파리로 몰려드는 제일 큰 요인이다. 하지만 명성을 들어서 단순히 아는 것과 역사적 배경까지 이해하면서 일상에서 발견하고 확인하는 것은 다르다. '삶의 기쁨 joie de vivre'을 추구하는 파리지앵들의 인생 철학이 예술과 낭만과 명품의 파리에 녹아들어 있다.

이 책에서 특별히 강조하는 부분은 평소 잘 알려지지 않았거나 심지어 은폐되어 있는 파리의 특징이다. 역사 교과서에 등장하는 프랑스 대혁명이나 《레미제라블》 같은 위대한 작품 덕분에 '혁명의 파리'는 우리에게 어느 정도 익숙하다. 하지만 파리가 근대 세계를 열어젖힌 이성과 과학의 도시라는 사실은 잘 모른다. 또 파리의 상징인 에펠탑이 혁명을 기념하기 위해 만들어졌으며, 프랑스의 첨단 과학기술을 세계에 널리 알리기 위해 계획되었다는 사실을 간과한다.

세계에서 처음으로 쇼핑의 천국인 백화점이 만들어진 것도 파리다. 두터운 부르주아 계층이 소비 집단으로 형성된 최초의 도시이기 때문이다. 그만큼 자본주의 역사에서도 파리는 앞서 나가며 중심의 역할을 했다. 그리고 자본의 파리는 자연스럽게 미식의 파리를 만들어냈다. 파리의 부르주아는 먹고 마시는 일을 생존하기 위한 수단에서 인간 문화의 핵심으로 끌어올렸다. 파리에 넘쳐나는 레스토랑과 카페는 이처럼 오래전부터 축적된 미식 문화의 기반이라 할 수 있다. 인류의 화려한 축제라고 할 수 있는 근대 올림픽 운동도 파리에서 시작된 현대의 상징이다. 올림픽 경기의 공식 언어가 영어와 프랑스어인 이유다.

마지막으로 파리는 연대의 도시다. 파리는 개인의 강한 개성을 용납하는 톨레랑스^{tolérance}(관용)의 도시로 알려져 있지만, 그와 동시에 서로 상부상조하는 연대 정신을 중요시한다. 약자를 배려하고 사회적 소외를 용납할 수 없다는 인식이 강한 사회다. 또한 세계를 넉넉히 품에 안을 정도로 보편주의 정신이 지배하는 도시이기도 하다. "파리에서 태어난 사람이 아니라 파리에 와서 다시 태어난 사람이 파리지앵"이라는 말이 잘 표현해주듯이 말이다. 그리고 파리는 과거의 기억을 기록하고 보존하는 데 열심이다. 역사가 현재를 지배하고 미래를 결정한다는 진리를 너무나 잘 알고 있기 때문일 것이다.

예술, 낭만, 명품, 혁명, 이성, 과학, 자본, 미식, 운동, 연대, 세계, 기억……. 이처럼 다양한 면을 가진 파리는 항상 새로운 것을 발견하게 되는 도시다. 솔직히 파리에서는 지루할 시간이 없다. 각자의 취향과 관심에 따라 언제나 좋아하는 풍경을 마주할 수 있기 때문이다.

특히 우리는 스스로를 파리에서 만날 수 있다. 음악 천재 쇼팽과 과학자 퀴리 부인은 파리에서 자신의 꿈을 펼쳤다. 유대계 사업가 로스차일드와 문학 거장 밀란 쿤데라 역시 파리에서 뿌리를 내렸다. 최근 프랑스 정치의 주요 인물 중 사르코지 전 대통령이나 마뉘엘 발스 총리, 플뢰르 펠르랭 전 문화부장관, 안 이달고 파리 시장은 모두 이민자 또는 입양아 출신이다. 이처럼 세계에서 정말 다양한 사람들이 파리에서 정착하고 꿈을 이룬다. 이 책을 통해 독자들이 다양성이라는 파리의 매력을 느낄 수 있다면 저자로서 정말 만족할 것이다. 그리고 여러분도 한번 파리지앵이 되어보길 권한다.

파리는 인천공항에서 비행기로 열두 시간 걸린다. 유라시아의 동쪽 끝에서 서쪽 끝까지 거대한 대륙을 횡단하는 긴 여행이다. 1990년대 초만 하더라도 파리에 가려면 적성국인 중국과 소련 하늘을 지나지 못해 북극으로 우회해야만 했다. 알래스카를 경유하여 파리에 가려면 무려 열여덟 시간이나 걸렸다. 현재의 열두 시간의 비행은 그래도 견딜 만하다.

더욱이 시차 덕분에 서울에서 파리까지 반나절이라는 환상도 가질 수 있다. 열두 시간 비행기를 타고 샤를 드골 공항에 내려 여덟 시간을 뒤로 돌리면 네 시간밖에 차이가 나지 않는다. 서울에서 점심 먹고 비행기를 타면 파리에 내려서 저녁을 먹을 수 있다. 파리의 열두 풍경을 발견하기 위한 여정치고는 무척 짧은 셈이다. 두 번의 식사와 두세 편의 영화면 거뜬히 파리에 도착한다. 포도주 한잔에 살포시 잠이라도 들면 비행 시간은 더 짧게 느껴진다. 한 시간이 지날 때마다 파리의 새로운 풍경 하나를 상상하며 기다림과 지루함을 달랜다면 좁은 공간에서의 비행은 한결 견딜 만할 것이다.

자, 이제 파리로 여행을 떠나보자.

I

예술의 파리

에펠탑과 트로카데로 정원

"우리는 평생 삶을 사랑과 희망의 색으로 칠해야 한다."

— 마르크 샤갈 —

아름다운 빛의 도시

|

샤를 드골 공항에 착륙한 비행기가 서서히 터미널로 이동하는 순간, 여행객들은 긴 비행을 무사히 마쳤다는 안도감을 느낀다. 그리고 파리를 만난다는 설렘으로 가슴이 부풀어오른다. 한 항공사 기내 방송에서 흘러나오는 '예술과 낭만의 도시, 파리'라는 말이 그런 기대를 더욱 부추긴다. 그렇다. 파리는 분명 예술의 도시이자 낭만의 무대다.

내가 파리를 처음 만난 것은 1982년 여름이다. 10대 한국 소년에게 파리는 환상의 도시였다. 인류의 역사를 한곳에 모아놓은 박물관, 거리에 넘치는 세련된 조각, 소설에서 읽었던 문학의 현장 등 매순간이 특별하였다. 또한 거리의 행인에게 길을 물으면 한국에서 청소년에게 하듯 반말로 대답하지 않고 '무슈Monsieur(남성에 대한 존칭)'라는 경어를 쓰며 친절하게 안내를 해주는 것이 너무 신기했다. 그 뒤 30년이 넘는 기간 동안 나는 10년 이상을 파리에서 유학했고, 많은 여름과 겨울의 방학을 파리에서 보냈으며, 자주 출장을 다녔다. 오랜 친구 같은 푸근함을 느낄 때도 되었다. 하지만 파리와의 만남은 갈 때마다 항상 새롭다. 샤를 드골 공항에 내리면 가슴이 두근거리고 몸에 아드레날린이 솟구치는 것을 느낀다.

왜? 아름답기 때문에!

파리는 쉽게 변하지 않는 도시다. 파리에서 달라진 구석을 발견하려면 마치 숨은그림찾기를 하듯이 눈을 비비고 살펴보아야 한다. 에펠탑과 노트르담 성당이 변치 않고 우뚝 서 있는 것은 당연하고, 그 주변의 건물과 도로와 나무 역시 항상 그대로다. 논밭과 마을 동산과 초가집이 어우러진 고향의 풍경에 우리는 무기력하게 긴장이 풀어지듯이, 해변에서 넓디넓은 하늘과 바다를 바라보면 마음이 푸근하고 따듯해지듯이 지속되는 환경이라면 새로움과 설렘보다는 안정감과 푸근함을 느끼게 해주어야 하지 않을까. 그러나 자연과 비교하자면 파리는 차분한 시골 정경이나 해변 풍경이 아니라 절묘하고 황홀한 감정을 자아내는 아름다운 절경에 가깝다. 벅찬 아름다움을 만나는 순간 우리는 가슴이 쿵쾅거리고 숨이 가빠지는 것을 느끼지 않는가. 비행기가 착륙하는 순간부터 파리와의 재회를 앞두고 심장이 뛰는 이유다.

파리의 별칭은 '빛의 도시Ville Lumière'다. 파리에 빛의 도시라는 별명을 붙여준 것은 1830년대 런던 사람들이다. 길을 밝게 비추는 가스 가

—— 파리 지하철역의 일상적 광경. 벽면에 악트쉬드 출판사의 로망 누아르 시리즈인 바벨 누아르BABEL NOIR를 선전하고 있다. 광고를 둘러싼 고전적인 타일 액자의 황금색과 푸른색 모티프로 장식한 벽과 역 이름(SÉVRES BABYLONE)이 묘하게 잘 어울린다. 최근에 장치했을 것 같은 녹색 의자는 자극적인 포인트다. 지하철은 기다리는 남녀노소 모두 수수해 보이지만 나름 멋을 부렸음을 볼 수 있다.

로등이 너무나 인상적이고 화려했기 때문이다. 특히 유리 지붕을 씌우고 가스등으로 빛을 밝힌 거리의 상가는 많은 유럽 사람들의 호기심과 감탄을 자아냈다. 이처럼 빛의 도시라는 별칭의 기원은 200여 년 전 파리가 얼마나 첨단 도시였는가를 보여준다. 해가 지면 어둠에 잠겨 범죄와 폭력이 난무하던 대부분의 유럽 도시들 속에서 파리가 특별했던 이유다. 주세페 멘고니Giuseppe Mengoni가 설계한 이탈리아 밀라노의 유명한 아케이드인 '갈레리아 비토리오 에마누엘레 2세'는 19세기 후반에 파리를 모방하여 만든 도심 실내 거리다.

가스로 난방을 하고 가로등을 밝히는 시스템을 발명한 사람은 프랑스의 과학자 필리프 르봉Philippe Lebon이다. 그는 가스등뿐 아니라 최초의 내연기관도 발명했지만, 1804년 37세의 젊은 나이에 사망하는 바람에 이를 더 발전시키지 못했다.

21세기에도 파리는 여전히 화려한 자태를 뽐내며 밤에도 다양한 활동이 이어지는 빛의 도시다. 밤 11시쯤 연극이나 음악 공연을 보고 나와 늦은 만찬을 즐길 수 있는 도시는 세계적으로 그리 많지 않다.

어떤 사람들은 파리는 낮보다 밤이 더 아름답다고 평하기도 한다. 오래된 건물이 많아서 낮에 보면 낡고 초라해 보이지만, 밤에는 세월의 흔적이 감춰지기 때문이다. 실제로 파리의 석조 건축물은 제대로 관리하지 않으면 금세 먼지와 매연에 찌들어 흉측한 몰골이 된다. 밤의 파리가 아름다운 진짜 이유는 건축물을 밝히는 인공조명의 기술이 예술적 경지에 도달했기 때문이라고 생각한다. 어둠이 깔리고 조명이 켜지는 시간, 센 강에서 유람선을 타거나 차로 강변도로를 달려보면 빛의 도시 파리의 진수(眞髓)를 경험할 수 있다.

작 고   아 기 자 기 한   규 모

미(美)는 매우 주관적이다. 누구나 공감하는 절대적인 아름다움을 찾기가 어렵다. '예쁘다', '아름답다', '멋있다'는 느낌은 무척 개인적인 것이고 취향에 따라 다르다. 그래도 대부분 파리를 보면 아름답고 예쁘고 멋있다고 생각한다. 절대적인 미의 기준이나 아름다움의 우위를 놓고 논쟁을 벌일 수는 있지만 하나의 도시가 전체적으로 주는 기운이 있다. 그리고 그 기운에 따라 사람들의 기분이 좌우된다.

장거리 자동차 여행을 하다 보면 장소가 주는 어떤 기운을 느낄 수 있다. 산과 평야가 아기자기하게 어우러지고, 연두색 논과 푸른 숲이 초록색의 다양한 색상을 펼쳐 보이는 한국의 풍경은 평화롭다. 하지만 화재가 휩쓸고 지나간 미국 옐로스톤의 검은색 잿더미 산이나 데스밸리 Death Valley(죽음의 계곡)의 삭막한 분위기는 공포를 자아낸다. 이런 점에서 파리는 매력을 한껏 발산하는 농후한 여인의 향기를 느끼게 한다.

무엇이 파리를 매혹적으로 만드는가.

파리는 인구 1000만 명이 넘는 대도시임에도 불구하고 인간적 규모이다. 우리가 알고 있고, 또 세계에 알려진 파리는 일반적으로 성내(城內) 파리다. 서울에 '사대문 안'이라는 표현이 있듯이 파리에서는 '성내'를 라틴어로 '인트라 무로스Intra Muros'라고 부른다. 이 성내 파리가 진정한 의미의 파리이고, 나머지는 방리외banlieue, 즉 파리 교외다. 인구는 성 밖의 사람들이 세 배에 달하지만 성내의 250만 명이 진정한 파리지앵Parisien이다. 성 밖의 사람은 '방리외자르banlieusard'라 부른다.

어떤 면에서 이 성내 파리는 한국의 민속촌이나 미국 문화가 만들어 낸 디즈니랜드와 비슷한 성격이다. 주변과의 경계가 뚜렷하고 매우 특수한 환경이 조성된 장소 또는 무대라는 점에서 그렇다. 세계적 메트로폴리스로서의 파리의 주요 기능은 거의 모두 성내 파리에 집중되어 있다. 서울과 비교하자면 예술의 전당과 어린이대공원, 잠실 올림픽 경기장과 월드컵 경기장, 무역센터와 국회의사당, 삼성의료원과 아산병원이 모두 사대문 안이나 부근에 밀집되어 있는 모양새다.

이 정도로 대도시의 모든 기능이 집중되었다면 파리는 거대한 괴물의 형상을 하고 있어야 한다. 그러나 우리가 만나는 파리는 아름답고 아기자기한 도시다. 파리에는 20개의 구가 있는데 중앙의 1구에서 시작하여 달팽이 모양으로 바깥으로 갈수록 구의 숫자가 커진다. 도시 전체에 적용되는 고도 제한은 파리를 인간적인 얼굴을 가진 도시로 만드는 데 크게 기여한다. 파리의 건물은 평균 6층이나 7층이다. 이보다 높은 고층건물이 지어진 동네는 서남쪽(15구)과 동남쪽(13구)의 일부 지역 뿐이다. 6, 7층이면 꼭대기 층에 있는 사람과 길가에 있는 사람이 서로 얼굴을 알아볼 수 있고, 큰 소리로 대화도 가능한 거리다. 콘서트홀에서 현장감을 유지하는 거리가 약 30미터 이내라고 하는데, 6, 7층이 바로 이 거리에 해당한다.

파리는 세계적 규모의 메트로폴리스이지만 동시에 동네 같은 느낌을 주기도 한다. 파리에서 그 흔한 시위가 벌어지면 파리지앵들은 발코니에 서서 지나가는 시위대를 구경한다. 자신이 공감하는 시위라면 박수를 쳐주고 힘내라고 응원의 고함을 지르기도 한다. 반대하더라도 시위대의 외침에서 벗어나긴 어렵다. 창문을 꼭 닫고 커튼을 치고 귀마개를 해도 거리의 분위기에서 고립될 수 없는 구조다. 하늘을 찌르는 마천루와 익명성이 지배하는 서울이나 뉴욕, 도쿄와는 확실히 다르지 않은가.

일 상 에 살 아 있 는 미

작고 아기자기한 인간적 규모의 도시 파리는 아름답다. 앞서 민속촌이나 디즈니랜드에 비교했듯이 파리는 다른 대륙의 도시와는 전혀 다른 모습이다. 도시면서 마을인 듯하고, 시골처럼 여유로우면서 있을 건 다 있다. 파리는 하나의 무대와 같다. 그것은 마치 아주 오래된 과거로 시간 여행을 떠나는 것과 같은 느낌을 준다.

파리는 무작정 걸어도 좋다. 아름다운 건물들이 늘어선 파리의 거리를 산책하는 것은 특권이다. 루브르니 오르세니 굳이 유명한 박물관이나 미술관을 찾아나서지 않아도 거리가 하나의 예술품이다. 여기저기에 미술관에서나 볼 법한 조각들이 전시되어 있다. 고대 그리스·로마 시대에 유행했던 균형 잡힌 미를 보여주는 나체 조각상도 있고, 프랑스 왕궁에서나 마주칠 듯한 가발을 쓴 귀족의 모습도 있다. 때로는 역사 속 유명한 인물이 비둘기 오물을 머리에 잔뜩 뒤집어쓴 채 이방인을 맞는다.

파리 건물의 창을 유심히 살펴보면 그것은 단순히 빛이 들어오고 환기를 시키기 위한 구멍이 아니다. 창을 둘러싼 장식은 각 건물의 특징이고, 각 층이나 아파트의 개성을 보여준다. 건물은 단순히 벽을 쌓아 만든 주거시설이나 일하는 공간이 아니다. 건물 자체가 하나의 예술품이다. 건물 벽에 아름다운 조각이 장식된 것을 심심치 않게 발견할 수 있다.

파리에는 다양한 시대의 건물이 공존한다. 오래된 것은 17~18세기에 지어진 것도 있는데 일반인들이 여전히 거주하고 있다. 파리 중심부에는 이런 건물들이 흔해서 당시의 도시를 상상할 수 있다. 좁은 골목길 양편에 지어진 오래된 건물 사이의 거리는 무척 가까워서 길 건너 이웃과 서로 대화를 나눌 수 있을 정도다. 이런 건물 내부에는 수백 년

된 나무 대들보가 천장에 남아 있는 것을 발견할 수 있다.

파리에 가장 많은 건물 형식은 19세기 후반부터 20세기 전반에 지어진, 피에르 드 타유pierre de taille 건물이라고 부르는 오스만 시대 스타일의 집들이다. 피에르는 돌이라는 뜻이고, 타유는 절단하거나 조각한다는 뜻이다. 건축 전문 용어로는 치수석재(値數石材) 또는 절단석(切斷石)이라고 한다. 굳이 우리말로 옮긴다면 절단석 건물이라고 할 수 있는데, 간편하게 돌집이라고 부르자.

돌집은 커다란 돌덩어리를 쌓아 만들었기 때문에 벽돌집처럼 조악하지 않고 웅장한 모습이다. 또한 시멘트나 석회 등을 발라 만든 건물의 벽은 조각이나 장식을 하기에 적합하지 않다. 매우 기능적인 밋밋한 벽이 될 뿐이다. 반면 다양한 예술적 표현이 가능한 돌집들은 파리의 전형적인 건물군을 형성하며, 파리 거리의 멋진 자태를 만드는 비결이다.

파리 건물 안으로 들어가서 벽을 찬찬히 살펴보자. 벽에도 아름다운 장식을 발견할 수 있다. 그것은 꽃무늬일 수도 있고 파도와 같은 장식일 수도 있다. 왕궁이나 귀족이 살던 집이 아니라 그냥 일반인의 아파트인데도 말이다. 침대에 누워 천장을 바라보

파리 일반 아파트의 천장 장식

면 그곳에도 다양한 장식이 살아 숨 쉰다. 목욕탕이나 샤워실의 타일을 관찰해도 새나 꽃 같은 동식물의 예쁜 모습을 발견할 수 있다. 거리에서도 들여다보이는 집 안의 벽에는 그림이 걸려 있다.

이처럼 파리는 일부러 예술을 찾아나서지 않아도 도시 전체에 예술의 영혼이 깃들어 있다. 일상생활 속에 아름다움을 배치하고 즐기는 습관이야말로 파리지앵의 정체성이다. 일상적 삶과 일탈적 예술을 구별하지 않고 하나로 융합하려는 노력이야말로 파리를 파리답게 만드는 핵심이다.

다양한 무대와 공연이 풍부한 천국

|

파리는 아름다운 무대와 같다. 그러나 공연이 없는 무대는 박물관처럼 생동감이 없고 폐허의 공허함만이 흐른다. 파리라는 무대에는 다행히도 다양한 공연이 넘쳐난다. 예전에는 관광객들이 시간적으로 공연을 볼 여유가 없었지만 요즘에는 인터넷을 통해 어디서나 티켓 예매가 가능해지면서 공연 관람도 파리에서 놓칠 수 없는 경험이 되었다. 공연장에 가면 파리지앵뿐 아니라 유럽 또는 세계 각지에서 온 관객들을 쉽게 마주칠 수 있다.

무대의 다양성은 파리의 공연을 신비롭게 만들어주는 매우 중요한 요인이다. 중세에 지어진 노트르담 성당에서 듣는 파이프오르간 연주는 시공을 초월하여 신과 인간의 만남을 중재해주는 듯하다. 1000년 전 사람들이 종교적 경외심을 가지고 돌 하나하나를 쌓아올렸을 노트르담에서 듣는 웅장한 파이프오르간의 소리, 그리고 그 속에서 돌연히 흘러나오는 소프라노의 애절한 아리아는 쉽게 느낄 수 없는 영혼의 감동을 불러일으킨다.

종합 예술이라고 하는 오페라도 공연 천국 파리의 대표주자다. 가르니에궁Palais Garnier이라고 불리는 전통적인 오페라극장은 단연 으뜸의 아름다운 무대를 자랑한다. 2000석 규모의 오페라극장 건물은 19세기 후반에 15년에 걸쳐 지어졌는데, 당시 파리에서 가장 많은 예산이 소요된 것으로 유명하다. 그만큼 화려하고 웅장하고 환상적이다.

파리 오페라극장이 유명해진 것은 가스통 르루Gaston Leroux의 소설 《오페라의 유령Le Phantôme de l'Opéra》의 배경이 된 극장이기 때문이다. 1986년에 앤드류 로이드 웨버가 작곡한 이 뮤지컬은 런던에서 초연되어 큰 성공을 거두었다. 뮤지컬 〈오페라의 유령〉을 본 사람은 많지만 정작 파리에 와서 그 무대인 오페라극장을 찾는 사람은 많지 않다. 포도주색으로 고급스럽게 장식된 파리 오페라극장에서 샤갈이 그린 천장화를 감상하다가 아름다운 발레 공연을 보는 것은 행복한 호사(豪奢)다.

19세기 파리의 풍요를 느끼며 가르니에궁에서 발레를 볼 수 있다면 20세기에 지어진 바스티유 오페라Opéra de la Bastille에서는 본격적인 오페라를 들을 수 있다. 호화롭고 사치스러운 19세기 건축물에서 기능성을 강조한 20세기의 건축물로 넘어오는 셈이다. 1층이 아닌 2층이나 3층의 좌석이라면 약간 긴장할 필요가 있다. 무대와의 거리를 좁히려고 좌석을 급경사로 배치해서 거의 하늘에 매달려 있는 듯한 느낌을 주기 때문이다. 중국 산시성(山西省)에 가면 '공중에 떠 있는 절' 현공사(懸空寺)가 있는데, 마치 그곳에서 오페라를 듣는 느낌이다. 고소공포증이 없더라도 현기증이 날 정도의 높이와 경사다. 하지만 일단 공연이 시작되면 눈에 꽉 차는 무대와 귀를 두드리는 음악의 향연이 아슬아슬한 위치를 잊게 해준다. 한번 경험해보면 눈으로 즐기는 발레는 가르니에궁에서, 귀로 즐기는 오페라는 바스티유에서 주로 공연하는 이유를 실감할 수 있을 것이다.

공연 천국에서 빼놓을 수 없는 무대가 샹젤리제 극장Théâtre des Champs-Élysées이다. 1913년에 문을 연 샹젤리제 극장은 아르데코 양식의 대표적인 건축물이다. 당시 프랑스의 쟁쟁한 작곡가인 드뷔시, 생상스, 포레 등이 자신의 곡을 직접 지휘하는 무대로 문을 열었다. 이 극장은 또한 개관한 1913년에 스트라빈스키가 전위적 작품인 〈봄의 제전〉을 초연한 뒤 관객들의 항의와 소동이 빚어진, 공연 역사상 최대의 스캔들이 일어난 곳이기도 하다.

중세의 노트르담 성당에서 19세기 부르주아 문화의 가르니에궁, 그리고 20세기 초의 샹젤리제 극장과 20세기 후반의 바스티유 오페라. 모

—— 호화스러운 샤틀레 극장의 내부 모습. 가르니애궁에 가려 국제적으로는 덜 알려졌지만 샤틀레 극장 역시 파리의 대표적인 공연장이다. 전형적인 클래식보다는 재즈, 발레, 월드뮤직 등 다양한 장르를 선보이며, 높은 수준의 해외 공연단 초청 프로그램을 보여준다.

두 각각 시대를 대표하는 무대이자 여전히 풍부하고 다양한 공연이 막을 올리는 진정한 의미의 예술의 전당들이다. 이에 덧붙여 21세기의 파리가 여전히 세계 공연의 중심으로 살아 있는 이유는 먹고 싶은 것, 입고 싶은 것을 참고 돈을 모아두었다가 예술을 즐기는 파리지앵들이 이런 수많은 무대의 두터운 관객층을 형성하고 있기 때문이다.

실험정신: 새로움에 도전하라

예술의 역사에서 파리가 그토록 중요한 이유는 무엇일까. 왜 수많은 예술가들이 파리에 와서 활동했을까. 도시의 크기나 부의 규모를 따진다면 런던이나 뉴욕이 파리에 뒤지지 않는다. 예술품을 수집하는 고객층이 두터운 것은 바로 런던이나 뉴욕이 아닌가. 세계 최대 예술 경매 전문회사인 크리스티Christie's와 소더비Sotheby's가 런던에서 출발하여 뉴욕으로 이전해간 것만 보아도 잘 알 수 있다. 1998년 프랑스의 명품 재벌 프랑수아앙리 피노François-Henri Pinault가 크리스티를 인수하여 국적이 조금 복잡해지기는 했지만 말이다.

파리를 세계 예술의 중심으로 만든 요인 가운데 가장 중요한 것은 실험정신이다. 전통을 반복하기보다는 새로운 형식과 내용을 꾸준하게 추구하는 태도 말이다. 예술에서 새로움을 가치 있게 여기고 이것에 관대한 관객이 전 세계의 예술가들을 파리로 끌어모은 비법이다. 전통의 무게에 짓눌려 자신의 조국에서 괄시받던 전위적이고 혁신적인 예술가들이 파리에 와서 비로소 인정받기 시작했다. 스페인의 피카소나 러시아의 샤갈 모두 자신의 혁신적이고 독창적인 미술 세계를 파리에 와서 만개한 대표적 경우다. 게다가 파리에는 비슷한 예술가들이 모여 서로 각자의 새로움을 비교하는 가운데 자극을 주고받을 수 있었다.

푸치니의 유명한 오페라 〈마담 버터플라이〉를 파리와 부다페스트에서 관람한 적이 있다. 부다페스트의 연출은 매우 전통적이었다. 일본을 무대로 하는 오페라인 만큼 많은 일본인들이 등장하는데 전통적인 기모노 차림에 헤어스타일도 일본식이었다. 흰색 얼굴 분장도 일본 전통을 반영하는 것이었다. 그러나 파리의 연출은 획기적이고 새로웠다. 무대가 일본이라는 것은 중요하지 않다는 듯 매우 현대적인 무대 장식에다 배우들의 의상과 분장도 현대적이었다.

이는 같은 원작의 〈마담 버터플라이〉를 두 도시에서 보았기 때문에 가능한 비교다. 일반적으로 파리의 연출은 전위적이고 현대적이다. 반면 뉴욕만 하더라도 오페라 연출이 매우 고전적으로 느껴진다. 뉴욕 메트로폴리탄의 오페라 연출은 원작의 시대상을 충실히 반영하는 추세다. 예를 들어 모차르트의 〈코지 판 투테Così fan tutte〉는 18세기 유럽의 가발을 쓴 남녀가 등장하고 당시의 의상을 입고 무대에 선다. 하지만 파리의 연출은 뭔가 새롭다. 시대나 장소와 동떨어진 연출이 시도된다.

집단으로 니체가 등장하여 강한 인상을 심어주기도 하고, 로마 시대의 카이사르를 현대 미국의 장군으로 표현하기도 한다.

2013년 가을 바스티유 오페라에서 베르디의 〈아이다〉를 보았다. 〈아이다〉는 전쟁과 사랑이 스토리의 중심을 이루는 19세기 작품이다. 하지만 파리의 새로운 연출은 이집트와 아프리카라는 원작의 배경을 버리고 유럽으로 무대를 옮겨 '전쟁을 부추기는 기독교'라는 측면을 강조했다. 가톨릭의 나라에서 이런 연출을 하다니. 관객일 뿐이었지만 보는 동안 가슴이 조마조마했다. 아니나 다를까, 공연이 끝나갈 무렵 참다못한 관객들이 자리를 뜨기 시작했고, 어떤 젊은이는 "이건 말도 안 돼!"라고 외치고는 문을 쾅 닫고 나갔다. 관객들이 거의 폭동을 일으켰던 100년 전 〈봄의 제전〉 스캔들을 작게나마 경험한 셈이다.

놀라운 것은 공연이 끝나자 자리를 지켰던 대부분의 관객이 열렬한 박수로 배우와 오케스트라와 연출가를 환영해주었다는 점이다. 오페라를 관람하는 관객은 상대적으로 부유층이고 대부분 가톨릭 신자다. 그럼에도 파격적인 연출에 대한 관용을 보여주는 모습이었다. 공연장 밖으로 나와 계단을 내려가면서 사람들이 나누는 대화를 들었다. "반(反)기독교적 연출이 반드시 필요한 것은 아니었지만 음악은 정말 대단했어!"

축 제 의   도 시

파리는 예술의 향연이 펼쳐지는 축제의 도시다. 특히 매년 6월 21일 하지(夏至)를 맞아 열리는 음악 축제가 대표적이다. 프로와 아마추어를 막론하고 이날은 누구나 악기를 들고 거리로 나와서 실력을 뽐낸다. 아무리 유명하고 잘나가는 가수와 연주자라도 이날만큼은 무료로 관객에게 봉사한다. 축제를 빙자해서 마케팅을 벌이고 돈을 벌려는 꼼수는 통하지 않는다.

음악 축제의 날은 예술의 기운이 가득한 파리라는 무대 전체가 신나는 리듬과 아름다운 멜로디로 들썩인다. 거리가 콘서트홀로 돌변하고 너도 나도 주인공이 되어 진중하게 연주를 선보인다. 자신이 거리 무대에 서지 않더라도 시민 관객은 신나게 마련이다. 도시 전체가 구경거리로 가득한 날이기 때문이다.

1년 중 낮이 가장 긴 날인 하지에 축제를 벌이는 전통은 유럽에 오래전부터 존재했다. 하지만 이날을 음악 축제로 공식 결정한 것은 1982년 진보적인 사회당 정부다. 당시 한 조사에 따르면 프랑스에는 악기를 다루는 인구가 500만 명에 달했는데 이들이 공연을 할 기회가 전혀 없었다고 한다. 게다가 어린이의 40퍼센트가 악기를 배우는데 이들 역시 실력을 선보일 기회가 없었다. 음악 축제는 바로 이런 사람들을 위한 것이라고 할 수 있다. 악기를 다룰 수 있다면 누구나 연주자가 되어 공연을 할 수 있다는 것, 이것이 음악 축제의 시발점이고 정신이다.

프랑스어로 '음악 축제'는 '페트 드 라 뮈지크fête de la musique'인데, '음악을 하세요faites de la musique'라는 의미의 프랑스어와 발음이 같다. "음악 축제에는 음악을 하세요"가 되는 셈이다. 이 개념이 얼마나 인기를 끌었는지 이제 6월 21일은 국제적으로 음악 축제를 여는 날이 되어 참여 도시가 점점 늘고 있다.

파리에서는 또 영화 축제가 매년 열린다. 1985년에 시작된 이래 그 형식은 꾸준히 변해왔지만 원칙은 변하지 않았다. 즉 축제 기간 동안 무료로 또는 저렴하게 영화를 볼 수 있다. 1980년대 당시 텔레비전과 비디오의 등장으로 영화관이 위기에 처했는데, 이를 대중적 이벤트로 극복하려는 노력의 일환이었다. 파리는 세계에서 가장 두터운 층의 영화광이 모여 있는 도시라고 해도 과언이 아니다. 축제가 열리면 영화광들은 극장에서 극장으로 전전하며 영화를 즐긴다. 눈은 피곤하지만 마음은 부자가 된다. 영화 축제는 주로 봄이나 가을에 열린다.

7월 14일 혁명 기념일에도 축제로 도시가 들썩거린다. 오전에는 샹젤리제에서 군인들이 행진을 하고, 저녁때는 에펠탑 아래 샹드마르스 광장에서 대규모 콘서트가 열린다. 인산인해를 이루는 시민들이 콘서트를 구경하고 마지막에는 혁명을 기념하며 화려한 불꽃들이 여름날의 밤하늘을 수놓는다.

예술가의 실험정신은 축제에서도 발휘되어 항상 새로운 축제가 만

—— 지하철역에서 쉽게 마주칠 수 있는 거리의 오케스트라

들어진다. 2002년 당시 진보적인 파리 시장 베르트랑 들라노에Bertrand Delanoë가 백야nuit blanche 축제를 기획했다. 북구에서 해가 지지 않는 여름의 밤을 백야라고 부르는데, 프랑스어에서 백야란 밤을 새운다는 뜻이다. 10월 첫째 토요일 밤에 열리는 백야 축제에는 평소 일반인에게 개방되지 않는 장소에서 예술 공연이 열린다. 병원이나 시청, 역이나 공원 등이 전시나 공연의 장소로 바뀌는 것이다.

일상 속에 아름다움이 살아 있는 것, 예술과 일상의 경계를 허무는 노력이 바로 파리를 예술의 도시로 만든다. 이처럼 파리는 과거의 영광을 전시하는 박제된 도시가 아니라, 현대에도 지속적으로 예술적 노력과 감동을 생활화하려는 살아 있는 공간이다.

가난해도 예술가로 성공할 수 있다

클래식 음악 애호가에게 공연 천국 파리는 환상적인 장소이다. 물론 클래식 음악에 관해서라면 런던이나 베를린, 밀라노, 빈, 암스테르담도 훌륭한 도시다. 인터넷으로 세계가 가까워진 요즘은 서울에서도 유럽의 공연을 감상할 수 있는 방법이 생겼다. 베를린 필의 디지털 콘서트홀과 파리 필아르모니 홈페이지다. 파리의 필아르모니는 원래 '음악의 도시cité de la musique'라는 명칭으로 불렸는데 2015년에 현대적인 대규모 콘서트홀을 개장하면서 새로운 브랜드로 다시 태어났다.

베를린 필과 파리의 필아르모니는 모두 훌륭한 공연을 실시간 중계해주고 지나간 공연을 다시 볼 수 있다는 점에서 비슷하다. 가장 큰 차이는 베를린 필의 디지털 콘서트홀은 유료인 반면 파리의 필아르모니는 무료라는 점이다. 또 다른 차이는 베를린 필이 클래식 음악 전문 사이트라면 필아르모니는 재즈, 민속음악, 랩 등 다양한 장르의 음악을 보여준다는 점이다.

베를린 필의 사이트가 매우 자본주의적 비즈니스 모델에 따라 운영된다면 필아르모니는 공공 서비스와 다양성이 강조된다. 시민의 세금으로 콘서트홀이 만들어지고 오케스트라가 운영되는 만큼 그 예술적 결실은 일부 엘리트나 부유층뿐 아니라 시민 전체에게 돌아가야 한다는 생각에서다.

또한 국가나 시의 예산이 클래식 음악과 같이 상류층이 즐기는 장르에만 투자되어서는 곤란하고 샹송, 랩, 재즈, 외국 민속음악 등 다양한 장르에 골고루 배분되어야 한다는 인식이 강하다. 특히 파리처럼 인종적·종교적·사회적·문화적 다양성이 강한 곳에서는 특정 계층의 선호뿐 아니라 다양한 집단을 포괄하는 예술 정책이 필요하다는 의미다.

파리는 프랑스에서도 조기 예술 교육이 발달한 특수한 지역이다. 초등학교에서 전문적인 음악 교사나 미술 교사가 아이들을 가르친다. 한국에서 아이를 예술가로 키운다는 것은 엄청난 비용과 투자를 의미한

—— 루브르 박물관에서 그림 그리는 학생들

다. 하지만 파리에서는 가난한 집의 아이라도 예술 교육을 저렴한 비용으로 받을 수 있으며 충분히 훌륭한 예술가로 성장할 수 있다.

공립 콩세르바투아르Conservatoire 제도를 통해 실력이 있는 학생에게 무료로 실기 교육을 제공하기 때문이다. 프랑스에는 모두 290개의 지역 콩세르바투아르, 108개의 도 단위 콩세르바투아르, 그리고 42개의 지방 콩세르바투아르가 있다. 대학 과정에 해당하는 파리의 국립고등음악·무용 콩세르바투아르는 필아르모니에 자리 잡고 있는데 세계적으로 가장 훌륭한 음악 교육기관 가운데 하나다.

이 학교에서는 1500여 명에 달하는 프랑스 최고의 학생들이 음악과 무용을 배우는데 한 해 등록금이 500유로(약 70만 원)에 불과하다. 뉴욕에 있는 음악과 연기의 명문 줄리어드 스쿨의 등록금이 3만 8000달러(약 4000만 원)인 것과 비교하면 프랑스와 미국 음악 교육의 차이를 알 수 있다. 자신의 출신과 상관없이 음악에 재능이 있으면 교육을 받을 수 있는 파리, 경제적 조건이 프로 음악 세계를 향한 길에서 커다란 장벽이 되는 뉴욕. 공공 교육 시스템을 통해 음악가를 육성하고 공적 자금으로 필아르모니를 운영하는 파리에서 예술은 누구나 즐길 권리가 있는 공공재다. 그리고 세계화와 인터넷의 시대에 우리는 고맙게도 서울에서 파리의 공공재에 편승하여 무료로 세계 최고 수준의 콘서트를 감상하는 혜택을 누릴 수 있다.

파리 필아르모니 Philharmonie de Paris

2015년 2월에 개관한 파리 예술 인프라의 막내둥이지만 클래식에서 로큰롤, 재즈에서 월드뮤직까지 다양한 공연을 최첨단 시설에서 최고의 음향으로 즐길 수 있다. 나이가 맞는 경우 인터넷을 통해 시즌 초에 28세 이하 청년 표를 미리 예매하면 2015/2016년 시즌의 경우 단돈 10유로에 세계 최고 수준의 공연을 볼 수 있다. 필아르모니 입구에 위치한 음악 박물관에는 서양 음악의 변천과 발전을 보여주는 악기 컬렉션이 있다.

Adress 221 avenue Jean Jaurès 75019 Transport Métro 5호선/T3b Porte de Pantin
Homepage http://philharmoniedeparis.fr 공연 관람 : live.philharmoniedeparis.fr
36쪽에 함께 소개한 베를린 필의 공연은 아래 웹사이트에서 관람할 수 있다.
www.berliner-philharmoniker.de

루브르 박물관 Musée du Louvre

루브르 박물관은 설명이 필요 없을 정도로 세계에서 가장 많은 사람들이 찾는 예술의 보고다. 대부분의 파리 여행자들은 루브르에는 하루만 시간을 할애해 〈모나리자〉와 〈비너스〉 정도를 관람하지만, 제대로 보려면 한 달도 충분한 시간이 아니다. 파리에 체류하면서 여러 번 루브르를 즐길 계획이라면 일행을 찾아 1년간 유효한 루브르 애호 가족 카드를 만들면 좋다. 가격은 80유로인데 성인 두 명과 아동 세 명까지 포함할 수 있다. 성인 둘이 반드시 가족일 필요는 없고 함께 카드를 만들면 된다. 1년짜리 청소년 카드는 15유로(18~25세) 또는 35유로(26~29세)로 훨씬 저렴하다. 이 정기 카드가 있으면 일반 방문객과 달리 밖에서 줄을 서지 않고 직원 통로로 쉽게 들어갈 수 있다.

Transport Métro 1호선 Palais Royal Musée du Louvre

Homepage http://www.louvre.fr

시네마테크 프랑세즈 Cinémathèque Française

책을 모아두는 곳이 도서관이라면 영화를 보관하는 곳이 시네마테크다. 프랑스는 상업적으로 미국의 할리우드에 밀리기는 했지만 영화가 탄생한 나라이고 파리는 여전히 국제 영화계에서 중요한 메카 역할을 한다. 시네마테크에는 영화 박물관이 있으며, 각국의 영화와 영상자료 등을 보관하고 있다. 영화의 역사 또는 주제별 전시회가 정기적으로 열리며, 무엇보다 저렴한 가격으로 다양한 영화 관람에 푹 빠져볼 수 있다. 한 달 동안 자유롭게 시네마테크를 이용할 수 있는 정기권이 불과 11.9유로다.

Adress 51 rue de Bercy 75012 Transport Métro 6호선, 14호선 Bercy

Homepage http://www.cinematheque.fr

마네의 〈뱃놀이 아저씨 식당에서〉

II

낭만의 파리

"현실적이 되어라! 불가능을 요구하라!"

― 68혁명의 슬로건 ―

"생미셸 분수 앞에서 만나자!"

'예술과 낭만의 도시 파리.' 예술과 낭만은 서로 잘 어울리는 조합이다. 예술이 살아 숨 쉬는 아름다운 도시에서 낭만적인 생각과 감정이 생겨나는 건 자연스럽다. 낭만은 무엇보다 자유다. 내가 느끼고 생각하는 대로 행동하는 자유 말이다. 개인을 짓누르는 관습과 도덕과 형식으로부터 탈피할 수 있는 자유다. 파리가 낭만의 도시라 함은 파리에서는 자유롭게 행동할 수 있다는 말이리라.

'낭만'은 유럽에서 유행한 로맨티시즘romanticism에서 유래한 말이다. 파도 '랑(浪)'자와 흩어질 '만(漫)'자를 합쳐봐야 별 의미가 없다. '로망roman'의 발음을 흉내 내어 한자로 옮겨 적은 것이 '랑만'이고, 그것이 낭만과 낭만주의가 되었다. '로망'은 프랑스어로 '소설'을 의미한다. 그리고 다시 그 어원은 중세 기사들의 모험과 사랑 이야기를 지칭하는 로망스romance에서 비롯된다. 결국 낭만이란 모험과 사랑이 어우러지는 소설 같은 이야기 또는 그런 분위기라고 할 수 있다.

세계 어디를 가더라도 모험과 사랑과 소설은 존재한다. 하지만 파리만큼 로맨스에 적합한 무대는 없는 것 같다. 우선 파리는 엄청나게 큰 대도시다. 지금은 뉴욕이나 상하이 등 파리를 능가하는 국제 도시들이 많이 생겨났지만, 19세기까지 파리는 유럽 역사에서 가장 인구가 많은 도시였다. 영토가 큰 나라인 프랑스 각지에서 사람들이 몰려오고, 유럽 각국에서 파리를 찾아오며, 세계에서 파리로 이어지는 다양한 인간의 행렬은 그 자체로 모험과 사랑과 소설의 훌륭한 배경이다.

또한 파리는 자유로운 기운이 흐르는 도시다. 파리지앵들이 만나서 인사하는 모습을 보라. 남녀가 서로 볼을 맞대고 입으로 뽀뽀하듯이 '쪽' 소리를 낸다. 그리고 볼을 바꿔 다시 '쪽' 소리를 한 번 더 낸다. 하지만 입술을 상대방의 볼에 가져다대면 실례다. 이것은 프렌치 키스가 아니라 파리지앵들의 인사법이기 때문이다. 볼을 살짝 잘 맞추기 위해 한 손으로 상대의 어깨나 팔을 부드럽게 잡고 중심을 잡은 뒤 거리를 조절하는 것이 보통이다.

영국의 주간지 《이코노미스트》가 조사한 바에 따르면, 볼을 맞대고 소리를 내는 횟수가 한 번에서 다섯 번까지 지방마다 다르다고 한다. 파리는 두 번이니 잘 기억하도록 하자. 세 번이나 네 번을 하면 촌스럽다는 핀잔을 듣는다. 런던이나 뉴욕에서는 그저 남녀 불문하고 악수나

—— 생미셸 광장. 원래 나폴레옹 보나파르트의 상을 세우려 했으나 정치적 반대가
심하여 대천사 미카엘의 상으로 대체하였다.

하는 것이 전부다. 그러니 어디 낭만이 싹틀 구석이 있겠는가.

사회학과 인류학의 연구에 따르면 유럽에서도 프랑스는 전통적으로 여성의 위상이 높은 편에 속하며, 특히 파리 지역은 딸도 아들과 동등한 대접을 받는다. 여성의 지위가 상대적으로 높고 행동이 자유로울수록 로망스의 가능성 역시 높아진다. 여성에게 외출을 금지하고 신체를 온통 가리게 한다면 모험과 사랑 역시 제한될 것이다. 외간 남자와 볼을 맞대고 인사를 나누는 파리의 문화와는 다르다.

파리는 도시 자체가 연애를 위해 꾸며놓은 듯이 아름답다. 심지어 만남의 장소부터 로맨틱하다. 예를 들어 대학촌이라고 불리는 라틴 지구에서 약속을 잡는다고 하자. 어디에서나 가기 편한 지하철역이 오데옹이다. 오데옹은 부근에 있는 연극 극장 이름에서 따온 것이다. 그럼 역 출구에 있는 프랑스 혁명의 영웅 당통상 앞이 약속 장소가 된다. 생미셸 역도 그곳에서 가깝다. 대천사 미카엘에서 동네와 역 이름을 따왔는데, 그곳에는 화려한 조각으로 장식된 아름다운 분수가 있다. 생미셸 분수는 많은 사람들이 만나는 장소다. "생미셸 분수 앞에서 만나!" "당통 옆에서 기다릴게." 강남역 몇 번 출구에서 보자는 약속보다 훨씬 낭만적이지 않은가.

쇼 팽 과   상 드 의   로 망 스

파리는 많은 사람들이 세기적 사랑을 나눈 곳이다. 마치 파리에는 열정적 사랑을 부추기는 혼이라도 있는 듯 보인다. 그 이유는 무엇일까. 우선 개인의 선택과 자유를 당연하게 생각하기 때문이다. 덧붙여 사랑에 대한 사회적 규범이 전통적으로 관대하고 유연한 편이다. 특히 여성도 남성 못지않게 파트너를 선택할 수 있는 권리가 오래전부터 인정되었다. 파리는 중세에 이미 여성도 상속권을 갖는 등 사회제도가 평등한 지역이었다는 사실이 여성의 위상을 설명해준다.

파리에서 일어난 수많은 로망스 가운데 가장 유명한 이야기는 19세기 천재 음악가 쇼팽Frédéric Chopin과 여성 작가 조르주 상드George Sand의 스토리일 것이다. 불혹의 나이조차 채우지 못한 쇼팽의 짧은 인생에서 상드는 그가 가장 오랫동안 사랑한 여인이다. 폴란드 출신의 쇼팽은 약관의 나이에 파리에 왔고 스물여섯 살에 여섯 살 연상의 상드를 만나 사랑에 빠졌다. 당시 상드는 이미 아들과 딸을 두고 있었고, 남편과 헤어진 뒤 많은 애인을 만난 뒤였다.

소설 《카르멘Carmen》을 쓴 프로스페르 메리메, 시인 뮈세, 사회주의 정치인이자 사상가 루이 블랑이 상드의 애인들이었다. 물론 애인은 이보다 훨씬 많았지만 한국의 독자들이 알 만한 이름만 소개한 것이다. 빈번하게 애인을 갈아치우던 상드가 쇼팽과 10년을 함께 했던 것을 보

—— 들라크루아가 그린 쇼팽(왼쪽)과 상드(오른쪽)

면 둘의 사랑은 무척 깊었던 것 같다.

이들은 파리에서 함께 생활하면서 여름이 되면 프랑스 중부 시골에 있는 상드의 별장에 놀러 가곤 했다. 이 별장에는 화가 들라크루아, 소설가 발자크나 투르게네프 등이 와서 쇼팽·상드 커플과 예술을 논하면서 긴 여름을 보내곤 했다. 들라크루아와 쇼팽은 각각 미술과 음악 분야에서 낭만주의의 대표로 손꼽힌다. 들라크루아는 피아노를 치는 쇼팽과 그 옆에서 뜨개질을 하고 있는 상드를 그린 미완의 작품을 남겼는데, 불행히도 그의 사후에 이 그림은 둘로 쪼개져 따로 팔려나갔다. 결국은 깊은 상처를 안고 헤어진 두 사람처럼 말이다.

쇼팽과 상드의 로망스는 쇼팽이 죽기 2년 전에 끝난다. 상드는 쇼팽이 자신의 딸 솔랑주를 사랑한다고 의심했다. 게다가 상드 모녀는 재산을 두고 서로 싸우고 있었는데 쇼팽이 딸 편을 들어 상드의 심기를 더욱 건드렸다. 다른 한편 상드의 소설 《루크레치아 플로리아니Lucrezia Floriani》에 동유럽에서 온 병든 귀족을 중년의 여배우가 보살피는 이야기가 나오는데, 이것이 쇼팽의 자존심을 건드렸을 것이다.

상드와 헤어진 뒤 쇼팽은 가난 속에서 고통 받다가 1849년에 폐병으로 숨졌다. 마들렌 성당에서 치러진 쇼팽의 장례식에는 많은 인파가 몰려들어 입장표를 나눠주어야 했다. 런던, 베를린, 빈 등에서 온 3000여 명의 문상객은 표가 없어 입장조차 하지 못했다. 유명 인사들이 음악 천재에 조의를 표했지만 상드는 끝내 모습을 보이지 않았다. 쇼팽의 유언에 따라 그의 심장은 누이 루드비카가 조국 폴란드로 들고 갔다.

쇼팽과 상드 못지않게 유명한 로맨스는 당대 최고의 조각가 로댕Auguste Rodin과 클로델Camille Claudel의 이야기다. 이들의 이야기는 영화와 뮤지컬로도 만들어졌다. 1882년 열여덟 살의 카미유 클로델은 조각을 공부하기 위해 파리로 상경했다. 그리고 스물네 살이나 연상인 로댕의 학생이자 연인, 그리고 동료로 성장한다. 엄청난 예술적 재능을 지녔던 클로델은 영원히 로댕의 제자로 남을 수는 없다며, 1892년 10년의 관계를 청산하고 자립을 선언했다. 실제로 그녀는 로댕과 결별한 후 훌륭한 작품 활동을 했지만 점차 정신병이 악화되어 1913년에는 병원에 입원할 수밖에 없었다. 그리고 1943년, 2차 세계대전 중 병원에서 생을 마쳤다.

파리에서 태어난 로댕은 20대에 만난 소박한 여인과 평생을 동거하면서 클로델을 포함하여 많은 여성들과 염문을 뿌렸다. 예컨대 미국 샌프란시스코에서 태어난 현대 무용의 대모 이사도라 덩컨Isadora Duncan은 20세기 초반 파리를 중심으로 활동하면서 로댕과 사귀었다. 1917년 1월에 로댕은 평생 동거하던 여인과 결혼식을 올렸다. 그러나 그다음 달에 부인이 사망하고 로댕도 그해 11월에 세상을 떠났다.

우발적 사랑과 필연적 사랑

|

　　로망스에 관대한 파리에서 새로운 형식의 남녀관계가 만들어진 것도 우연이 아니다. 한국에서는 사랑하는 두 남녀가 결혼이라는 제도로 '골인'하는 것이 공식이다. 파리에서는 오래전부터 동거라는 제도가 있었고, 이에 철학적이고 문화적 의미를 부여함으로써 정당성을 실어주었다.

　　실존주의 철학자 장폴 사르트르Jean-Paul Sartre와 페미니스트 시몬 드 보부아르Simone de Beauvoir는 전형적인 파리지앵이다. 세계 지성사에 커다란 자취를 남긴 두 거목은 모두 파리에서 태어나 파리에서 숨졌다. 우리는 두 사람이 평생 '계약 결혼' 관계를 유지한 것으로 알고 있다. 사실 이들은 둘 다 결혼이라는 제도를 거부했다. 게다가 부르주아와 상업의 냄새를 풍기는 '계약'이라는 제도적 관계에 강한 반감을 가졌다. 따라서 이 둘의 관계를 계약 결혼으로 규정하는 것은 잘못된 시각이다.

　　사르트르와 보부아르의 관계는 계약 결혼보다는 그들이 스스로 붙인 명칭인 '필연적 사랑amour nécessaire'으로 표현하는 것이 더 적절하다. 필연이란 무엇인가. 반드시 있어야만 하는 일이고 피할 수 없는 현실이다. 이 사랑은 어쩌다 느끼게 되는 '우발적 사랑amours contingentes'과는 질적으로 다르다. 필연과 우연의 구분은 철학의 기본 상식이다. 너무나도 지적이었던 두 사람은 사랑에도 철학적 개념을 적용하여 실천하고자 했다.

필연적 사랑은 운명이다. 두 사람의 관계는 떼어놓을 수 없을 만큼 강하게 연결되어 있었다. 하지만 우발적 사랑을 부정하지 않았다. 사르트르와 보부아르는 각각 다른 파트너를 만나 사랑을 나누었다. 보부아르는 동성과의 사랑도 거부하지 않는 양성애자였다. 고등학교 교사로 근무하면서 제자와 육체 관계를 가져서 파면된 적도 있다. 이 두 사람은 따로 따로, 그리고 함께 사랑을 나누면서 인생을 보냈다.

사르트르는 1905년에 파리의 부르주아 집안에서 태어났는데 아버지가 일찍 돌아가시는 바람에 외갓집에서 자랐다. 그의 외가는 노벨 평화상 수상자인 알베르트 슈바이처 박사를 배출한 집안이다. 사르트르의 어머니가 슈바이처 박사의 사촌이다. 사르트르는 파리의 명문 앙리 4세 고등학교를 졸업하고, 루이르그랑 고등학교에서 입시 준비반을 거쳐 고등사범대학에 진학했다. 그곳에서 20세기 사회과학의 거두 레몽 아롱과 만난다.

보부아르 역시 1908년에 파리 몽파르나스 부근의 라스파이가에서 태어나고 자란 전형적인 파리지앵이다. 공부에 두각을 나타낸 보부아르는 철학 교사 임용고시를 준비하는 과정에서 사르트르를 만났다. 보부아르Beauvoir라는 성이 영어의 비버beaver와 비슷하고, 비버는 매우 계획적으로 집을 짓는 동물이라는 사실에 착안하여 사르트르는 여자친구에게 비버라는 별명을 지어주었다. 프랑스어로는 '카스토르castor'라

—— 몽파르나스 묘지에 묻힌 사르트르와 보부아르의 묘. 누군가가 싱싱한 꽃 두 송이를 갖다놓았다.

고 부른다.

임용고시에 한 번 낙방한 자유분방한 사르트르에게 보부아르는 무척 신중하고 계획에 따라 공부하고 노력하는 여인으로 비쳤다. 1929년 철학 교사 임용고시에서 사르트르는 수석, 보부아르는 차석을 차지했다. 그런데 사르트르는 프랑스 북부의 르아브르 학교에 임용되고, 보부아르는 남부의 마르세유 학교에 임용되었다. 사르트르는 결혼을 해서 같은 도시에 임용되어 함께 사는 방안을 고려했지만, 독립을 중시한 보부아르는 이를 거절했다.

두 사람은 평생 운명적이고 필연적인 사랑을 나누었지만 동시에 지나가는 우발적 사랑을 거부하지 않았다. 사르트르가 1980년에 죽고 나서 보부아르는 이렇게 썼다. "그의 죽음으로 우리는 헤어진다. 내가 죽더라도 우리가 다시 만나지는 못할 것이다. 그게 인생이다. 하지만 우리의 삶을 이토록 오랫동안 함께 할 수 있었다는 사실만으로도 충분히 아름답지 않은가." 1986년에 보부아르는 몽파르나스 묘지에 사르트르와 나란히 묻혔다.

남과 여: 노르망디에서 헤어지고 파리에서 기다리다

우디 앨런Woody Allen이 만든 영화 〈미드나잇 인 파리〉(2011)는 미국인이 상상하는 낭만의 파리를 잘 보여준다. 결혼을 앞둔 남자 소설가와 부잣집 딸은 함께 파리에 여행 오지만 서로 좋아하는 도시의 얼굴이 다르다. 소설가는 예술과 낭만과 이상(理想)의 파리에 흠뻑 젖어들고 싶다. 그러나 그의 약혼녀와 부모는 명품의 파리, 상업의 파리에 더 관심이 많다.

밤거리를 홀로 산책하던 소설가는 열두 시를 알리는 종소리와 함께 1920년대의 파리로 시간 여행을 떠난다. 그곳에서 소설가는 《위대한 개츠비》의 피츠제럴드, 《노인과 바다》의 헤밍웨이, 화가 피카소, 달리, 툴루즈로트렉, 마티스 등 쟁쟁한 20세기의 예술가들과 만나 토론하고 술을 마시며 환상적인 시간을 보낸다. 세계에서 몰려온 창작의 천재들과 어울려 낭만을 즐기는 것이야말로 소설가가 항상 꿈꿔오던 일이다.

영화를 통해 만들어진 파리의 낭만적인 이미지는 영화 〈비포 선셋〉(2004)에서도 드러난다. 그전에 나온 〈비포 선라이즈〉(1995)는 기차에서 우연히 만난 미국 남자와 프랑스 여자가 빈에서 하룻밤을 보내며 느낀 애틋한 감정을 그렸다. 그 속편 〈비포 선셋〉은 파리를 배경으로 두 사람의 재회를 중심으로 전개된다. 그리고 이 영화는 다시 〈비포 미드나잇〉(2013)으로 연결된다. 이제 중년이 되어버린 선남선녀의 기억과 기회와 감정에 대한 이야기다.

미국 남자와 프랑스 여자의 조합은 낭만적으로 보이지만 그 뿌리를 파헤쳐보면 불편한 진실이 드러나기도 한다. 두 차례의 세계대전에서

── 파리의 좁은 골목. 왼쪽 벽의 '사랑으로 죽기MOURIR D'AMOUR'라는 낙서가 눈에 띈다.

미국은 유럽에 파병을 하여 연합국의 승리를 이끌어냈다. 그런데 최근 연구에 따르면 미국에서 군인을 선발하여 유럽으로 파병하기에 앞서 조직적이고 체계적으로 "프랑스 여성들이 여러분을 환영해 맞이할 것"이라고 선전했다고 한다. 그 결과 미군은 프랑스에서 심각한 추행과 강간을 저질러 문제를 일으켰다. 더욱 씁쓸한 사실은 이들 가운데 실제로 처벌을 받은 군인은 주로 흑인들이었다는 점이다. 그리고 이런 어두운 과거가 '가벼운 프랑스 여자'라는 이미지로 남아 있다는 분석이다.

좀 더 낭만적인 사랑의 이야기는 1960년대 프랑스 영화 〈남과 여〉에서 찾아볼 수 있다. 영화에 등장하는 여자와 남자는 처녀 총각이 아니라 이미 학교 다니는 자녀를 둔 중년들이다. 청소년 로미오와 줄리엣의 사랑은 열정이지 낭만은 아니다. 산전수전 다 겪은 어른들의 사랑이 더 낭만에 가깝다. 다시는 사랑을 할 수 없을 것 같은 사람들의 사랑 말이다. 이들은 각각 배우자를 잃은 상처 받은 영혼들로 아이들을 기숙학교에 보낸 상황이다. 그리고 그 학교에서 처음 만난다.

이들의 사랑은 만나서 뜨겁게 타오르는 사랑이 아니라 거절과 망설임과 이별을 반복하는 가운데 서서히 달아오르는 사랑이다. 과거의 기억과 현재의 감정이 교차하는 과정에서 만남과 헤어짐, 고백과 외면을 반복한다. 사랑의 무대는 이들이 살고 있는 파리와 노르망디의 해변 도시 도빌이다. 이들은 마지막에 도빌 역에서 이별을 고한다. 여자가 기차를 타고 파리로 떠난다. 하지만 남자는 차를 몰아 200킬로미터 거리에 있는 파리 역에 먼저 도착하여 여자를 기다린다. 그리고 다시 만난다. 이것이 파리 스타일의 낭만이다.

일 광 욕 을   즐 기 는   파 리 의   해 변

|

　　2013년에 생전 처음 연구년을 맞은 나는 망설이지 않고 파리로 갔다. 청춘의 10년을 보낸 곳이고 유학을 했던 곳이며, 무엇보다 내가 사랑하는 도시이기 때문이다.

　그런데 그해 1월부터 5월까지 나는 거의 태양을 보지 못했고 심각한 우울증에 빠졌다. 파리가 무척이나 고독하고 외롭고 우울하고 생활하기 어려운 곳이라는 사실을 새삼 느끼게 되었다. 오전과 오후에 책을 읽고 글쓰기 작업을 하면서 점심때 산책을 하는 것이 유일한 낙이었다. 그러나 매일 구름 덮인 하늘에 습기 머금은 차가운 공기를 마시며 걷는 것은 마음을 더 무겁게 했다. 심지어 비가 내리고 바람이라도 세게 불면 날아가려는 우산을 꼭 손에 쥐고 걸어야 했다. 그럴 땐 '내가 파리에 와서 왜 이 고생인가'라는 생각이 자연스럽게 들었다. 그리고 '다음 연구년에는 반드시 태양이 쨍쨍 비치는 곳으로 가야지' 다짐했다.

　파리의 낭만은 이 우울하고 잔혹한 날씨에서 비롯되는지도 모른다. 차갑고 습한 날씨 때문에 사람들도 냉정하고 쌀쌀맞아지지만, 그럴수록 사랑과 정(情)과 로맨스에 갈증을 느끼는 역설 말이다. 파리지앵은 이곳 날씨와 마찬가지로 냉혹하다. 하지만 사랑에 빠지면 정신없이 뜨겁게 달아오른다.

이런 가설은 봄이 되어 태양이 화창하게 비추는 날이면 파리지앵의 행태에서 어느 정도 드러난다. 얼마나 오랜만에 보는 태양이며, 얼마나 간절하게 기다리던 따뜻한 볕인가. 사람들은 옷을 훌훌 벗어던지고 공원 잔디밭에 누워 일광욕을 즐긴다. 솔직히 파리의 봄은 옷을 벗기에는 추운 날들이다. 그럼에도 태양에 대한 갈증이 앞선다.

2013년 파리에서 맞은 봄은 100년 만에 가장 추운 봄이었다. 운이 없어도 매우 없는 편, 하필이면 왜 나의 연구년에 이런 이상 기후가 기승을 부려 잔혹한 파리의 날씨를 더욱 우울하게 만들었을까. 5월까지 겨울 날씨와 흐린 날들이 지속되더니 6월이 되어서야 태양이 밝게 비치기 시작했다. 기다림이 길었던 만큼 사람들의 반응도 열광적이었다. 공원에는 파리지앵들이 한꺼번에 몰려나와 옷을 벗고 햇살을 듬뿍 맞았다. 마치 해변에 온 것처럼 눈을 지그시 감고 햇볕이 몸을 덥혀주는 순간을 즐겼다.

이런 파리지앵들의 습관을 고려하여 만들어진 이벤트가 '파리 해변 Paris Plages'이다. 파리 시는 여름 바캉스 시즌이 되어도 여행을 떠나지 못하는 빈곤한 파리지앵들의 현실을 감안하여 2002년부터 센 강변에 해변과 비슷한 환경을 만들었다. 서울에서 한강을 중심으로 강북과 강남

—— 주말이 되면 파리 시는 강변도로의 차량 통행을 금지하고 사람들이 산책할 수
있도록 운영한다.

을 가르듯이 파리는 강이 흐르는 방향을 기준으로 좌안과 우안으로 나뉜다. 센 강 우안의 강변도로를 폐쇄한 뒤, 그곳에 모래를 뿌리고 야자나무를 장식하여 해변처럼 꾸미는 것이다. 북쪽에 위치한 우안은 남쪽에서 비치는 태양을 흠뻑 받을 수 있기 때문이다.

파리 해변은 시작부터 엄청난 성공을 거두었다. 사람들은 파리와 같은 내륙의 대도시에 해변이 만들어진 것을 신기해했고, 각종 운동이나 오락 시설 등 재미있는 유사 해변 환경을 즐겼다. 군이 남부 프랑스나 외국으로 나가지 않아도 파리에서 해변을 즐길 수 있는 것은 행운이었다. 다른 도시들도 이 이벤트를 따라하기 시작했다. 브뤼셀, 부다페스트, 몬트리올, 예루살렘 등에도 도심 속 해변이 조성되었다. 2000년의 고도에서 즐기는 해변, 낭만적이지 아니한가.

파리지앵은 모두 한 마을 사람이다

프랑스어 '빌라주village'는 '마을'이라는 뜻이다. 서울의 유엔 빌리지나 평창동, 성북동, 청담동 등은 어느 정도 마을의 분위기를 풍긴다. 뉴욕에도 마천루가 지배하는 대부분의 지역과 달리 소호나 그리니치에는 대학과 예술이 어우러져 있는 특수한 지역이다. 그리고 이곳들의 공통점은 인간적 규모의 동네라는 점이다. 서울의 대규모 아파트 단

지나 뉴욕의 엄청난 마천루와는 다른 느낌을 준다.

앞에서 말했듯이 고층 빌딩은 파리에서 예외이고, 인간적 규모의 마을과 같은 분위기가 파리를 전체적으로 지배한다. 말하자면 파리는 다양한 성격의 빌라주를 모아놓은 듯한 모습이다. 센 강 좌안의 생제르맹 지역은 중세 마을과 같이 좁은 골목과 오래된 건물이 많다. 반면 우안의 샹젤리제 지역은 19세기의 대로와 화려한 돌집들이 위세를 자랑하는 마을이다. 이처럼 파리의 각 지역은 하나의 마을과 같은 정체성과 스타일을 보여준다.

전통적 마을의 특징은 사람들이 서로 잘 알고 지낸다는 점이다. 우리 식으로 표현하자면 옆집 숟가락이 몇 개인지도 아는 사이 말이다. 이런 측면에서도 파리는 마을이다. 6, 7층 규모의 건물에서 같은 복도와 엘리베이터를 사용하다 보면 몇 층에 누가 사는지 다 안다. 게다가 파리의 오래된 건물은 방음이 되지 않아 옆집 소리가 다 들린다. 말하자면 벽이 있어 보이지 않을 뿐 옆집에서 무엇을 하는지 다 알 수 있다.

연구년을 파리에서 보내는 동안 나를 괴롭힌 것은 이웃에 신경을 써야 하는 점이었다. 아랫집 사는 이웃은 주말에 너무 일찍 부엌에서 딸그락거리지 말아달라고 했고, 옆집 여자는 내 코고는 소리가 들린다고 난리였다. 어이가 없어 친구들에게 하소연했더니 자기네 집은 아이들이 떠든다고 아랫집 할머니가 텔레비전 볼륨을 최고로 올린다고 설명했다. 이건 정말 전통적 마을보다 더한 셈이다. 이런 환경에서는 광란의 파티나 싸우는 소리, 섹스의 신음은 피할 수 없는 소음이다. 그래서 알면서도 모른 척하는 것이 파리의 문화다. 한 지붕 한 가족처럼 사는 환경이지만, 그래도 복도에서 만나면 아무것도 모른다는 듯이 예의를 차려 인사를 나눈다.

파리지앵은 대도시 시민이지만 마을 사람처럼 살아간다. 파리 각 지역마다 서는 장터에서도 그런 모습을 발견할 수 있다. 시골에서 막 수확한 채소와 과일, 치즈와 고기를 차에 싣고 와서 장에서 파는 것은 일상적인 모습이다. 동네마다 작은 광장에서 철 기둥과 파이프를 발견할 수 있다. 장이 서면 그곳에 천막을 치고 다양한 물건을 파는 가게로 변신한다. 한국에서도 흔해진 중고품을 사고파는 벼룩시장도 파리의 명물이다.

건물 내에 상점이 들어선 경우에도 마을 시장과 같은 분위기를 조성하는 것을 좋아한다. 예를 들어 14구의 다게르가나 7구의 클레르가는 상점이 밀집해 있어 시장 분위기를 물씬 풍긴다. 마감 시간이 다가오면 떨이를 하기도 하고 리듬에 맞추어 소리를 치며 호객 행위를 하기도 한다.

파리의 낭만은 이처럼 대도시이면서 동시에 마을과 같은 대조적 조건에서 비롯되기도 한다. 한 미국 작가는 파리지앵들의 능청을 신랄하게 꼬집어 비판했다. "그들은 당신의 프라이버시를 무척 존중해주는 듯하지만, 항상 당신의 행동에 대해 지대한 관심을 갖고 관찰을 한다."

센 강변의 노상파티

|

　　　낭만주의를 다른 말로 하면 자유라고 할 수 있다. 19세기에 기존의 예술과 문화의 틀을 깨고 인간의 해방과 자유를 꿈꾸던 운동이 낭만주의였기 때문이다. 쇼팽과 상드 커플은 낭만주의 운동의 대표적 인물이다. 해방과 자유를 추구하는 이런 전통은 20세기 사르트르와 보부아르의 실존주의 철학과 삶에서도 다시 확인할 수 있다. 21세기 파리의 일상에서 이를 경험하고 느끼고 싶다면 센 강변의 파티를 구경할 것을 권한다.

　여름에는 센 강가에서 노상파티가 열려 신나게 춤을 출 수 있다. 좌안의 노트르담 성당이 있는 곳부터 오스테를리츠 역까지 이어지는 강변에서 노상파티가 벌어진다. 해가 늦게 지는 파리의 여름을 만끽하면서 자신이 좋아하는 음악에 맞추어 마음껏 춤을 출 수 있도록 다양한 무대가 펼쳐진다. 둥근 모양의 무대가 강변에 여러 개 자리하고 있는데, 각 무대마다 특별한 음악이 연주된다.

　탱고 음악이 흐르는 무대 위에서 나이가 지긋한 중년이나 노인이 턱을 올려 고개를 반듯하게 치켜들고 파트너를 절도 있게 리드하면서 온갖 폼을 다 잡는다. 반대로 록 음악이 나오는 무대에서는 신나는 리듬에 맞춰 오른쪽으로 또는 왼쪽으로 파트너를 돌리며 흥을 돋운다. 또 라틴의 살사 음악이 나오는 무대 위의 남녀는 엉덩이를 돌리며 희미한

눈빛으로 상대방을 유혹하는 듯하다. 여러 종류의 음악이 섞여 나오는 무대도 있는데 그곳은 음악 장르로 규정된 무대가 아니라 동성애자들이 춤추는 무대다.

춤을 추지 않더라도 사람들은 강변에 모여 앉아 피크닉을 즐기며 음식을 먹고 술을 마신다. 파리의 기다란 강변이 거대한 파티 장소가 되는 셈이다. 한쪽에서 노트르담 성당이 황혼에 붉게 물들고, 다른 쪽에서는 센 강의 물결을 가로지르는 여객선 바토무슈의 관광객들이 손을 흔들어댄다. 그리고 남녀노소가 즐겁게 춤을 춘다. 파리의 낭만이다.

음악이 흘러나오는 거리와 지하철에서도 파리의 낭만을 느낄 수 있다. 내가 다녀본 도시 가운데 거리의 악사가 가장 많은 도시는 단연코 파리다. 지하철역이나 기차 안, 그리고 거리의 한구석에 서서 노래 부르고 연주하는 사람들을 쉽게 볼 수 있다. 파리지앵들이 자신이 좋아하는 연주에 대해 매우 관대하게 한두 푼 넣어주는 습관이 있기 때문일 것이다. 때로는 음악보다는 소음에 가까울 정도로 형편없는 연주에도 지갑을 열어 동전을 주는 사람들이 있다. 사연이 있는 곡인 것일까.

지하철 6호선은 개선문이 있는 샤를 드골 에투알 역에서 시작하여 에펠탑이 있는 비르아켐, 문인의 동네 몽파르나스를 거쳐 차이나타운이 있는 이탈리아 광장 등을 연결한다. 특히 6호선의 상당 부분은 높은 지상으로 다니기 때문에 햇살을 맞으며 바깥을 구경할 수 있다. 그래서인지 이 노선에는 거리의 악사들이 가장 많이 등장한다.

—— 주말에는 동네마다 벼룩시장이 열린다. 고가구, 그림, 식기, 양탄자 등 다양한
물건이 나오고, 사람들은 이런 곳을 들러 구경하며 즐거이 시간을 보낸다.

동유럽의 공산주의가 무너지고 이들 국가가 유럽연합(EU)에 가입한 뒤로 악사의 수가 부쩍 늘었다. 공산주의 체제에서 대중적으로 예술 교육을 받은 많은 사람들이 바이올린과 아코디언을 들고 풍요로운 서유럽으로 몰려온 것 같다. 한번은 6호선의 어느 역에서 이들이 서로 이야기를 주고받으며 조직적으로 움직이는 모습을 본 적도 있다.

　최근에는 사회 불평등이 심화되면서 파리지앵도 악사 행렬에 동참하는 분위기다. 전에는 보기 힘들었던 하프 같은 귀족적 악기를 들고 지하철에서 연주하는 모습도 볼 수 있었다. 지나가면서 듣는 사람은 낭만적인 풍경일 수 있으나 파리를 오래전부터 경험했던 나의 입장에서는 반드시 즐거운 일만은 아니었다. 고상한 음악이 대접받지 못하는 세계화의 시대를 실감할 수 있기 때문이다.

센 강변의 춤 파티

파리는 센 강을 중심으로 형성되었고 그 젖줄을 먹고 자랐다. 하지만 한강처럼 거대한 강에 익숙한 한국인들은 센 강을 보고 그 작은 규모에 놀란다. 파리는 도시만 마을 같은 것이 아니라 강도 동네 하천과 크게 다르지 않다. 봄부터 가을까지 주말이 되면 오스테를리츠 역과 노트르담 성당 사이에서 자연스럽게 춤 파티가 벌어지는데, 파리의 낭만을 흠뻑 느낄 수 있는 기회다. 관광객 무리에서 벗어나서 진짜 파리지앵이 즐기는 낭만을 직접 경험해보고 싶다면 강력하게 추천한다. 게다가 무료 아닌가.

Transport Métro 5호선, 10호선/RER C Gare d'Austerlitz · Métro 4호선 Saint Michel · RER B Saint Michel Notre Dame

무프타르 거리 Rue Mouffetard

무프타르 거리 입구에 있는 카페

이 거리는 중세부터 파리의 중심을 형성했던 라틴 지구에 위치하는데 좁은 골목을 따라 프랑스의 다양한 지방과 색다른 다른 나라의 음식을 맛볼 수 있다. 비싼 돈으로 고급 레스토랑을 찾는 것은 쉬운 일이지만 그건 세계 여느 대도시의 프렌치 레스토랑이나 다를 바 없다. 파리의 낭만적인 분위기를 즐기면서 비교적 저렴한 가격에 식도락을 누릴 수 있는 곳이다. 게다가 빵집과 채소가게, 푸줏간, 치즈나 초콜릿 전문상점 등은 동네 파리지앵들이 장을 보는 곳이기도 하다.

Transport Métro 7호선 Censier Daubenton/Place Monge

지하철 6호선 Métro Ligne 6

6호선은 파리 서부의 에투알 광장과 동부의 나시옹 광장을 남쪽의 좌안을 통해 연결한다. 개선문이 있는 서부는 부촌이고, 동부는 상대적으로 가난한 지역이다. 노선의 상당 부분이 지상으로 달리기 때문에 파리 시내를 편하게 앉아 구경하는 데 안성맞춤이다. 지하철 악사가

지하철 6호선의 한 지상 역

많아 라이브 음악을 들으며 에펠탑이나 몽파르나스 타워 등을 볼 수 있고, 센 강을 두 번이나 건넌다. 목적 없이 달리는 열차에 몸을 기대고 파리를 느낄 수 있다.

Transport Métro 6호선 Charles de Gaulle Etoile / Nation

라파예트 백화점 내부

III

명품의 파리

"향기가 없는 여자는 미래가 없는 여자다."

— 가브리엘 샤넬 —

문 화 의   후 광

|

　내가 어릴 적에는 명품이라는 단어를 사용하지 않았다. 당시 국산은 불량의 대명사로 통했고, 물 건너온 수입품은 품질을 보증하는 호칭이었다. 한국의 경제 사정이 그만큼 열악했다. 그때는 명품이 아니라 '사치품'이라는 단어를 사용했고 그런 사치품을 사는 사람들은 외화를 낭비하며 국가 경제에 해를 끼치는 불온한 계층이라고 인식되었다. 백화점에서 파는 고가의 수입 사치품이 비난의 대상이 되던 시대였다.

　그러나 한국이 경제 발전을 하면서 어느 순간부터 사치품은 명품으로 돌변했다. 온 국민이 명품을 사고 싶어하는 시대가 되었다. 진보 성향의 언론에서도 사치품 소비에 대한 비난은 사라지고 명품을 소개하고 안내하는 기사들이 버젓이 등장하는 세상이 되었다. 물론 이런 현상이 한국에만 국한된 것은 아니다. 프랑스의 중도 좌파 성향을 내세우는

《르몽드》에도 수많은 명품 광고가 실리고, 명품에 대한 다양한 소개 기사가 넘쳐난다.

영화 〈미드나잇 인 파리〉에서 등장하는 소설가와 부잣집 딸은 파리에서 서로 다른 것을 찾는 듯 보인다. 소설가는 예술적 영감과 이상을 찾고, 부잣집 딸은 명품을 사러 다니느라 정신이 없다. 이 두 사람이 얻으려고 하는 것은 사뭇 달라 보이지만 사실은 긴밀하게 연결되어 있다. 정신적 풍요를 추구하는 소설가의 보헤미안적 기질과 물질적 풍요의 상징인 명품을 좇는 약혼녀의 부르주아적 성향이 합쳐져 바로 보보스 bobos가 되는 것이 아닌가. 보보스는 뉴욕의 칼럼니스트 데이비드 브룩스가 보헤미안Bohemian과 부르주아Bourgeios를 합쳐 만든 신조어다. 실제로 보보스들은 지구 환경을 걱정하고 모험 같은 보헤미안 여행을 훌쩍 떠나곤 하지만, 그렇다고 부르주아 명품을 소비하지 않는 것은 아니다.

명품의 중심은 바로 유럽이고, 유럽에서도 프랑스와 이탈리아가 단연 으뜸이다. 물론 스위스에 롤렉스를 비롯한 최고의 명품 시계 브랜드가 있고, 영국에는 버버리, 독일에는 보스 등의 의류 브랜드가 있지만 프랑스나 이탈리아만큼 명품의 분야와 종류, 브랜드가 다양하지는 않다.

프랑스와 이탈리아가 명품 대국으로 성장한 데는 파리와 밀라노 두 도시의 역할이 컸다. 그리고 이 두 도시가 명품의 세계적 수도로 발전할 수 있었던 것은 문화의 후광 덕분이다. 이탈리아는 중세 이후 인간 중심의 문화 르네상스를 꽃피운 나라다. 이탈리아의 문화는 특히 북부

이탈리아에서 본격적으로 발달했으며, 밀라노를 비롯한 피렌체, 제노바, 토리노, 베네치아, 볼로냐 등에서 동시다발적으로 만개했다. 당시 이탈리아는 유럽의 모든 예술가가 반드시 여행해야 하는 문화의 고장으로 자리매김했다.

르네상스 이후 문화 중심의 바통을 이어받은 프랑스에서는 문화의 역량이 여러 개의 도시로 분산되지 않고 거의 독점적으로 파리를 중심으로 발전했다. 이탈리아 북부의 10여 개 도시가 가진 문화적 자산을

유럽의 세계 명품 시장 지배와 독보적인 프랑스의 위상

유럽의 명품 기업들	소속 브랜드	주요 제품	2013년 총 판매액 (단위: 억 달러)
LVMH 그룹	루이뷔통 모엣, 샹동 불가리 겔랑	가죽 제품과 의류 샴페인 보석 향수	363.8
리슈몽	까르띠에 반클리프 아펠 네타포르테 피아제	시계와 보석 보석 온라인 패션 시계와 보석	132.9
커링	구찌 부쉐론 보테가 베네타 생 로랑 파리	가죽 제품과 의류 보석 가죽 제품과 의류 의류	121.7*
스와치	브레게 블랑팡 오메가 해리 윈스턴	시계 시계 시계 시계와 보석	85.0
에르메스		가죽 제품, 악세서리, 의류와 보석	46.9
프라다		가죽 제품과 의류	44.8**
버버리		의류와 악세서리	36.5***

*이 중 67퍼센트가 명품 판매액 **2014년 1월까지의 판매액 ***2014년 3월까지의 판매액
(출처: 《이코노미스트The Economist》, 기업 보고서Company reports)

한곳에 모아놓은 도시가 존재한다면 그곳은 바로 파리일 것이다. 적어도 17세기 이후 400여 년 동안 파리는 프랑스의 수도인 동시에 유럽의 문화적 수도 역할을 했다.

　오늘날 파리가 여전히 세계 명품의 수도로 군림할 수 있는 가장 큰 이유는 파리가 문화와 예술의 선두주자이기 때문이다. 다른 식으로 표현하자면 보헤미안 예술가들은 돈 보기를 돌같이 했지만, 역설적으로 그들이 있었기에 파리는 명품의 수도로 부상할 수 있었던 것이다. 사우디아라비아나 이스라엘처럼 종교의 후광으로 관광 사업을 벌이는 나라들이 있듯이, 파리는 문화의 후광 덕분에 명품 장사에서 톡톡히 득을 보고 있다.

유럽의 문화 수도 베르사유

　프랑스가 유럽의 문화적 수도로 부상한 것은 베르사유 궁전의 힘이 크다. 17세기 후반에 지어진 거대한 베르사유궁은 당시 유럽의 최강대국 프랑스의 정치적 중심이었던 것은 물론, 국력을 과시하는 건축과 장식으로 유럽인들을 기죽이는 상징 장치이기도 했다. 베이징을 방문하는 사람들이 자금성의 규모에 짓눌렸던 것과 마찬가지로, 유럽에서는 베르사유궁이 규모와 화려함으로 압도적인 위상을 자랑했다.

베르사유는 파리 근교에 있다. 원래 파리 중심에 자리 잡은 루브르가 왕궁이었는데 인구 밀도가 높은 도시의 한가운데 있었기 때문에 규모를 확대하는 데 한계가 있었다. 베르사유는 파리 중심에서 20킬로미터 정도 떨어져 있어 새로운 권력 중심을 만들기 위한 공간적 여유가 있었다. 마치 신도시를 세우듯이 베르사유는 계획된 새로운 권력 중심으로 태어난 것이다.

루이 대왕Louis-le-Grand이라고도 불리는 루이 14세가 1682년에 왕궁을 루브르에서 베르사유로 옮긴 이유는 다분히 정치적인 것이었다. 우선 파리 시민들의 정치적 영향력에서 벗어나기 위한 것이었다. 파리 시민들은 전통적으로 불만이 많고, 권력을 적대시하고, 툭하면 폭동을 일으켜 왕에게 골치 아픈 존재였다. 그런 파리 시민들로부터 멀찌감치 떨어진 곳에 새로 궁을 건설함으로써 폭동이 일어나더라도 군대만 파견하면 된다는 계산이었다. 데모를 많이 하는 서울대를 도심에서 관악산 아래로 옮겨놓은 것과 비슷한 이치다. 프랑스의 경우 대학이 아니라 청와대를 교외로 옮긴 셈이지만 말이다.

다른 한편 루이 14세가 왕궁의 규모를 키운 가장 큰 이유는 왕권의 위세를 보여줌과 동시에 지방의 영주들을 왕궁에 거주하도록 하기 위해서였다. 당시 프랑스 왕은 파리와 일드프랑스라 불리는 그 주변 지역만을 직접 통치했다. 나머지는 그 지역의 영주가 주인이었고, 다만 그 영주들이 프랑스 왕에게 충성을 맹세했다는 점에서 간접적으로 프랑스 왕국의 영토였던 것이다.

과거 동아시아에서는 강국이 속국의 왕자나 공주를 볼모로 잡아두었다. 절대 왕정을 구축하고자 했던 루이 14세는 지방의 영주들이 매년 일정 기간을 베르사유에서 보내도록 강요했다. 베르사유궁에 있는 350여 개의 방은 대부분 왕족이나 지방 영주 등 귀족을 머물게 하기 위한 시설이었다. 물론 부유한 귀족들은 왕궁 밖에 자신이 지낼 저택을 짓고 베르사유궁의 방은 옷을 갈아입는 장소로 사용했다고 한다.

프랑스와 유럽의 최고 귀족 수백 명이 왕궁에서 합숙하는 셈이었으니, 얼마나 따분했겠는가. 그래서 이들은 파티를 열었다. 파티는 왕에게 눈도장을 찍고 왕과 가까워질 수 있는 절호의 기회였다. 화장과 가발, 의상과 장식이 모두 중요한 역할을 했다. 다른 귀족들과 어울리려면 체면을 차려야 했고, 촌스러운 인상을 주어서는 곤란했다. 일부 귀족은 자신의 부인을 예쁘게 차려 입혀 왕의 침실로 밀어넣는 일도 서슴지 않았다. 권력을 둘러싸고 사치스러운 파티가 일상적으로 벌어지면서 베르사유는 자연스럽게 유럽의 유행을 만드는 곳이 되었다.

왕과 귀족들에게는 또 오락이 필요했다. 베르사유궁은 프랑스에서 연극과 음악이 발전하는 결정적인 계기를 제공했다. 프랑스의 대표적인 극작가 몰리에르, 라신, 코르네유 등은 루브르에서 베르사유로 이어지는 루이 14세 시대에 문학의 대가로 성장했다. 연극과 음악에서 문화적 유행이 만들어지는 것도 베르사유를 중심으로 이뤄졌다. 이처럼 베

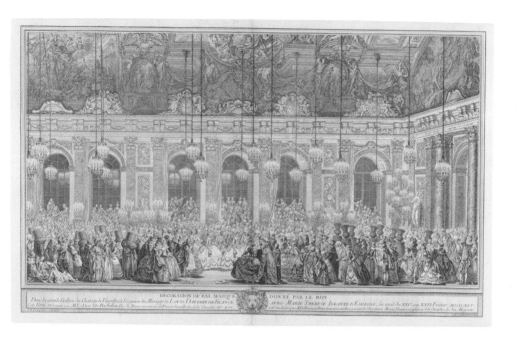

—— 샤를 니콜라 코생Charles Nicolas Cochin의 18세기 전반 작품으로 베르사유궁의 대연회장에서 프랑스 왕세자와 스페인 공주 마리아 테레사의 결혼을 축하하는 파티 장면을 담았다.

르사유는 정치적 목적으로 시작된 천도(遷都)와 권력 장치가 문화적 발전과 유행의 중심으로 전이되는 신기한 현상을 보여준다.

부 르 주 아 의   본 산

부르주아bourgeois와 프롤레타리아prolétariat라는 말은 카를 마르크스를 통해 유명해졌다. 마르크스 경제학에 따르면 부르주아는 생산수단을 소유한 사람이고, 프롤레타리아는 가진 것이라고는 자기 몸밖에 없는 무산(無産) 계급이다. 자본주의 세상은 있는 사람과 없는 사람으로 나뉘고 역사란 이들의 투쟁으로 이루어진다는 설명이다.

그러나 부르주아라는 용어는 프롤레타리아와 짝을 이루기 전부터 존재했다. 부르주아는 부르bourg(독일어로는 부르크burg)라는 말에서 유래하는데 이는 '도시'를 의미한다. 프랑스의 스트라스부르나 독일의 함부르크, 오스트리아의 잘츠부르크 등의 이름에서 이를 발견할 수 있다. 부르주아는 '부르에 사는 사람'이므로 '도시민'으로 번역하는 것이 원래 뜻에 맞다.

부르주아는 전통적으로 농촌 세계와 대립한다. 특히 봉건 사회에서 농촌은 영주로 대변되는 귀족과 노동을 하는 농민으로 구성된다. 귀족이 혈통을 중시하고 명예를 최고로 여기는 가치관을 가졌다면, 부르주아는 혈통보다는 재산이 중요하다고 생각하며 명예보다 이익을 중시한다.

부르주아와 농민도 서로 다르다. 부르주아는 도시에 살기 때문에 여러 가지 예의범절에 익숙하다. 농민은 자연스러움을 가장 중요한 가치로 여긴다. 부르주아의 입장에서 보면 농민은 천박하고 저급하다. 반면 농민이 보기에 부르주아는 위선적이고 가식적인 존재다. 이처럼 유럽에서 도시와 농촌은 가치관과 관습의 대립이 무척 심각하게 드러난다.

파리는 유럽에서 가장 큰 도시로서 부르주아의 본산이라고 할 수 있다. 도시에 사는 사람들은 부자일 수도 있고 가난할 수도 있지만 도시민으로서의 정체성을 가지고 있으며 독특한 에토스ethos(윤리 체계)를 보유한다. 부르주아는 귀족의 특권이나 허세를 싫어하고 동시에 농민의 무지와 천박함을 좋아하지 않는다. 이런 양면적 특징 때문에 부르주아는 왕이나 귀족에 대해서는 혁명적 성향을 드러내지만, 농민이나 노동자에 대해서는 차별성을 강조하는 보수적 입장이 된다.

17세기 후반, 왕과 귀족이 베르사유로 옮겨간 뒤 파리는 서서히 부르주아의 도시가 되었다. 18세기와 19세기의 파리 건물들은 이러한 변화를 잘 보여준다. 예를 들어 현재 프랑스 대통령이 거주하고 집무를 보는 엘리제궁은 1722년 에브뢰Evreux 백작을 위해 지어진 저택이다. 거대한 파티를 열 수 있는 공간과 많은 방들이 만들어진 이런 귀족 저택은 오늘날 관공서나 학교 등의 건물로 사용되는 경우가 많다. 총리실로 사

파리 7구에 있는 베륄르 오텔. 하지만 이곳은 숙박시설이 아니다.

용되는 마티뇽궁Hôtel Matignon 도 18세기 마티뇽 백작이 아들에게 선물로 지어준 건물이다.

귀족들이 살기 위해 지은 저택과 마당에는 대개 오텔Hôtel이라는 명칭이 붙는다. 프랑스어 '오텔'은 청사(廳舍) 또는 큰 건물이라고 이해해야지 숙박업소라고 생각하면 곤란하다. 예를 들어 마티뇽궁은 오텔 마티뇽이라고도 부른다. 시청 건물도 오텔 드 빌Hôtel de Ville이라 부른다.

19세기의 부르주아 저택은 파리의 전형적인 6, 7층 높이의 아파트다. 마차가 들어갈 수 있도록 정문이 크게 나 있지만 귀족의 오텔과는 비교할 수 없을 만큼 초라하고 실용적이다. 부르주아는 이런 건물의 3층이나 4층의 커다란 아파트에 산다. 밖에서 보아도 가장 좋은 층은 천장이 높고 장식이 화려하다. 부호들이 3층과 4층을 차지하면 소시민들이 2층이나 5, 6층에 살고, 1층에는 수위가 지내는 곳, 그리고 지붕 밑 꼭대기층에는 식모방chambre de bonne이라 부르는 작은 원룸들이 있다.

파리가 부르주아의 본산으로 발전하면서 자연스럽게 명품이 발달하기 시작했다. 원래 명품이란 왕족이나 귀족을 위한 다양한 의복, 보석, 모자, 가발, 액세서리 등에서 비롯된다. 부르주아는 왕이나 귀족만큼 엄청난 부를 보유하거나 소비하지는 못했지만 그들의 생활양식을 모방함으로써 자신을 프롤레타리아나 농민들과 차별화하려 했다. 따라서 과거에 비해 명품의 가치나 화려함은 줄어들었지만 부르주아의 소비계층이 늘어남으로써 파리는 명품 산업이 발달할 수 있는 기반을 형성했다.

파 리 최 대 명 품 의 거 리, 몽 테 뉴 가

명품의 파리를 경험하는 가장 쉬운 방법은 샹젤리제 부근의 두거리를 걷는 것이다. 하나는 대통령궁이 있는 포부르 생토노레가이고, 다른 하나는 몽테뉴가다. 포부르 생토노레가에는 랑뱅, 랑콤, 에르메스, 피에르 카르댕 등이 있고, 플레옐 콘서트홀이 있다. 또 엘리제궁을 비롯하여 내무부, 영국 대사관, 미국 대사관과 캐나다 대사관저가 있다.

몽테뉴가에는 루이뷔통, 디오르, 샤넬, 펜디, 발렌티노, 랄프로렌, 불가리 등이 있어 명품 경쟁에서 생토노레를 누르는 기세다. 물론 좁은 골목길인 생토노레에 비해 몽테뉴가는 애버뉴라고 불리는 넓은 대로다. 공간적 경쟁력이 있다는 뜻이다. 이 대로에는 샹젤리제 극장이 자리 잡고 있으며, 캐나다 대사관도 있다.

두 거리의 구성에서 우리는 정치권력과 예술과 명품이 얼마나 밀접하게 연관되어 있는가를 발견할 수 있다. 특히 클래식 음악 공연의 두 명소인 샹젤리제 극장과 플레옐 콘서트홀을 안고 명품 거리가 형성되었다는 것이 예사롭지 않다. 보보스는 그곳에서 공연을 보고 나와서 명품을 산다.

파리의 하이패션을 대표하는 거리의 이름이 몽테뉴라는 사실은 우연이지만 기막힌 조합이다. 몽테뉴는 16세기 프랑스를 대표하는 지성이며 오늘날에도 막대한 영향력을 미치는《수상록Les Essais》의 저자다. 그는 특히 "나는 무엇을 아는가Que sais-je?"라는 문구로 유명한데, '크세주'는 프랑스의 대표적인 백과사전적 문고본 시리즈의 이름이기도 하다. 최고의 지적 명성과 명품의 만남이라니……

하지만 파헤쳐보면 이런 만남도 그리 낯설기만 한 것은 아니다. 개인의 생각을 깊이 파고들고, 자신만의 판단과 평가를 통해 세상을 바라보며, 독자적인 방법으로 스토리를 전개해나가는 문학 또는 장르야말로 몽테뉴의《수상록》이 개척한 분야다. 몽테뉴는 수필이라는 새로운 장르를 만들었고, 궁극적으로 개인주의에 기초한 근대의 태동에 기념비적인 기여를 했다.

몽테뉴는 또 서로 다른 사회가 상업을 통해 교류하게 되면 평화로운 관계의 유지가 수월하다는 점을 통찰했다. 요즘 국제정치학의 용어를 빌리자면 상호 의존도가 높아지면 민주적 평화가 가능하다는 말이다. 민주적 평화까지는 모르겠지만 파리의 몽테뉴가 교역을 통한 세계화의 상징임은 틀림없다. 그곳의 브랜드들은 뉴욕이나 런던, 상하이나 서울 청담동에서 그대로 재현되기 때문이다.

몽테뉴와 명품 문화를 억지로 꿰맞추려는 시도는 아니다. 내가 강조하고 싶은 부분은 몽테뉴가 지성사에서 근대성을 여는 역할을 했듯이 명품 문화는 근대 부르주아 파리의 대표적인 포인트라는 점이다. 고귀한 예술과 세속적인 명품의 관계를 부정할 수 없듯이, 정신적 근대와 물질적 문화는 서로 같은 방향으로 진화해왔다.

브랜드를 내세우는 명품이란 결국 무엇인가. 귀족은 오텔을 지었지만 부르주아는 아파트 건물을 지어 좋은 층에 사는 것으로 만족했다. 마찬가지로 귀족은 자신만을 위해 옷과 장식을 만들게 했지만, 부르주아는 대량생산되지만 값비싼 명품으로 계급적 차별성을 드러냈다. 훨씬 실용적인 방법으로.

루이뷔통과 에르메스

세계 명품 시장을 지배하는 대기업은 셋이다. 파리에 본사를 두고 있는 LVMH(루이뷔통 모엣 헤네시)와 커링, 그리고 스위스 제네바에 있는 리슈몽이다. 이들의 공통점은 다른 사업에서 돈을 번 자본가들이 명품 분야로 진출하여 다양한 브랜드를 사모았다는 점이다. 그리고 결

—— 루이뷔통 재단은 명품에서 건축, 예술로 연결되는 선순환 고리를 잘 보여준다.

국은 세계적인 명품의 다국적 기업으로 성장했다.

LVMH를 키운 베르나르 아르노Bernard Arnault는 프랑스 이공계의 최고 명문 대학인 에콜폴리테크니크를 졸업하고 아버지의 회사에 들어갔다. 그는 건설 부문을 정리하고 부동산 쪽으로 사업을 돌렸다. 그리고 1980년대 명품 사업에 뛰어들었다. 크리스티앙 디오르를 인수하고 백화점 봉마르셰를 통해 명품 비즈니스를 시작한 뒤, '루이뷔통Louis Vuitton'과 샴페인의 '모엣Moët', 코냑의 '헤네시Hennessy'의 이니셜을 따서 LVMH 그룹을 형성했다. LVMH는 1990년대와 2000년대에 폭발적인 성장세를 이어갔다. 셀린, 베를루티, 켄조, 게를랑, 뢰브, 마크 제이콥스, 펜디, DKNY 등을 연달아 흡수했다.

아르노 회장은 예술품 컬렉터로도 유명하다. 그는 현대 미술에 조예가 깊으며 피카소, 앤디 워홀, 이브 클랭, 헨리 무어 등의 작품을 소장하고 있다. 2014년에는 파리 불로뉴 공원에 루이뷔통 재단의 현대식 박물관 겸 문화센터를 개장했다. 아마도 이 건물만큼 예술의 파리와 명품의 파리를 상징적으로 잘 연결해주는 다리는 없을 것이다.

또 다른 명품 공룡 커링의 모체는 1960년대 프랑수아 피노François Pinault라는 사업가가 세운 목재 및 건축자재 회사다. 그는 성공적인 사업 확장으로 PPR(피노-프랭탕-르두트Pinault-Printemps-Redoute)라는 회사를 세웠다. 첫 번째 P는 창업주 피노이고, 두 번째 P는 프랭탕 백화점, R은 프랑스에서 유명한 통신판매회사 르두트다. 피노의 그룹이 명품 분야에 진출한 것은 1999년 구치를 인수하면서부터다.

그 후 PPR는 이브생로랑, 보테가베네타, 발렌시아가, 브리오니, 퓨마 등을 인수하면서 명품 영역을 확장했다. 2005년에는 아들 프랑수아 앙리 피노가 회장으로 취임했고, 2013년에 커링으로 그룹 이름을 바꾸었다.

스위스의 리슈몽은 남아프리카공화국 출신의 사업가 요한 루퍼트 Johann Rupert가 소유한 회사이며, 1988년부터 명품 사업을 시작했다. 그룹은 보메메르시에, 재거르쿨트르, IWC, 피아제 등 스위스 명품 시계 브랜드를 다량 보유하고 있으며, 던힐, 카르티에, 몽블랑 등의 브랜드로 유명하다.

프랑스와 남아프리카공화국의 사업가, 프랑스와 스위스에 본사를 둔 다국적 기업, 그리고 프랑스·이탈리아·스위스의 브랜드가 세계 명품 시장을 지배하고 있는 셈이다. 이런 자본주의 시장의 원리에 저항하는 외로운 브랜드가 바로 에르메스다. 1837년 창업자 티에리 에르메스 Thierry Hermès는 파리에 공장을 열어 고급 마구(馬具)를 만들어 팔았다. 그의 아들 샤를에밀 Charles-Emile은 1880년에 생토노레가에 가게를 열어 승마용구를 팔기 시작했고, 그것이 오늘날 명품 브랜드로 발전하게 되었다. 가죽에서 향수와 패션 분야로 영역을 넓혔는데 에르메스사는 아직도 창업 가문이 주식의 60퍼센트 이상을 보유하고 있다. LVMH의 아르노는 몇 해 전부터 에르메스를 인수하려고 호시탐탐 노리고 있는 상

—— LVMH 회장 아르노는 1984년에 파산한 디오르를 인수하였다. 디오르는 아르
노가 만들게 되는 세계 최대 명품 기업군의 첫 투자 대상이었다.

황이다. 품질과 독립성을 중시하는 가업의 전통과 세계적 금융 자본주의의 대결인 셈이다.

세 계 최 대 화 장 품 회 사 로 레 알

로레알L'Oréal은 세계에서 가장 큰 화장품 회사다. 1909년에 외젠 슈엘레르Eugène Schueller라는 파리지앵이 세운 법인이 이 회사의 기원이다. 파리화학공학대학 출신인 슈엘레르가 머리 염색약을 개발하여 오레올Auréole(후광)이라고 이름 붙였다. 이 제품이 인기를 끌자 그는 아예 '프랑스의 안전한 모발 염색약 회사'를 설립했는데, 이것이 로레알의 모태가 되었다. 염색약의 이름이 바로 로레알이었기 때문이다.

슈엘레르의 부모는 독일 풍습이 강한 지역인 알사스 출신으로, 파리에서 빵집을 하면서 아들을 키웠다. 슈엘레르는 고된 노동을 마다하지 않는 부모를 보면서 자랐기 때문에 평생 노력하는 자세로 살았다고 회고한 바 있다. 그의 모발 염색약 사업은 패션계의 샤넬이나 미국 영화배우 루이스 브룩스 등의 새로운 유행과 맞물려 번창했다. 샤넬과 브룩스는 짧은 머리를 염색하여 멋을 부리는 새로운 스타일을 선보였다.

1922년 부부 사이에 딸 릴리안이 태어났지만 슈엘레르의 아내는 1927년에 어린 딸을 남기고 세상을 떠나고 말았다. 나중에 프랑스 최고의 부호가 되는 릴리안은 엄마 없이 외롭게 자라야 했다. 1930년대 슈엘레르는 재혼을 하고 극우 파시스트 비밀 결사대인 카굴La Cagoule('복면'이라는 뜻)이라는 조직에도 참여한다. 그리고 나치 독일과 협력한 비시 정권과 긴밀한 관계를 유지한다. 이 어두운 과거는 딸의 미래에 큰 영향을 미치게 된다.

1950년에 슈엘레르는 릴리안을 앙드레 베탕쿠르André Bettencourt라는 청년에게 시집보낸다. 슈엘레르는 베탕쿠르를 비밀 결사대 카굴에서 만났는데, 베탕쿠르는 반(反)나치 레지스탕스에 참여했던 사람이다. 전쟁이 끝난 후에 슈엘레르는 베탕쿠르의 증언으로 비시 정권 부역자라는 혐의에서 간신히 벗어날 수 있었다. 자신의 목숨을 구해준 대가로 베탕쿠르와 딸을 결혼시킨 것이다. 베탕쿠르는 로레알과 네슬레를 경영하기도 했으며, 드골과 퐁피두 대통령 시절에는 장관을 역임하는 등 정계와 재계에서 적극적으로 활동했다.

1957년에 슈엘레르가 죽자 외동딸 릴리안은 로레알을 상속받았다. 그리고 2015년 현재까지 60년 가까이 세계 최대의 화장품 회사를 운영해오고 있다. 프랑스의 화장품 공룡 기업 로레알과 스위스의 식품 거인 네슬레는 서로 주식을 교환해 가지고 있다. 1974년 대통령 선거에서 좌파 후보가 당선되면 좌파 연합의 대기업 국영화 공약으로 인해 로레알이 국영화될 것을 염려한 릴리안이 외국 기업인 네슬레와 주식을 교환했기 때문이다. 외국 자본이 들어와 있으면 좌파 정부도 쉽게 국영화를 추진하지 못할 것이라는 계산이었다. 하지만 좌파는 그때 집권하지 못했다.

최근에 로레알을 지배하는 이 가문이 언론을 장식한 것은 두 가지 사건 때문이다. 하나는 2008년 고령으로 치매를 앓고 있는 릴리안의 재산을 프랑수아마리 바니에François-Marie Banier라는 사진 작가가 빼앗았다며 릴리안의 외동딸이자 미래의 상속녀인 프랑수아즈Françoise Bettencourt-Meyers가 고소한 사건이다. 검찰 조사에 따르면 실제로 바니에에게 넘어간 돈이 10억 유로(약 1조 3000억 원)에 달한다고 한다. 릴리안의 재산은 300억 달러(약 33조 원)에 달한다고 하니 이 정도 규모의 돈을 선물로 주고받았다는 것이 불가능한 이야기는 아닌 것 같다. 바니에는 선물로 돈을 받았다고 주장했지만 프랑수아즈는 엄마가 제정신이 아니었고 바니에가 갖은 속임수를 썼기 때문에 사기에 해당한다고 주장했다.

비슷한 시기에 터진 또 다른 사건은 사르코지 정권에서 예산장관을 지낸 뵈르트Eric Woerth의 부인이 릴리안의 자산을 관리하는 회사에서 일하면서 높은 수입을 챙겼고, 그 대가로 정부가 릴리안의 세금을 크게 감면해주었다는 스캔들이다. 더 나아가 릴리안이 사르코지에게 그가 젊은 시절부터 지속적으로 정치자금을 현찰로 제공해왔다는 소문이 돌았다. 사르코지 전 대통령과의 관계는 소문으로 끝났지만 뵈르트는 계속 조사를 받고 있다. 거대한 재벌 대기업과 정치권력의 은밀한 관계는 프랑스에서도 보편적으로 나타나는 현상인 것 같다.

차이나 프라이스에서 차이나 파워로

중국이 세계의 공장으로 발전하고 세계 경제가 하나의 시장으로 묶이면서 차이나 프라이스China Price는 공포의 단어로 등장했다. 어떤 물건이건 세계 시장의 가격을 중국이 결정한다는 뜻이다. 중국이 값싼 임금과 효율적인 공정을 통해 물건 가격을 정해버리면 다른 나라는 거기에 맞추어서 가격을 내리거나 망하는 길밖에 없게 되었다.

하지만 차이나 프라이스가 적용되지 않는 분야가 있는데, 바로 명품이다. 물건이 비쌀수록 잘 팔리는 베블런 효과가 정확하게 맞아떨어지기 때문이다. 중국은 물건을 싸게 만들어서 세계 시장을 잠식하지만, 그렇게 번 돈을 중국인들은 프랑스의 명품을 사는 데 사용한다. 앞에서 소개한 생토노레가나 몽테뉴가는 물론 파리 근교의 명품 아웃렛에 가면 중국인들이 몰려다니며 물건을 쓸어담아가는 모습을 볼 수 있다.

백화점에 근무하는 지인에게 들은 이야기다. 한번은 중국 동북지역의 부호가 가족 여행을 와서 하루 만에 100만 유로(약 13억 원)어치의 쇼핑을 했다고 한다. 아내와 처제, 그리고 아이들을 데리고 온 이 부호는 VIP실에 앉아 있었고, 직원들이 순서대로 제품을 보여주면 그중에서 마음에 드는 물건을 골랐다는 것이다. 물건을 고른 다음에는 "이렇게 많이 샀으니 선물을 줘야 하지 않겠냐"고 하여 다시 각 브랜드마다 고심하여 선물을 제공했다고 한다.

세계 시장이 차이나 프라이스의 공포에 떨기도 하지만 차이나 파워가 명품 시장을 떠받치고 있는 셈이다. 명품 쇼핑에 열광하는 중국인들이 대거 몰려오면서 나타나는 부작용도 만만치 않다. 중국인은 현찰을 많이 가지고 다니기 때문에 쉽게 소매치기나 강도의 표적이 된다. 중국 관광객을 태운 버스가 샤를 드골 공항에서 파리로 들어오는데 고속도로 터널 구간에서 중무기로 무장한 강도들이 버스를 세우고 금품을 빼앗아 도망친 사건도 발생했다.

거리나 지하철에서도 동양인은 표적이 되기 쉽다. 현찰이 아니더라도 동양인의 명품 사랑은 유명하다. 가방 하나 스마트폰 하나를 훔치더라도 짭짤한 수확이 되는 것이다. 나는 파리를 잘 알기 때문에 구경하느라 두리번거리지도 않고 눈을 똑바로 뜨고 다니는데도, 요즘은 소매치기들이 접근하는 것을 자주 경험하게 된다.

사실 서울이나 도쿄는 너무나도 안전한 도시이기 때문에 사람들이 주변에 그다지 신경 쓰지 않는다. 심지어 베이징이나 상하이도 파리만큼 위험하지 않다. 파리에서는 각별히 절도를 조심해야 한다. 예를 들어 파리 버스에는 비싼 스마트폰 등을 과시하면 소매치기 당할 위험이 있으니 주의하라는 문구가 적혀 있을 정도다. 파리에서 하도 많은 범죄에 시달리는 중국인들은 파리를 무질서하고 혼돈스러운 아프가니스탄에 비유하여 파리스탄이라고 부른다는 소문이 있을 정도다.

중국인의 안전 문제가 심각해지자 중국 정부는 프랑스 정부에 거세게 항의를 했다. 안전이 보장되지 않으면 관광객을 더 이상 보내지 않겠다고 말이다. 차이나 파워는 여기서도 통한다. 프랑스 정부는 안전을 강화하여 중국을 안심시키려 노력하는 것은 물론, 이에 덧붙여 중국인들에게 비자를 신속하게 발급하겠다고 머리를 숙이고 사과했다. 국제 도시들이 구매력을 가진 중국인들을 유혹하기 위해 경쟁하는 가운데 명품의 파리와 차이나 파워가 교차하여 만들어낸 진풍경이다.

몽테뉴가 Avenue Montaigne

몽테뉴가의 샹젤리제 극장

1980년대부터 몽테뉴가는 패션과 명품의 거리로 확고한 명성을 자랑하고 있다. 센 강변의 알마 마르소 지하철역부터 샹젤리제 거리에 있는 프랭클린 루스벨트 역까지 600미터 정도 이어지는 산책하기 좋은 거리다. 몽테뉴가에는 아테네 플라자라는 최고급 호텔도 있고, 세계적 명성을 자랑하는 명품 상점이 즐비하다. 물론 뉴욕의 5번가나 도쿄, 홍콩, 서울 등 다른 대도시에서도 쉽게 찾아볼 수 있는 상표들이다. 다만 이런 문화를 만들어낸 도시 파리에서 그 분위기를 느끼고 냄새를 맡아볼 수 있는 기회다. 대중도 명품에 관심을 갖는 동아시아와는 조금 다른 모습이다.

Transport Métro 9호선 Alma Marceau · Métro 1호선, 9호선 Franklin Roosevelt

Homepage http://www.avenuemontaigneguide.com

루이뷔통 재단 Fondation Louis Vuitton

세계 최대 명품 기업 LVMH가 루이뷔통 브랜드를 내세우며 2014년에 문을 연 예술 박물관으로 프랭크 게리(Frank Gehry)가 설계했다. 아르노 회장의 개인 소장품과 회사 소유 예술품으로 기본 컬렉션을 구성하고 있으며 첨단 예술 창작을 상징하는 다양한 전시회를 진행한다. 파리의 숨통이라고 할 수 있는 불로뉴 숲에 위치하기 때문

에 시민단체들의 반대에 부딪혔지만 파리 시청과 건축 및 예술계의 지원으로 설립될
수 있었다. 파리 시가 소유하는 공원에 들어선 이 박물관은 55년 동안 운영한 뒤 소
유권이 시로 이양되는 조건으로 지어졌다.

Adress 8 Avenue du Mahatma Gandhi 75116 Paris Transport Métro 1호선 Les
Sablons Homepage http://www.fondationlouisvuitton.fr

카르티에 재단 Fondation Cartier

1847년 루이 프랑수아 카르티에가 설
립한 카르티에사(社)는 전 세계 주요 왕
가를 고객으로 둘 만큼 전통과 명성을
자랑하는 보석·시계 전문 회사다. 카르
티에 재단은 1994년에 건축가 장 누벨
(Jean Nouvel)이 설계한 현재의 건물로
옮겨와서 몽파르나스 지역의 상징적 예

샹젤리제 거리에 있는 카르티에 매장. 매혹적인 조명이 인
상적이다.

술 공간으로 자리 잡았다. 전 세계 예술가 300여 명의 현대 작품 1000여 점을 상시
전시하고 있으며, 매년 다양하고 개성 있는 특별 전시를 기획한다. 프랑스의 명품만
소비할 것이 아니라 그 수익으로 운영하는 예술과 창조의 공간에서 현대 작품을 감
상하는 것도 즐거운 일이다.

Adress 261 Boulevard Raspail 75014 Paris Transport Métro 4호선, 6호선 Raspail ·
Métro 4호선, 6호선/RER B Denfert Rochereau Homepage http://fondation.cartier.
com

IV

혁명의 파리

펠릭스 필리포토의 《파리 시청사 앞에 선 라마르틴이 적기를 거부하다》

"인간은 법적으로 자유롭고 평등하게 태어나고 살아간다."

— 1789년, 프랑스 〈인간과 시민의 권리 선언〉 —

근대 정치의 광장, 샹드마르스

파리 하면 제일 먼저 생각나는 상징이나 이미지는 아마 에펠탑일 것이다. 영화의 한 장면에서 에펠탑이 나오면 관객들은 "아! 파리구나"라고 생각한다. 전 세계 주요 도시의 프렌치 레스토랑에 가면 에펠탑 사진을 걸어놓은 경우가 많다. 일부 관광객은 작은 에펠탑 모형을 구입해 바라보며 이 도시의 추억을 기리기도 한다.

예술과 낭만의 도시 파리를 상징하는 에펠탑은 예술적 미를 담고 있고 낭만의 분위기를 물씬 풍기지만, 사실은 무척이나 혁명적인 기원을 갖고 있다. 에펠탑은 1889년 프랑스 대혁명 100주년을 기념하는 만국박람회를 위해서 만들어졌다. 그렇다면 에펠탑은 왜 그 자리에 있는 것일까? 바로 그곳이 대혁명 이후 근대 대중정치의 시대를 여는 광장으로 활용되었던 유서 깊은 곳이기 때문이다. 왕과 귀족뿐 아니라 도시민과 심지어 농민도 동원되는 대중정치에는 넓은 광장이 필수적이었다.

에펠탑은 샹드마르스Champ de Mars 광장에 자리 잡고 있다. 샹Champ은 '밭', '벌판'이라는 뜻이다. 과거에 파리 부근에는 농사를 짓는 밭이 많았는데, 그 지역이 파리 시로 편입되면서 종종 이름으로 남게 되었다. 샹젤리제는 '엘리제 밭'이라는 뜻이며, 샹드마르스는 '마르스의 벌판'이라는 뜻이다.

센 강 좌안에 있는 넓은 지역에 전쟁의 신 마르스 이름이 붙은 이유는 이 공간이 바로 18세기 프랑스 육군사관학교 앞에 위치하고 있기 때문이다. 이 사관학교 건물은 아직도 남아 있다. 샹드마르스가 프랑스 대혁명의 정신을 품은 공간으로 태어난 것은 1790년에 이곳에서 동맹 축제Fête de la Fédération라는 행사가 열리면서부터다.

1789년 7월 14일에 성난 군중이 바스티유 감옥을 부수고 수감된 사람들을 해방시킨 사건은 세계사에 빛나는 프랑스 대혁명의 상징이다. 프랑스인들은 매년 이날을 혁명 기념일로 기린다. 하지만 사람들은 그 이후에 벌어진 일에 대해서는 잘 모른다. 이듬해인 1790년 같은 날에 샹드마르스에서 프랑스라는 민족을 시각적으로 연출하여 표현하는 혁명 축제가 열렸다.

거대한 광장은 10만 명이 들어갈 수 있도록 정비되었고 광장 한가운데에 조국의 제단Autel de la Patrie이 만들어졌다. 이날 국왕 루이 16세는 조국의 제단에 올라가서 프랑스 민족과 헌법을 위해 헌신할 것을 선서했

—— 1790년, 샹드마르스에서 열린 동맹 축제를 묘사한 그림

다. 그에 이어 국민의회 의장, 군부 등의 주요 인사는 물론 프랑스 각 도를 대표하는 민중이 차례로 행진을 하며 조국과 민족과 헌법에 대해 충성을 맹세하는 의식을 치렀다.

동맹 축제라는 이름은 국왕과 민중, 그리고 파리와 지방을 하나의 민족으로 묶고 뭉치게 만드는 축제라는 뜻에서 비롯되었다. 200년 전에 바로 이 샹드마르스에서 권력구조를 뒤흔드는 근대 정치가 시작된 셈이다. 왕과 귀족 등 소수가 지배하는 세상이 아니라 민중이 정치와 권력의 중심으로 등장하는 시대가 온 것이었다.

파리에서 시작된 혁명의 불꽃은 유럽의 다른 도시로 빠르게 전파되어나갔다. 베를린, 빈, 로마, 마드리드, 바르샤바 등에서 민중 봉기가 일어났고, 그 열기는 다시 유럽 밖의 다른 대륙으로 서서히 확산되어나갔다. 샹드마르스에서 에펠탑을 바라보는 것도 아름답지만, 에펠탑에서 샹드마르스를 조망하며 세계 역사를 한번 생각해볼 일이다.

대 중 이   주 인 공 이 자   관 객 이 다

현대 정치는 매스 폴리틱스Mass politics, 즉 대중정치라 불린다. 샹드마르스에서 연출된 동맹 축제는 대중정치의 원형이다. 인류 역사에서 정치와 권력은 소수 왕족과 귀족의 전유물이었다. 가끔 민중이 폭동을 일으키기는 했지만 이들은 기껏해야 역사의 엑스트라였지 주인공이 된 적이 없었다. 사실 바스티유 감옥을 때려 부수고 수감된 죄수들을 해방시킨 것은 전통적 폭동에 가까웠다. 반면 샹드마르스의 동맹 축제에서는 새로운 시대의 정치를 세밀하게 연출하고 드러내는 노력이 있었다. 민주주의와 대중정치의 시작을 질서정연하게 알리는 출발점이라고 해도 과언이 아니다.

동맹 축제를 준비하는 과정에서부터 신분과 계급을 초월하는 대중적 융합이 이루어졌다. 귀족과 부르주아, 노동자와 농민이 함께 참여해 신나는 혁명 무대를 준비했다. 귀족 부인들도 가난한 여인들이나 심지어 창녀들과 어울려 함께 남자들의 일을 도왔다. 국왕도 동참하여 상징적으로 삽질을 함으로써 준비 과정부터 온 민족이 참여하는 축제로 만들었다.

준비 과정에서 제일 중요한 작업은 가운데 무대와 주변의 관객석을 만드는 것이었다. 중앙으로 프랑스 민족을 구성하는 각 도의 대표들이 행진을 하고, 관객석에서는 이 행렬을 바라보며 열광하는 장을 만들고자 했다. 이 연출은 19세기 미국에서 링컨이 말했던 "국민의, 국민을 위한, 국민에 의한"이라는 슬로건을 100여 년 앞서 실천한 것이었다. 여기서는 관객과 주인공을 나누지 않는다. 역할은 다르지만 관객이 주인공이고, 주인공이 또 관객이 된다. 이것이야말로 혁명적 사고의 전환이고 새로운 시대의 개념이 아닌가.

당시 프랑스 83개의 도를 대표하는 5만여 명의 사람들이 지방에서 파리로 올라왔다. 자동차도 기차도 없던 시절에 그렇게 많은 사람들이 올라왔다는 것은 놀라운 일이다. 파리지앵들은 지방에서 온 손님을 집에서 재워주고 먹여주었다. 드디어 7월 14일 축제의 날, 자부심과 희망으로 가득 찬 사람들이 전국에서 온 대표들과 함께 행진하면서 프랑스 민족을 연출했던 것이다.

샹드마르스에서 시작한 인류 역사의 새로운 장은 21세기 올림픽 개막식에서 재현되고 있다. 각 국을 대표하는 선수단이 자국 깃발을 들고 입장하여 수만 명의 관객 앞에서 행진을 하고 운동장 한가운데 서서 다시 관객의 한 부분이 되는 장면은 동맹 축제와 유사하다. 세계 각국의 대표단이 모두 입장하여 인류가 하나임을 연출하는 것도 동맹 축제에서 비롯된 기법이다.

샹드마르스는 이후 다양한 용도로 사용되었다. 대표적으로 19세기 후반 프랑스가 세계를 호령하고 주도하던 시대에 만국박람회장으로 사용되었다. 1867년, 1878년, 1889년, 1900년, 1937년 모두 다섯 차례의 만국박람회가 이곳에서 개최되었다. 특히 혁명 100주년을 기념하는 1889년의 만국박람회 때는 에펠탑이 파리의 상징으로 우뚝 서게 되었다.

인류의 대중정치가 시작된 곳에서는 현대의 정치가 여전히 살아 있다. 샹드마르스는 조깅을 하는 사람들이 선호하는 공원이자 어린이들이 뛰어노는 공간이다. 에펠탑을 배경으로 사진을 찍는 관광객들이 즐겨 찾는 무대이자 집단으로 춤을 추는 무용단의 연습 장소이기도 하다. 그리고 사회적 쟁점이 있을 때마다 거대한 시위가 벌어지는 현장이다.

아 이 는   아 빠 와   엄 마 가   필 요 해 !

2013년에 프랑스는 동성혼 합법화를 둘러싸고 의견이 양분되어 대립하고 있었다. 2012년 프랑스 대선에서 승리한 사회당의 올랑드 대통령은 유럽이나 미국의 추세를 반영하여 동성혼을 합법화하겠다는 공약을 본격적으로 추진했다. 인류 역사에서는 획기적인 인식의 변화가 많이 이루어졌는데 그 가운데 하나가 인간은 평등하다는 것이고, 그 연장선에서 남녀가 평등하다는 생각이었다. 21세기, 적어도 선진국에서는 또 하나의 놀라운 인식의 변화가 있었는데, 동성애도 이성애와 같은 권리를 인정해야 한다는 것이다.

프랑스는 1999년에 이미 동거에 관한 법제도를 만들어 성적 소수자에게 제도적 틀을 제공한 바 있다. 더 나아가 이제는 동성애 커플에게도 결혼을 개방하는 개혁을 추진하고 있는 것이다. 프랑스는 우리에게 매우 혁신적이고 자유로운 톨레랑스의 나라로 알려져 있지만 반드시 그런 것은 아니다. 사회 전체적으로 보면 진보적 사고가 앞서가지만,

그에 못지않게 보수 세력이 강한 나라다.

동성혼 허용을 반대하는 시위는 여러모로 나를 놀라게 했다. 우선 그 규모가 어마어마했다. 프랑스 전국에서 몰려든 시위대가 샹드마르스를 가득 메우고, 시위 규모를 작게 잡는 경찰의 추산을 보더라도 그 수가 수십만 명에 달했다. 그리고 이런 시위가 한 번에 그치는 것이 아니라 2013년 상반기에 여러 차례 정기적으로 반복되었다.

게다가 참여하는 사람들의 연령이나 성별, 직업 등이 정말 다양했다. 일반적으로 아이들은 시위에 참여하지 않는다. 그러나 동성혼에 반대하는 시위는 가족 단위의 참여가 많았다. 할아버지와 할머니, 아빠와 엄마, 그리고 아이들이 함께 시위하는 모습은 무슨 결혼식이나 장례식의 가족 모임 같았다.

이들은 여러 가지 슬로건을 내세웠는데, 특히 "아이는 아빠와 엄마가 필요해!"라는 표어가 인상적이었다. 이것이야말로 우리가 전통적으로 생각하는 상식이 아닌가. 바로 상식을 노린 전략이었다. 이들의 논리는 동성혼을 허용하면 동성애자 커플이 아이를 입양할 텐데, 그러면 입양된 아이는 아빠-엄마가 아니라 아빠-아빠 또는 엄마-엄마만 가질 것이라는 비난이었다. 입양되는 것도 서글픈 일인데, 거기다 더 강한 사회적 낙인까지 남기게 된다는 주장이다. 평소 시위 행렬에서 발견하기 어려운 가톨릭 신부와 수녀도 가족 단위 시위대와 함께 거리를 걸으며 동성혼 반대 의사를 표명했다.

—— 자유를 상징하는 마리안과 같은 모자를 쓰고 '자유·평등·박애'의 삼색기를 두르고 동성혼 반대 시위를 벌이는 보수 세력. ⓒ 연합뉴스

내 지인 가운데 한 명은 자신이 동성애자임을 굳이 숨기지 않는다. 하지만 그의 정치 성향은 보수적이고 동성혼에 반대하는 입장이었다. 그의 논리에 따르면 동성애자 대부분은 파트너를 자주 바꾸기 때문에 오래 가는 경우가 드물며, 따라서 기존의 제도로 충분하다는 것이다. 결혼을 전면에 내세워 진보와 보수 사이에 사회적 분열을 가져오는 것은 정치적인 전략일 뿐이라고 친절하게 설명해주었다.

내가 마지막으로 놀란 이유는 사람들이 동성혼을 찬성하거나 반대한다는 사실이 아니다. 그보다는 동성혼 반대자들이 동성애 혐오자로 오해받을까 봐 노심초사하는 모습이었다. TV 인터뷰나 실제로 만난 사람들 모두 "나는 동성애를 혐오하는 사람이 아닙니다. 다만 이들의 결혼을 허용하는 것에는 반대합니다. 동성혼이 허용될 경우 동성 부부의 입양은 큰 문제입니다"라는 투로 설명했다. 자신은 동성혼 합법화에 반대하는 것이지 동성애자를 증오하거나 차별하는 사람으로 오해하지 말아달라는 뜻이다. 결국 그들의 입장에는 동성이건 이성이건 누구와 동침하는지는 개인의 자유라는 생각이 바탕에 깔려 있다.

저 항 의 전 통 이 라 는 유 전 자

파리가 세계 혁명의 역사에 본격적으로 등장한 것은 18세기 말

프랑스 대혁명을 통해서였지만, 그전에도 파리에는 권력에 대해 강력하게 저항하는 전통이 있었다. 13세기에 이미 파리의 인구는 20만 명으로 유럽에서 가장 큰 도시였다. 게다가 1만여 명에 달하는 저항 전통의 학생 집단이 집중되어 있었다. 또 파리의 부르주아는 왕권과 협력하기도 했지만 종종 견제하는 역할도 담당했다. 수공업자, 노동자 등의 서민 계층도 각종 정쟁(政爭)이나 전쟁에 적극 참여했다.

백년전쟁이나 종교전쟁 시기에도 파리는 영불 대립과 내전의 구도에서 왕권과 자주 충돌했으며, 그 때문에 1648년에는 왕실이 파리 근교인 생제르맹앙레로 4년 동안 옮겨가기도 했다. 앞서 언급했듯이 17세기 말 루이 14세가 대규모 왕궁을 파리 시내가 아닌 베르사유에 건설하여 옮긴 것도 파리 군중에 대한 불안이 중요한 원인이었다.

19세기에 일어난 세 차례의 커다란 혁명의 무대는 항상 파리였다. 1830년 7월 혁명을 통해 파리지앵들은 유럽의 강대국들이 강요했던 샤를 10세를 물러나게 하고 루이 필리프를 국왕으로 옹립함으로써 의회 중심의 자유주의를 추구했다. 1848년 2월 혁명에서 파리 시민들은 공화국을 선포했고 보통선거권, 노동자의 권리 등을 확립하려는 진보적 프로그램을 추진했다. 1851년에 선거에서 대통령으로 당선된 루이 나폴레옹이 황제로 등극하려 하자 파리 시민들은 저항했고 정권이 이를 진압하는 과정에서 400여 명의 시민이 희생되었다. 1871년 봄 파리 시민들은 독일과의 강화조약에 반대하며 파리 해방구, 즉 코뮌을 수립했

—— 파리 코뮌 당시의 전투로 폐허가 된 리볼리가

다. 혁명 세력은 붉은 기를 사용하면서 무상 초등교육과 같은 사회주의 정책을 적극 추진했지만 정부군에 대학살을 당하면서 무너졌다.

1968년 5월 혁명은 학생과 노동자가 중심이 되어 오랜만에 바리케이드가 재등장하면서 폭력적 충돌이 벌어졌다. 총파업과 연결되어 자본주의 소비 사회와 도덕적 보수주의에서 탈피하려는 새로운 형식의 투쟁이었다. 68혁명을 거치면서 프랑스 사회는 문화적으로 개방되었다.

이처럼 파리는 1789년 대혁명 이전에도 권력에 저항하는 전통을 가진 도시였고, 대혁명 이후에는 반복적으로 혁명을 주도하는 도시로 부상했다. 때로는 체제를 바꾸는 데 성공하고, 때로는 피를 흘리고 패배했지만, 그 자취와 정신만은 여전히 파리 곳곳에 남아 있다. 자유민주주의의 가장 오랜 전통을 자랑하는 영국과 미국은 19세기 이후 혁명을 통한 정치 체제의 변화를 경험하지 않았다.

같은 자유민주주의 국가지만 프랑스는 반복되는 혁명과 정치 체제의 변동을 경험했다는 점에서 차이가 난다. 좌우를 막론하고 프랑스 중앙 정부가 파리를 두려워했다는 것은, 1977년이 되어서야 파리 시장을 직선으로 선출하기 시작한 사실에서도 알 수 있다. 혁명적 파리의 민중을 기반으로 한 권력이 언제든지 프랑스 정부를 위협할 수 있다는 인식을 가졌기 때문이다. 파리는 프랑스의 수도이지만 프랑스의 권력은 항상 파리를 두려워했다고 할 수 있다. 파리의 저항 정신은 권력을 비판적으로 바라보면서 고개를 숙이거나 무릎을 꿇지 않을 것이기 때문이다. 그리고 파리지앵은 이 유전자를 고스란히 물려받았다.

정 치 실 험 을   관 광 하 다
|

　　유럽의 많은 지식인과 정치 활동가들이 파리로 와서 프랑스의 혁명을 경험하고 배우고 확산시키려 했다. 심지어 정치 관광이라는 용어가 등장했을 정도였다. 토머스 페인 같은 영국 지식인은 프랑스의 국회의원이 되었으며, 프로이센의 아나카르시스 클루츠 남작은 전 세계를 한데 모은 삼부회의를 구상했다. 그는 실제로 파리를 수도로 삼는 보편 공화국을 꿈꾸었다.

　유럽의 혁명 세력이 파리로 집결했다면 프랑스의 왕족과 귀족은 유럽 전역으로 망명함으로써 각각 보수와 반동의 네트워크를 만들었다. 1814년 프로이센 왕과 러시아 황제가 파리로 직접 와서 루이 18세를 옹립함으로써 보수적 유럽 네트워크의 존재를 확인했다. 루이 18세는 혁명 세력이 지배하던 시기에 프로이센과 영국, 러시아 등으로 망명하여 생활했다.

　1815년부터 1848년 사이에 파리는 유럽 지식인들의 수도로 부상했다. 파리는 다양한 학생, 지식인, 문인, 철학가, 혁명가의 집합 장소였다. 이들은 독일, 폴란드, 이탈리아, 헝가리, 그리스, 루마니아 등에서 이주해온 사람들이었다. 독일의 훔볼트, 법학자 간스, 파리를 새로운 예루살렘으로 부른 하이네, 공화주의자 뵈르네, 이상적 사회주의를 추구한 헤스, 마르크스까지 파리를 거쳐갔다. 러시아의 바쿠닌과 헤르첸도 각각 1844년과 1847년에 파리에 와서 정착했다.

특히 파리에는 많은 독일인이 거주했는데, 1830년에 7000명, 1841년에 3만 명, 1848년에 6만 2000명에 이르렀다. 한편 폴란드인은 1830~1831년 바르샤바 봉기 실패 이후 대거 파리로 이주해왔고, 1846년에는 이주자가 무려 8000명에 달했다. 물론 독일의 경우 경제적 이민자가 다수를 차지했다고는 하지만, 그럼에도 불구하고 다양한 계층과 다양한 사상을 가진 지식인이 모여들면서 파리에서의 경험은 많은 결과를 낳았다.

유럽의 혁명 도시 네트워크가 가장 뚜렷하게 역사의 무대에 등장한 것은 1848년 '민중의 봄printemps des peuples'이다. 파리에서 2월 혁명으로 루이 필리프가 사임하고 공화국이 선포되면서 유럽은 혁명의 도가니가 되었다. 이러한 혁명의 동시성은 유럽 혁명 세력의 강력하고 긴밀한 네트워크 덕분에 가능했다. 1848년에는 파리에 거주하던 외국인 집단이 혁명에 동참했고, 혁명이 성공한 이후에도 혁명 정부를 지지했다. 알퐁스 드 라마르틴Alphonse de Lamartine 임시정부 수반은 프랑스와 같은 정치 원칙, 즉 공화정과 민주주의를 원하는 유럽의 민족은 동맹을 형성해야 한다고 주창했다.

실제로 프랑스가 선도적으로 보여준 혁명의 모델은 유럽의 다른 도시에서 재생산되었다. 시위나 행진 같은 대중 행동, 신문·잡지 및 정치 선전물의 발행 등은 베를린, 프랑크푸르트, 마인츠, 쾰른, 밀라노, 로마, 베네치아, 팔레르모, 빈, 프라하, 부다와 페스트 등에서 반복되었다. 그리고 파리에서와 마찬가지로 프랑크푸르트, 베를린, 빈, 페스트 등에는 국민을 대표하는 의회가 수립되었다.

1848년 이후에도 저항과 혁명의 유럽은 국가별 상황과 조건에 따라 차이를 보이면서도 매우 높은 수준의 동시성을 발휘해왔다. 19세기 후반 유럽 노동운동이 공통적으로 요구했던 것은 하루 노동 시간을 8시간으로 제한하는 것이었으며, 5월 1일 노동절에는 유럽의 많은 도시에서 노동자 시위가 벌어졌다. 1차 세계대전이 종결된 1919년과 1920년에는 유럽의 주요 도시에서 사회주의 혁명 운동이 일어났다. 또한 1930년대 대공황의 태풍이 사회적 혼란을 야기하는 상황에서 유럽 대도시에서는 파시즘과 공화주의가 본격적으로 대결하기 시작했다. 그리고 이러한 혁명 열기의 중심에는 항상 파리가 있었다.

부 당 한   권 력 에   항 거 하 라

런던이나 뉴욕은 자본주의의 개인적 경쟁이 지배하는 도시다.

하지만 파리에서는 집단적 정치 투쟁이 하나의 전통으로 자리 잡았다. 프랑스는 18세기 혁명의 과정에서 인민의 집단적 봉기의 권리를 세계 최초로 헌법으로 보장한 나라다. 1793년 6월에 제정된 헌법의 제35조는 정부가 인민의 권리를 침해할 경우 집단적으로 봉기할 수 있는 권리를 인정한다. 그만큼 파리지앵에게는 부당한 권력 행사에 공동으로 저항하고 투쟁하는 전통이 깊숙이 박혀 있다.

파리의 지리조차 정치적 성격을 강렬하게 담고 있다. 파리는 크게 동부와 서부로 나뉘는데 서부는 귀족과 부르주아 계층이, 동부는 노동자와 서민 계층이 거주하는 지역이다. 1848년 혁명의 바리케이드 분포도를 보면 파리 동부에 집중된 것을 발견할 수 있다.

이러한 전통은 20세기까지 이어져 좌파가 주도하는 시위는 대부분 파리 동부의 바스티유–나시옹Nation(민족)–레퓌블리크République(공화국)의 삼각형을 중심으로 진행된다. 반면 민족주의 성향의 우파가 주도하는 시위는 대통령 궁이 있는 서부의 샹젤리제 거리나 잔 다르크 동상 주변에서 열린다. 이처럼 도시 공간에는 정치적 의미가 담겨 있다.

공간뿐 아니라 도시를 채우고 있는 건물과 기념물도 정치적 상징으로 기능하는 경우가 많다. 파리 코뮌이 한창이던 1871년 5월 16일에 파리 민중은 독재자 나폴레옹이 세운 방돔 기둥을 파괴함으로써 과거를 청산하려 했다.

파리 코뮌의 피비린내 나는 학살이 벌어진 뒤인 19세기 후반 프랑스

—— 1830년 7월 시위의 희생자를 기념하는 7월의 기둥이 우뚝 서 있는 바스티유 광장

의 보수 및 가톨릭 세력은 몽마르트르 언덕에 사크레 쾨르Sacré Cœur 성당을 건립함으로써 종교에 대한 혁명 세력의 공격과 모멸을 씻으려 했다. 새로운 프랑스가 지향해야 하는 도덕적 질서를 상징하는 기념비적 성당이다. 사크레 쾨르 성당은 노트르담 다음으로 사람들이 많이 찾는 파리의 명소인데, 이런 관광 장소도 반(反)혁명의 의미를 담고 있으니 놀랍지 않은가.

혁명 정신을 이어받은 좌파 세력은 100여 년 뒤 '복수'를 한다. 2004년 파리 시정을 장악한 진보 세력은 사크레 쾨르 성당 앞 광장에 코뮌의 여성 영웅 루이즈 미셸Louise Michel 동상을 세우고 광장 이름을 미셸로 결정했다. 루이즈 미셸은 파리 코뮌에서 주도적으로 활동한 리더이며, 그 후에도 혁명적 무정부주의자와 페미니스트로 활동했다. 이런 사례에서 볼 수 있듯이 파리는 살아 있는 혁명의 기억이고 투쟁의 공간이다.

파리 경시청 통계에 따르면 2000년 이후 현재까지 파리는 매년 평균 1500건의 시위가 벌어진다. 하루 평균 3건 정도의 시위가 다양한 이유로 파리에서 열리는 것이다. 2010년 9월에서 10월에 걸쳐 진행된 연금법 개정 반대 시위처럼 100만 명 이상이 참여하는 대규모 시위도 있지만 수백 명에서 수천 명 규모의 시위가 일반적이다. 반복되는 역사의 경험 속에서 파리라는 도시 공간에는 혁명의 기운이 흐르고, 부당한 권력에 저항하는 레지스탕스의 전통이 확고하다. 역사와 전통에 뿌리 내린 혁명의 수도 파리는 쉽게 사라지지 않을 것으로 보인다.

젠트리피케이션 : 부자들의 도시가 될 것인가

|

　　불행인지 다행인지 입장과 시각에 따라 다르겠지만 혁명과 시위의 수도 파리의 위상은 이제 예전의 수준이 아니다. 첫 번째 원인은 파리의 사회학적 변화다. 파리의 시민은 점차 고령화와 부르주아화의 특징을 보여주고 있다. 부동산 가격이 오르면서 두 가지 측면이 서로를 강화하는 모습이다. 과거 빈민이나 서민, 노동자 계층이 거주하면서 혁명과 시위의 중심이 되었던 파리 동부마저 최근에는 재개발이 이루어져 중산층의 거주 지역으로 변하고 있다. 요즘 한국에서 한창 논의되는 젠트리피케이션 현상이다. 노동자와 서민은 점차 파리 외곽으로 쫓겨나는 형편이며, 대규모 시위 때만 파리에 집결하여 행진하는 정도다.

　여전히 중고등학생이나 대학생이 사회운동이나 저항 세력의 중요한 지지 기반이지만 이들의 수는 줄면 줄었지 늘어나지 않는다. 시위라는 무대의 배우와 관객의 사회적 거리가 점차 멀어지는 셈이다. 과거에는 발코니에서 시위를 구경하다가도 슬로건에 가슴이 뛰어 달려 내려오는 사람이 많았다. 그러나 최근의 파리지앵은 노인이 많아져 끓는 피도, 소리칠 기운도 없는 듯하다. 파리 특유의 저항 문화도 많이 약화될 전망이다.

　파리의 부르주아화는 세계화와도 밀접하게 연결되어 있다. 세계가 하나로 통합되는 가운데 예술과 낭만과 명품의 대표 도시는 돈이 많은 부자들이 즐겨 찾는 베이스 캠프가 되었다. 중동의 산유국 왕자나 아프리카 독재 정권의 부패한 지도자들도 오래전부터 파리에 살았다. 요즘에는 러시아나 중국의 부패 관료들이 돈을 싸들고 파리로 몰려오는 실정이다. 파리의 부동산 가격이 오르면서 가난한 서민들이 외곽으로 쫓겨나는 신세가 되었다.

혁명과 시위의 수도로서 파리의 위상이 변화할 수밖에 없는 또 다른 원인은 유럽이 통합됨으로써 파리가 과거에 가졌던 권력 중심으로서의 상징성이 크게 약화되었기 때문이다. 이제 유럽인의 삶을 지배하는 많은 결정은 파리가 아닌 벨기에 브뤼셀에서 내려지며, 브뤼셀이 아니더라도 유럽 정상회담이 열리는 도시가 뉴스의 초점이 된다. 그곳은 마드리드일 수도 있고, 헬싱키일 수도 있다. 과거 유럽 대륙에서 파리가 독점하던 중앙무대의 자리를 이제는 유럽연합 회원국의 도시 네트워크가 돌아가면서 담당하는 모양새다.

유럽 통합으로 권력 중심이 하나의 도시에서 도시 네트워크로 옮겨간 것과 마찬가지로 권력 중심의 기능적 분산도 주목할 만한 현상이다. 이제 프랑스의 통화정책은 파리 센 강변의 베르시에 있는 재정경제부가 아니라 프랑크푸르트의 유럽중앙은행에서 결정된다. 유럽의회 역시 스트라스부르에서 총회를 열고, 벨기에 브뤼셀에서 상임위원회를 개최한다. 저항의 주도적인 역할을 하는 것도 일관되게 파리가 아니라 긴축에 항의하는 아테네일 수도 있고, 불평등을 초래하는 신자유주의에 대

—— 전통적으로 서민 동네였던 파리 13구에 들어선 현대 건물들은 파리의 부르주
아화의 일면을 보여준다. 이런 동네도 부동산 가격이 크게 올라 이제 서민이 살기에
는 부담을 느낄 만한 수준이다.

항하는 인디그나도스Indignados 사회운동 또는 포데모스Podemos 정치운동
이 벌어지는 마드리드일 수도 있다.

파리는 아주 오랜 기간 유럽, 그리고 더 나아가 세계에서 가장 선도
적인 정치를 개척했다. 인간의 해방과 민주주의 실현을 추구하는 혁명
의 수도답게 그 어떤 도시보다 미래의 비전을 보여주고 앞장서 나갔다.
파리가 혁명과 시위의 수도가 될 수 있었던 것은 정치뿐 아니라 경제·
사회, 그리고 문화적 차원에서 근대라는 새로운 세상을 만드는 데 가장
혁신적인 도시였기 때문이다. 하지만 20세기 후반부터 변화가 생겼다.
파리는 이제 독자적 리더십보다는 유럽 도시 네트워크의 공통적 체제
속에서 중요한 역할을 담당하고 있다.

샹드마르스 Champs de Mars

샹드마르스는 '마르스의 벌판'이라는 뜻
이다. 마르스는 전쟁의 신이다. 에펠탑
아래 펼쳐진 광활한 벌판이 샹드마르스
라고 보면 된다. 에펠탑 반대편에는 육
군사관학교가 있어 '전쟁 신의 벌판'이
라는 명칭이 결코 농담이 아님을 증명한
다. 좁은 길을 사이에 두고 오목조목 붙어 있는 파리의 일반 건물들과 달리 샹드마르
스의 거대한 벌판을 둘러싸고 있는 돌집들은 귀족 또는 부르주아의 호화스러운 건축
물이다. 에펠탑만 바라볼 것이 아니라 여유롭게 벌판을 한 바퀴 돌면서 주변 집들을
구경하는 것도 파리 역사 탐방의 중요한 포인트다. 그리고 이 벌판이 프랑스에서 중
요한 역사적 사건의 현장임을 느끼며 상상의 나래를 펼 수 있다.

Transport   Métro 6호선 Bir Hakeim ·Métro 8호선 Ecole Militaire · RER C Tour Eiffel
Champ de Mars

국민의회-부르봉궁 Assemblée Nationale-Palais Bourbon

부르봉궁의 명칭은 루이 14세와 그의 정부(情婦) 몽테스팡 후작부인 사이에 난 딸 루
이즈 프랑수아즈 드 부르봉 공작부인에서 유래한다. 대혁명 시기 혁명 정부는 부르
봉궁을 국가 재산으로 몰수했고, 그 이후 프랑스 하원의원 건물로 사용되었다. 19세
기 전반기에 나폴레옹이 파리의 거대한 건축물들을 구상하면서 인상적인 로마식 정
면을 만들게 했다. 부르봉궁에서 북쪽을 바라보면 화합의 광장을 의미하는 콩코르드

가 있고, 광장 너머로는 마들렌 성당의
로마식 건축과 마주한다. 국민의회는 현
재 프랑스 하원의 공식 명칭으로, 프랑
스 국민만이 지역구 국회의원을 통해 예
약하여 내부를 방문할 수 있다.

<u>Transport</u> Métro 12호선 Assemblée Nationale · Métro 8호선/RER C Invalides

바스티유 광장 Place de la Bastille

프랑스 대혁명 기념일인 7월 14일은 파리의 성난 군중이 바스티유 감옥을 점령한 날
이다. 현재 바스티유 광장에는 감옥으로 사용되던 중세 성의 흔적을 찾아볼 수 없다.
하지만 그 자리에 1830년의 혁명을 기념하는 7월의 기둥이 세워져 있다. 세월의 여
파로 녹색이 되어버린 그리스식 청동 기둥 꼭대기에 '자유의 정신'을 상징하는 자유
천사가 서 있어 파리에 여전히 혁명의 기운을 불어넣고 있다. 한 손에 자유의 횃불을
들고 다른 쪽 어깨에는 끊어버린 족쇄의 사슬을 아직 메고 날아오르는 매우 역동적인
모습이다. 광장에는 바스티유 오페라 건물이 있으며 광장 동북 지역은 바와 주점, 클
럽 등이 있는 동네로 이어진다. 남쪽으로 나 있는 생마르탱 운하 변은 산책하기 좋은
코스다.

<u>Transport</u> Métro 1호선, 5호선, 8호선 Bastille

팡테옹 내부

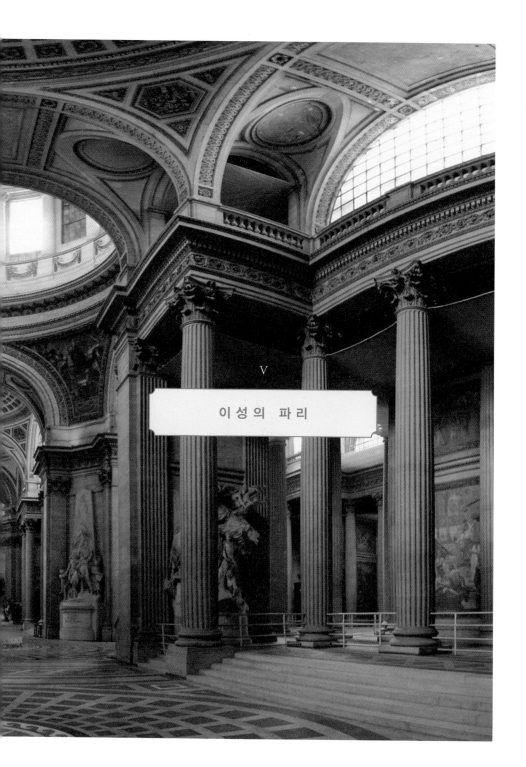

V

이 성 의 파 리

"나는 생각한다, 고로 존재한다."

— 르네 데카르트 —

근 대 성 의   천 재 ,   고 독 의   데 카 르 트

|

코기토 에르고 숨Cogito ergo sum. "나는 생각한다, 고로 존재한다"라는 뜻의 라틴어로 17세기 전반에 출판된 데카르트의 저서 《방법서설Discours de la méthode》에 나오는 문장이다. 《방법서설》은 서구의 합리주의를 발전시킨 중요한 철학적 출발점이며 '코기토 에르고 숨'은 그 대표적인 문구라고 할 수 있다. 1596년에 투렌 지방에서 태어난 데카르트는 파리를 여러 번 거치기는 했지만 어느 한곳에 정착해서 오래 산 적이 거의 없다.

그는 혼자 있어야만 깊은 사색을 할 수 있다는 사실을 깨닫고 한곳에 머물기보다는 끊임없이 장소를 바꿔가면서 새로운 경험을 했다. 그럼에도 그가 가장 많은 시간을 보낸 곳은 네덜란드였는데, 거기에서도 암스테르담, 레이든, 위트레흐트 등 수차례 장소를 바꿨다. 그가 생활에서 적용했던 원칙은 "나는 혼자 있는다, 고로 생각한다"일지 모르겠다.

일부러 고독한 환경을 만들어 정신적이고 지적인 탐구에 몰두했던 데카르트는 친구들과 편지를 주고받으면서도 혹시라도 이들이 찾아와서 귀찮게 할까 봐 자신이 있는 곳을 알려주지 않았다고 한다. 그는 네덜란드뿐 아니라 덴마크, 독일 등지를 돌아다니면서 생활했고, 생애 말기에는 스웨덴 왕실에서 고문역을 하다가 돌연 사망했다. 크리스티나 여왕의 개인교사로 강한 영향력을 미칠 수 있는 위치였기 때문에 정치적·종교적 암투의 희생양이 되었을 가능성이 제기되기도 한다.

데카르트의 철학과 사상은 매우 복합적이고 논쟁적이다. 하지만 일반적으로 데카르트는 합리적이고 구조적이며 체계적이라는 뜻의 '카르테지안cartesian'이라는 형용사를 남겼을 만큼 이성(理性)에 기초한 합리주의의 대명사로 통한다. 카르테지안과 반대되는 말을 찾자면 실증적 empirical이라는 용어다. 경험에 기초해서 세상을 이해하는 실증주의 또는 경험주의와 달리 데카르트는 형이상학적인 이성과 정신을 통해 세상을 인식해야 한다고 주장했다.

데카르트의 목표는 세상을 이해할 수 있는 보편적 과학을 확립하는 것이었다. 그는 세상을 지배하는 수학적 법칙이 존재한다고 믿었고, 과학이란 이 법칙을 발견하는 것이라고 생각했다. 그야말로 근대적 과학관을 창시한 셈이다. 그가 방 안에 누워 금이 간 천장을 바라보며 기

—— 파리 라틴 지구에 있는 생제르맹데프레 성당. 이곳에 데카르트의 유해가 보존
되어 있으며, 성당 바로 앞에는 유명한 카페 레되마고와 플로르가 있다.

하학과 대수학을 결합한 분석 기하학을 구상했다는 것은 잘 알려진 일화다.

유럽의 역사에서 무엇보다 중요한 구분은 영국과 프랑스의 문화 차이다. 세상을 바라보고 생각하고 행동하는 데 있어 영국은 실용적이고 경험적이며 점진적인 데 비해, 프랑스는 이성적이고 체계적이며 절대적이다. 이런 차이점은 한국에 잘 알려져 있지 않다. 우리는 프랑스를 예술과 낭만의 나라로만 생각하기 때문이다. 데카르트는 프랑스를 정신이 물질을 지배하고, 의지가 자연을 바꿔나가는 나라로 만드는 데 결정적으로 기여한 인물이다.

독살되었을 수 있다는 가설이 제기될 정도로 데카르트는 급작스럽게 죽음을 맞았다. 그리고 이 천재 사상가는 죽은 뒤에도 편안히 쉴 수 없었다. 어떤 사람은 손가락을 잘라 기념으로 가져갔고, 다른 사람은 그의 두개골을 빼돌렸다. 나머지 유해는 파리 라틴 지구의 생제르맹데프레 성당에 잠들어 있지만 아직도 데카르트의 두개골이라고 주장하는 유물이 다섯 개나 된다고 한다.

수학적이고 합리적인 공간

파리는 유럽에서 가장 이성적인 나라 프랑스의 머리다. 파리지도를 보면 이 도시가 얼마나 합리적으로 계획되었는지를 알 수 있다. 우선 파리는 행정 구역이 모두 20개의 구^{arrondissements}로 구성되어 있다. 그리고 이 구는 우리처럼 종로구, 중구 등의 고유 명칭을 가진 것이 아니라 1구, 2구, 3구 식으로 20구까지 있다. 1구는 파리의 가장 중심에 자리 잡고 있으며, 그곳부터 시계 방향으로 돌아가면서 2구, 3구 등으로 이어진다. 내가 알기로 세계의 대도시 가운데 번호로 구의 이름을 정하는 곳은 파리 말고 없다. 얼마나 차갑고 냉혹한 이성적 파리인가.

파리뿐 아니라 프랑스의 행정구역은 숫자로 구분된다. 프랑스는 대혁명 이후 행정구역을 과거의 봉건적 지역이 아니라 새로운 도^{département}로 개혁했다. 전체 100여 개에 달하는 도가 있는데, 파리는 75번이다. 파리 근교 지역은 92, 93, 94 등으로 불린다. 도의 순번은 어떻게 정해졌을까. 왜 파리가 1번이 아닌 75번일까. 도는 원래 이름의 알파벳순으로 나열한 뒤 순서에 따라 번호를 매겼다. 파리는 P로 시작하기 때문에 75번이 되었다. 1번은 A로 시작하는 앵^{Ain}이라는 도다.

요즘은 한국도 도로를 중심으로 주소가 새롭게 만들어졌다. 하지만 사람들은 여전히 커다란 건물, 즉 랜드마크를 중심으로 생각하고 생활하는 경향이 있다. 병원 건물을 우측으로 끼고 돌아 네 번째 골목이라는 식으로 말이다. 프랑스에서는 길 이름을 알파벳 순서의 명단에서 찾은 뒤 boulevard(대로), avenue(가), rue(로), place(광장), impasse(막힌 길) 등의 다양한 명칭을 확인하고 특정 주소를 찾아가는 것이 보통이다.

이때 avenue(가)와 rue(로)를 혼동하면 낭패다. 이름이 비슷해도 서로 다른 지역에 있는 경우가 많고, 파리의 길은 굉장히 길기 때문에 한 번 착각하면 크게 고생한다. 하지만 과학적 체계를 이해하고 나면 그다음부터는 길 찾기가 무척 수월하다. 예를 들어 파리의 중심은 1구이고 센 강이다. 파리의 모든 길은 중심에서부터 번호가 시작된다. 어떤 길이 있으면 시의 중심, 즉 센 강이 가까운 쪽부터 번호가 매겨진다는 말이다.

길의 한쪽은 홀수 번지, 반대쪽은 짝수 번지다. 1, 3, 5 또는 2, 4, 6 등으로 번지수가 진행된다. 파리의 건물은 잘 사라지지 않는 편이지만 그래도 오래된 건물을 헐어 새로 짓기도 하고, 기존의 건물을 여러 건물로 다시 짓기도 한다. 내가 살던 집의 번호는 한 건물에 68, 70, 72번지가 함께 있고, 실제로 벽에는 세 번지수가 모두 표시되어 있었다. 기존의 번호를 나누어 쓰게 될 경우 10A, 10B 등의 수단을 강구하기도 한다.

파리 사람들은 층수를 따질 때도 너무나 이성적이라 이방인을 헷갈리게 한다. 프랑스에서 한 층은 '에타주étage'라고 부른다. 다른 나라에서는 보통 1층부터 시작하는데 프랑스는 수학적으로 0층에서 시작한다. 1층을 '레드쇼세Rez-de-chaussée'라고 부르는데 '거리 높이'라는 뜻이

—— 파리 20개 구

다. 프랑스인의 생각에 1층이란 제로에서 하나 올라간 것이지 처음부터 층이 될 수 없기 때문이다. 마치 만으로 나이를 따지듯이……. 이런 사람들이 아시아에서 4층이 없거나 4층을 F라고 표기해놓은 것을 보면 기겁한다.

모든 것을 숫자로 표현하는 현대 사회의 출발점은 분명 프랑스적인 합리주의다. 우리는 요즘 주민등록번호 등의 개인 정보 유출 문제로 시끄럽다. 세계에서 최초로 국민의 신분증을 만들고 번호를 부여한 나라가 프랑스다. 게다가 프랑스의 사회보장번호는 가장 개인적인 의료정보까지 모두 포괄하고 있다. 미국이나 영국에서 신분증이나 주민등록번호를 사용하지 않는 것과 대조적이다.

수 학 은   성 공 의   필 수
|

이성의 파리는 지도 위에서만 발견할 수 있는 현실이 아니다. 21세기 한국에서 영어 광풍이 불었듯이 프랑스는 오래전부터 모든 성공의 길이 수학으로 통하는 나라다. 한국에서는 유치원부터 영어를 가르치고 영어를 유창하게 구사하는 것이 학교에서 두각을 나타내는 데 무척 중요하다. 프랑스에서는 이런 역할을 하는 것이 수학이라고 생각하면 된다.

프랑스의 교육제도는 5-4-3 시스템이다. 초등학교 5년, 중학교 4년을 다니는 것이 대부분의 아이들에게 공통된 과정이다. 다만 프랑스는 한국과 달리 월반과 낙제 제도가 상당히 광범위하게 적용된다. 시간이 지나면 자동적으로 학년이 올라가는 것은 집단주의적 발상이지 합리적이라고 할 수 없다. 이성의 프랑스에서는 실력이 되는 학생만 상급반으로 진급한다. 이때 월반이나 낙제를 결정하는 가장 중요한 과목은 수학이다. 세계를 수학적 법칙으로 풀 수 있다고 주장한 데카르트의 후손답지 않은가.

다른 나라와 마찬가지로 프랑스에서도 중학교를 마치고 고등학교로 진학하는 시기는 매우 중요한 기로다. 일반 고등학교로 진학하는 학생과 직업 교육을 받는 학교로 진학하는 학생이 나뉘기 때문이다. 여기서도 수학은 우열을 가리는 제일 중요한 잣대다. 그리고 일반 고등학교에서 1학년을 마치고 2학년에 올라가는 순간에 문과나 이과 등 세밀한 전공이 결정된다. 중요한 것은 자신이 미래에 전공하고 싶은 분야와 상관없이 우수한 학생들은 어김없이 수학과 물리를 중점적으로 배우는 이과를 선택한다는 점이다.

고등교육은 2-3-2/4 시스템이다. 처음의 2년은 예과에 해당하고 다음 3년은 본과라고 보면 된다. 마지막은 박사과정으로 2년에서 4년까지 있다. 프랑스는 고등교육이 일반 대학과 특수 대학으로 나뉘는데, 일반 대학은 고등학교를 졸업하고 바칼로레아 시험에 합격하면 누구나 진학할 수 있다. 대중적 고등교육인 셈이다.

그래도 일반 대학에서 우수한 학생이 몰리는 분야는 의대다. 문제는 의대 졸업생의 수를 조절해야 한다는 것. 누구나 원하는 전공을 선택할 수 있다는 공화국의 원칙을 지키면서도 졸업생 수를 제한하는 방법은 1학년에 다수의 학생을 입학시켜 2학년으로 올라갈 때 대부분을 떨어뜨리는 것이다. 예를 들어 1학년에 100명의 의대생을 뽑지만 2학년에는 10~20명의 학생만 걸러내 올려보내는 것이다. 그리고 이 선별 과정에서도 제일 중요한 것은 수학 시험이다.

일반 대학과 다른 코스가 엘리트 특수교육의 그랑제콜Grandes Écoles 시스템이다. 그랑제콜에 들어가려면 고등학교에 마련된 준비반 과정을 거쳐 새롭게 입시를 치러야 한다. 이런 점에서 프랑스의 고등학교는 중등교육과 고등교육 과정이 혼합되어 있다고 볼 수 있다. 달리 말해서 파리에서 가장 우수한 학생은 고등학교를 졸업하고 대학에 가는 것

프랑스가 낳은 수학 천재이자 사상가 파스칼이 17세기에 만든 수동식 계산기로 파스칼린이라 불린다.

이 아니라 여전히 고등학교에 남아 특수 대학 입시반에서 공부한다는 얘기다.

준비반 가운데 가장 들어가기 어렵고 선별적인 반이 수학과 물리학을 위주로 이공계 엔지니어 그랑제콜을 준비하는 과정이다. 그리고 프랑스 전국의 수학·물리 준비반 학생들은 에콜폴리테크니크^{Ecole} ^{Polytechnique}를 최고의 이상으로 삼는다. 물론 최고의 준비반은 파리와 파리 근교의 학교가 독점하고 있다. 전국 순위 10위 가운데 상위 7~8개가 파리 지역 학교들인데 파리 시내의 루이르그랑, 앙리 4세, 스타니슬라스, 파리 근교의 생트제느비에브, 오슈, 블레즈 파스칼, 파스퇴르 고등학교 등이 명문 준비반이다.

에콜폴리테크니크는 1794년에 공공토건대학^{Ecole Centrale des Travaux} ^{Publics}으로 출발한 뒤 프랑스 최고의 수재를 키우는 엘리트 학교로 성장했다. 학교의 별칭이 수학적으로 X다. 이 학교의 캠퍼스는 원래 파리 시내 라틴 지구에 있었는데 1976년에 파리 근교의 팔레조로 이전했다. 1970년대 프랑스 대통령이었던 발레리 지스카르 데스탱과 루이뷔통 그룹의 아르노 회장이 이 학교 출신이다. 이들이 좋은 정치인 또는 사업가인지는 알 수 없지만, 수학 실력이 뛰어난 것만은 확실하다.

기하학적으로 재단한 자연

영국과 프랑스는 서로 앙숙이다. 사고방식이 다른 것은 물론, 물질적 세상을 만드는 방법도 두 나라는 너무 다르다. 영국이 실증주의적이고 귀납적이라면, 프랑스는 합리주의적이고 연역적이다. 이런 차이는 영국식 정원과 프랑스식 정원에서 명백하게 드러난다.

영국식 정원과 프랑스식 정원 모두 인간이 만든 것임에는 틀림없다. 영국식 정원은 자연스러움을 최고의 가치로 여긴다. 동산이 있고 물이 고인 웅덩이가 있으며, 산책 길은 자연스럽게 곡선으로 이어진다. 여기저기 서 있는 나무는 인간이 배치했지만 마치 자생적으로 자라나 거기에 서 있다는 느낌을 준다.

자연스러움을 살리거나 자연을 모방하려 했다는 점에서 동양의 정원과 비슷하다. 그래도 동양에는 인간의 섬세한 손길을 느낄 수 있는 장치들이 있다. 예를 들어 돌을 갖고 자연을 흉내 내어 마치 깊은 산속에 들어와 있는 느낌을 주려고 한다. 분재는 거대한 나무를 작게 표현한 것이다.

프랑스식 정원에서는 인간의 이성과 의지가 곳곳에 드러난다. 우선 정원의 구도가 기하학적이다. 자연스러운 곡선은 사라지고 원과 사각형, 삼각형 등 기하학적 모양으로 꾸며져 있다. 베르사유의 드넓은 정원은 이렇게 이성적으로 계획된 정원의 전형이다. 파리 시내의 뤽상부

—— 자로 대고 자른 듯 가지치기 한 뤽상부르 공원 가로수

르 공원과 튈르리 공원도 모두 기하학적 형태를 자랑한다.

프랑스식 정원은 공간 구성만 기하학적인 것이 아니다. 풀과 나무들도 기하학적인 형태로 손질되어 있다. 전나무는 둥근 뿔 모양으로 깎아놓고, 포플러는 네모 모양으로 다듬어놓는다. 그리고 심심한 곳에 슬그머니 서 있는 것이 아니라 행진하는 군대처럼 똑바로 줄을 맞추어 서 있다. 꽃들도 자연스럽게 여기저기 피어 있는 것이 아니라 정원사의 계획에 따라 색상을 드러내며 전시되어 있다.

누가 파리를 낭만적이라고 했는가. 프랑스식 정원은 낭만보다는 수학이고, 자연미보다는 냉철한 군대와 같다. 그리고 프랑스인의 이성적 성격은 정원뿐 아니라 사회의 거의 모든 부분에서 드러난다. 런던과 파리는 세계에서 지하철이 제일 먼저 생겨난 메트로폴리스다. 런던의 지하철 노선은 독자적인 이름을 갖고 있다. 제일 오래된 메트로폴리탄 라인이나 시티 라인이 있고, 최근에 만들어진 빅토리아 라인과 주빌리 라인이 있다.

반면 파리의 메트로를 보라. 메트로, 즉 지하철이 1번부터 14번까지 있고, 교외를 오가는 급행열차 RER이 A부터 E까지 있으며, 전철인 트람웨이가 T1번부터 T8번까지 있다. 도시를 나누어 구를 정하고 국가를 나누어 도를 정하는 데 숫자를 사용하는 나라답게 교통수단에도 당연하게 숫자를 부여한다. 적어도 지하철 노선을 구상하는 방식은 서울도 파리를 닮았다.

사실 모든 사물에 번호를 부여하는 프랑스의 수학적 이성은 한국에 와서 전성기를 맞았다고 해도 과언이 아니다. 아파트에 동 호수가 있고, 사물함에도 번호가 있으며, 식당에 가도 테이블 번호가 있다. 학번이 있고 군번이 있으며 은행 업무를 보는 데도 대기 번호가 있다. 항공 티켓의 번호에 따라 정보가 나오고, 상점에서는 바코드를 통해 물건의 번호가 상세한 가격과 내용을 전달한다. 결국 현대 세계의 수학적 구성은 파리에서 시작된 근대에 뿌리를 두고 있다는 말이다.

미 터 와   그 램 과   리 터

|

우리는 몸무게를 이야기할 때 킬로그램이라는 단위를 사용하며, 키를 말할 때 센티미터로 말한다. 그리고 맥주를 마실 때 CC 또는 자동차에 기름을 넣을 때 리터를 사용한다. 이와 같이 국제적으로 사용되는 통일된 무게와 길이와 부피의 단위는 사람들의 삶을 편리하게 해준다.

인류 역사에서 도량형은 각 지역마다 달랐다. 길이와 부피와 무게는 사람들이 서로 소통하고 물물교환을 하는 데도 중요한 역할을 했다. 또한 생산량을 계산하거나 세금을 거두는 데도 도량형은 핵심적인 장치였다. 따라서 도량형을 결정하는 것은 각 지역의 정치권력이 가진 특권이기도 했다.

진시황이 중국을 통일하고 제일 먼저 추진한 일 가운데 하나가 드넓은 지역의 도량형을 하나로 통합하는 작업이었다. 통일된 제국이라면 같은 길이와 부피와 무게의 단위를 사용하는 것이 가장 시급한 과제라고 판단했던 것이다. 이처럼 같은 언어를 사용하고, 같은 글을 쓰는 것과 마찬가지로 도량형은 정치 통합의 기본 조건이다.

유럽에서도 근대로 넘어오면서 도량형을 통일해야 한다는 논의가 많이 제기되었다. 사실 서로 다른 단위를 사용하는 데서 오는 불편함은 이루 말할 수 없다. 단위가 통일되지 않은 신발이나 옷의 치수를 생각해보라. 나라마다 다른 단위를 사용하기에 물건을 사려면 입어보고 신어보는 수밖에 없지 않은가.

프랑스 대혁명은 많은 분야에서 인류사에 획기적인 변화를 가져왔는데 도량형에도 마찬가지다. 일부 학자는 프랑스 대혁명이 발생한 원인의 하나가 지역별로 다른 도량형의 차이라고 분석한다. 상인이나 관료들이 도량형의 차이를 악용하여 축재에 활용했고, 이것이 결국 시민들로부터 커다란 원망을 샀기 때문이다.

혁명 이후 선출된 제헌의회는 곧바로 새로운 도량형을 만드는 위원회를 설립했다. '카르테지안' 정신으로 무장한 위원회는 길이와 무게와 부피를 하나로 연결하는 종합적이고 논리적이고 과학적인 개혁을 추진했다. 원래 이 새로운 보편적 도량형에 대한 아이디어는 영국의 철학자

존 윌킨스^{John Wilkins}가 1668년 그의 에세이에서 제안했던 것이다.

1790년대 프랑스에서는 미터, 킬로그램, 리터 등의 개념이 구체적으로 만들어졌다. 1미터는 북극에서 파리를 지나 적도까지의 거리를 1000만분의 1로 나눈 길이다. 1리터는 10센티미터의 길이로 만들어진 부피이며, 1킬로그램은 1리터 물의 무게다. 이처럼 자연과 논리를 종합하여 만든 체계가 일명 메트릭 시스템^{metric system}이다.

혁명 세력은 1799년 파리에서부터 이 시스템을 활용하도록 강제했다. 그리고 이듬해에는 프랑스 전국으로 새로운 도량형을 확대했고, 나폴레옹의 제국주의와 함께 다른 나라로 확산되었다. 결국 1875년에는 파리에서 만들어진 도량형을 수용하고 관리하는 국제기구와 조직이 설립되었고, 이들은 지금도 파리 근교 세브르에 본부를 두고 활동하고 있다.

정원의 개념에서 보았듯이 프랑스와 영국은 서로 대립한다. 도량형의 영역에서도 프랑스의 보편적 접근에 영국과 미국이 끝까지 저항하고 있는 모양새다. 미국은 여전히 마일로 거리를 계산하고 갤런으로 부피를 잰다. 이는 원래 영국에서 시작한 임페리얼 시스템^{imperial system}에 근거를 두고 있다. 그래서 영국에서는 인치로 길이를 말하고, 파인트로 맥주를 마시며, 파운드로 무게를 잰다.

13개의 파리 대학

이성의 파리를 말하면서 대학을 빼놓을 수 없다. 앞에서 이야기했듯 프랑스의 고등교육은 일반 대학과 특수 대학으로 나뉘는데, 일반 대학은 거의 예외 없이 국립이라고 보면 된다. 그리고 지하철 노선이나 행정구역과 마찬가지로 대학도 번호를 갖고 있다.

파리에는 모두 13개의 국립대학이 있는데, 파리 1대학, 2대학, 3대학 등으로 불리며 파리 13대학으로 끝난다. 파리지앵은 대학이라는 명칭을 붙이지 않고 그냥 '파리 1', '파리 5', '파리 8', '파리 13' 이런 식으로 부른다. 지하철이나 구가 아니라 대학을 지칭하는 말이다.

물론 대학마다 고유한 명칭을 갖고 있기는 하다. 특히 소르본이라는 이름을 붙인 대학이 세 곳이다. 파리 1대학은 팡테옹 소르본, 파리 3대학은 신소르본, 파리 4대학은 그냥 소르본이다. 이처럼 여러 개의 소르본 대학이 존재한다.

나머지 대학들은 지역의 이름을 붙인 것이 많다. 아사스 거리에 있는 2대학과 뱅센 지역에서 시작한 8대학, 포르트 도핀에 있는 9대학을 들 수 있다. 그리고 10대학부터 13대학까지는 파리 근교에 있는데 위치에 따라 동서남북(Est, Ouest, Sud, Nord)의 호칭을 갖고 있다. 예를 들어 13대학은 파리노르Paris Nord대학이다.

소르본도 지역도 아닌 경우 위대한 사상가나 학자의 이름을 딴 대학

—— 파리 5대학 르네 데카르트 소속 의대

이 있다. 5대학이 르네 데카르트 대학이며, 6대학은 퀴리 부부의 이름을 따서 피에르-마리 퀴리 대학, 7대학은 계몽주의 사상가를 기리는 드니 디드로 대학이다. 대학 명칭에도 예술가는 없고 모두 이성의 과학자만 있다.

소르본도 사실은 사람의 이름이다. 파리 대학이 생겨난 것은 12세기 중반인데, 소르본이라는 파리 대학의 콜레주college가 만들어진 것은 1257년이다. 당시 소르봉Robert de Sorbon이라는 신학자가 가난한 학생들을 교육하기 위해 설립한 콜레주였다. 소르봉은 프랑스 국왕 생루이의 고해성사를 담당하는 영향력 있는 사제였으며, 1274년에 세상을 떠날 때까지 파리 대학 총장을 역임하며 학생들을 가르치고 학문의 발전에 기여했다.

엄밀하게 말하자면 파리 대학과 콜레주 드 소르본은 구분되어야 하지만 많은 사람들이 '파리 대학=소르본 대학'이라는 등식으로 인식하고 있다. 요즘은 프랑스 교육제도가 한국에도 조금씩 알려지기 시작했지만, 과거에는 미국은 하버드, 영국은 옥스퍼드와 케임브리지, 그리고 프랑스는 소르본이 명문대학이라고 생각했다. 하나 또는 소수의 대학이 고등교육을 지배하는 한국 상황을 제멋대로 투영한 결과다.

라틴 지구의 뤽상부르 공원 부근, 생미셸 거리에 있는 소르본 대학 터에 커다란 건물군이 세워져 있다. 그 중심에 관광객들이 사진 찍기를 즐기는 소르본 건물이 있는데, 이는 1642년 리슐리외Richlieu가 정부의 재상이면서 동시에 소르본 총장을 겸임하던 시절에 만든 바로크 스타일의 벽면이다.

리슐리외의 건물을 둘러싸고 있는 돌집 건물들은 주로 19세기 후반에 지어진 것이다. 1970년 파리 대학을 분립시키면서 소르본도 나누어졌다. 그 후 이곳은 여러 소르본 대학들과 데카르트 대학이 건물을 나누어 쓰고 있다. 물론 네 대학이 이곳에 모두 있는 것은 아니고 각각 다른 지역에 다양한 캠퍼스를 두고 있다.

계몽주의 삼총사: 루소, 디드로, 볼테르

파리가 이성의 수도라는 것은 18세기 프랑스 계몽주의가 파리에서 만개하여 유럽으로, 그리고 세계로 확산되면서 인류 역사를 바꿔놓았다는 사실에서도 확인할 수 있다. 당시 파리에는 볼테르Voltaire와 디드로Denis Diderot, 루소Jean-Jacques Rousseau 등이 활동하면서 자유와 톨레랑스의 사상을 발전시켰고 민주주의와 지식의 확산을 주창했다.

계몽주의를 대표하는 이 세 명의 사상가는 매우 다른 배경과 특징을 가지고 있다. 루소의 조상은 원래 파리에 살던 사람들인데 개신교를 믿었기 때문에 16세기에 스위스 제네바로 이주했다. 그리고 그곳에 정착하여 시계 만드는 일에 종사했다. 루소 역시 사상가로 성장하지 않았더라면 명품 시계를 만드는 장인이 되었을지 모른다. 루소는 정식 학교를 다니지 않고 스스로 학문을 닦은 독학파다. 그는 1742년에 파리로 가서 디드로와 친분을 맺으며 지적 활동을 시작했다.

루소보다 한 살 적은 디드로는 상파뉴 지방의 랑그르 출신으로, 원래 그의 집안은 칼을 제조하는 일에 종사했다. 디드로는 문학과 지식에 종사하지 않았더라면 명검(名劍)의 기술자가 되었을 것이다. 그는 랑그르에서 예수회가 운영하는 학교를 다녔고, 1728년에 학업을 계속하기 위해 파리로 갔다. 그는 소르본 대학서 철학과 신학을 공부한 뒤 본격적으로 문학과 사상 분야의 집필 활동을 시작했다. 그는 특히 계몽주의의 대표적인 저서 《백과사전Encyclopédie》을 편찬한 것으로 잘 알려져 있다.

볼테르는 세 사람 가운데 나이가 가장 많았다. 루소가 민주주의의 사상가로, 디드로가 《백과사전》과 현대 문학의 아버지로 후세에 널리 알려졌다면 볼테르는 종교적 자유와 관용의 사상가로 유명하다. 그는 또 유일하게 파리에서 태어나서 파리에서 사망한 전형적인 파리지앵이다. 볼테르는 파리의 명문 고등학교인 루이르그랑에서 수학한 것이 학력의 전부다. 그래서 혹자는 독학의 루소와 소르본의 디드로, 그리고 고졸의 볼테르라는 농담을 한다.

하지만 이것 또한 21세기의 현실을 18세기에 투영한 결과다. 루이르그랑 고등학교는 16세기 중반 예수회의 창시자 로욜라Ignatius de Loyola가

—— 라틴 지구 생제르맹데프레 성당 앞에 있는 디드로 상

파리에 설립한 학교다. 당시에는 콜레주 드 클레르몽이라고 불렸는데, 사실상 소르본과 동급의 교육기관이었다. 특히 1682년에 루이 14세가 자신의 이름을 학교 명칭으로 쓰도록 허락함으로써 루이르그랑(루이 대왕) 콜레주는 그 명성과 위세에서 소르본을 능가하는 명문 학교로 올라섰다. 볼테르가 수학한 시기는 바로 이때다.

루이르그랑은 파리 대학 소속으로 흡수되었다가 프랑스 대혁명 이후인 1802년에 프랑스 최초의 리세^{ycée}로 전환되었다. 이후 학교 명칭은 리세와 콜레주를 오가다가 결국 오늘날 고등학교의 의미가 되어버린 리세로 정착했다. 하지만 앞서 수학 관련 이야기에서 밝혔듯이 프랑스의 고등학교는 준비반 과정이 있어 고등학교임과 동시에 대학이기도 하다.

루소와 볼테르와 디드로는 18세기 파리를 빛낸 계몽주의 사상의 태두(泰斗)들이다. 17세기의 데카르트가 프랑스의 지성으로 네덜란드와 독일과 덴마크를 오가며 이성과 합리주의를 전파했듯이, 이들 계몽주의자들은 유럽을 무대로 인간의 자유와 평등, 그리고 민주주의 정신을 널리 퍼뜨렸다. 볼테르는 프로이센의 프리드리히 2세의 개인교사였고, 디드로는 러시아에 가서 여제 에카테리나 2세를 만나 계몽주의를 선전했다.

이들 계몽주의 삼총사, 즉 루소와 볼테르와 디드로는 프랑스 대혁명이 일어나기 전에 세상을 떠났다. 자신의 사상이 현실 속에서 어떻게 실현되는지를 경험하고 관찰할 기회를 가지지는 못했던 것이다. 다만 혁명 세력은 루소와 볼테르를 프랑스의 위대한 인물로 치켜세워 그들의 유해를 팡테옹에 모셨다.

뤽상부르 공원 Jardin du Luxembourg

17세기에 앙리 4세의 부인 마리 드 메디치를 위해 지은 뤽상부르궁의 정원이다. 현재 뤽상부르궁은 프랑스 상원의원 건물로 사용되고 있으며, 이 공원은 파리의 지적 중심지인 라틴 지구에서 휴식과 사색의 공간이 되었다. 뤽상부르궁 앞의 정원은 기하학적인 프랑스 정원의 특징을 보여주는 한편, 공원 주변부로 가면 자연스러움을 강조하는 영국식 정원을 볼 수 있다. 19세기에 다양한 조각을 공원에 설치하여 조각 전시장의 모습을 띠기도 한다.

<u>Transport</u> RER B Luxembourg

라틴 지구 Quartier Latin

국제회의를 열어도 손색이 없는 소르본 대강당

라틴 지구라는 이름은 과거 프랑스 교육이 라틴어로 이뤄졌기 때문에 대학가에 적용된 것이라고 보면 된다. 노트르담 성당에서 남쪽으로 다리를 건너면 바로 라틴 지구이기 때문에 항상 관광객으로 북적인다. 세 기관을 추천할 만한데 하나는 프랑스 대학의 대표주자 소르본이다. 다른 하나는 소르본의 길 건너편에 위치한 루이르그랑 고등학교다. 소르본은 일반인도 통과할 수 있지만 루이르그랑 고등학교는 면학 분위기를 해친다는 이유로 외부인을 받아들이지 않는다. 하지만 콜레주 드 프랑스라는 개방대학에 가면 프랑스 최고 지성들의 강연을 들을 수 있다.

<u>Adress</u> La Sorbonne, place de la Sorbonne 75005 · Lycée Louis-le-Grand, 123 rue

Saint-Jacques 75005 · Collège de France, 11 place Marcelin Berthelot 75005

Homepage http://www.college-de-france.fr

파리의 5구와 6구가 모두 라틴 지구라고 보아도 무방하다. 위의 세 기관을 구경하려면 클뤼니 라 소르본 역이 가장 가깝다.

Transport Métro 10호선 Cluny-la-Sorbonne

팡테옹 Panthéon

뤽상부르 공원에서 수플로가 방향으로 고개를 돌리면 거대한 네오클래식 건물을 발견할 수 있다. 이 건물은 원래 파리를 상징하는 성녀 주느비에브를 기념하는 성당으로 지어졌으나 1790년에 완공될 즈음 프랑스 혁명 정부가 조국의 이름을 빛낸 위인들을 추모하는 국립 공동묘지로 정했다. 그 후 200여 년이 지났지만 그곳에 묻힌 위인은 100명이 채 되지 않는다. 정부가 결정하여 의회의 동의를 얻은 '민족 영웅'만이 팡테옹에 안치될 수 있기 때문이다. 건물 입구에는 "위인들에게, 조국이 감사한다(Aux grands hommes, la patrie reconnaissante)"라는 문구가 멀리서도 볼 수 있게 크게 쓰여 있다. 계몽주의의 대표적인 사상가 볼테르와 루소, 《레미제라블》의 저자 빅토르 위고, 퀴리 부부, 《어린 왕자》의 저자 생텍쥐페리 등 사상가, 작가, 과학자 등이 주류를 이룬다. 데카르트는 혁명 당시 의회에서 팡테옹 안치를 결정했으나 여러 가지 이유로 아직까지 이루어지지 않고 있다.

Adress Place du Panthéon 75005 Paris Transport Métro 10호선 Cardinal Lemoine · RER B Luxembourg

VI

과 학 의 파 리

라빌레트 과학공원

"행동하기 위해 예견해야 하고, 예견하기 위해 알아야 한다."

— 오귀스트 콩트 —

프랑스 과학기술의 상징, 에펠탑

|

　　파리를 대표하는 상징은 많지만 에펠탑만큼 인상적인 것은
없다. 에펠탑은 특정 기능이나 활용도 때문에 만들어진 탑이 아니다.
1889년 프랑스 대혁명 100주년을 기념하는 만국박람회 때 프랑스의 선
진 과학과 기술을 온 세계에 자랑하기 위해 세운 상징이 에펠탑이다.

　뉴욕을 대표하는 자유의 여신상 역시 비슷한 시기에 파리에서 만들
어졌다. 18세기 후반 영국의 식민지에서 벗어나기 위해 독립전쟁을 치
렀던 미국과 민주주의 시대를 연 혁명의 프랑스가 상부상조했던 역사
를 기념하는 상징적 장치였다. 공식적으로 자유의 여신상은 프랑스 시
민들이 미국의 독립선언 100주년을 기념하기 위해 미국 시민들에게 보
내는 선물이었다.

　당시 프랑스는 혁명의 이상과 선진 과학기술을 집대성한 상징물을 건

축하기로 결정했다. 자유의 여신상은 높이가 46미터인데, 기단까지 포함하면 93미터에 달한다. 자유와 정의를 추구하는 미국의 독립 정신은 프랑스가 추구하는 혁명의 이상과 다르지 않았다. 프랑스의 조각가 바르톨디Auguste Bartholdi가 계획을 총괄했는데, 그는 동으로 만든 거대한 조각의 내부 구조 설계를 위해 건축가 귀스타브 에펠Gustave Eiffel에게 도움을 청했다. 에펠은 내부에 철탑을 만들어 동으로 된 조각을 외부에 붙이는 방식을 제안했다. 1886년 뉴욕항의 리버티 섬에 설치된 자유의 여신상은 미국의 정신을 대표하는 기념물로 자리 잡았다.

프랑스 본토에 세워질 구조물은 미국에 주는 선물보다 더 훌륭해야 했다. 에펠은 300미터가 넘는 어마어마한 철 구조물을 만들어 만국박람회 입구로 활용하는 아이디어를 냈다. 그는 정부를 움직여 구조물 공모를 하게 했고, 공모에 입찰하여 프로젝트를 따내는 엄청난 로비력을 발휘했다. 1887년부터 2년 동안 공사한 끝에 드디어 파리의 상징이 되는 탑이 완성되었다. 준공 당시 이 탑은 세계에서 가장 높은 구조물로 등극했고, 1930년 뉴욕 맨해튼에 크라이슬러 빌딩이 지어질 때까지 41년 동안 그 기록을 유지했다.

하지만 탑이 완공될 당시만 하더라도 이것은 첨단 과학과 기술의 결과였지 아름다운 예술이라고 보는 사람은 없었다. 당대의 훌륭한 예술가들이 모여 에펠탑의 흉물스러움을 비난하는 성명을 발표했을 정도다. 이들은 검고 칙칙한 철 구조물이 아름다운 파리의 화려한 기념물을

—— 1878년 샹드마르스 만국박람회에서 공개된 자유의 여신상의 머리 부분

조롱하고 망치게 될 것이라고 비판했다. 파리 시민이나 관광객도 만국 박람회 당시에는 신기해하며 엘리베이터를 타고 꼭대기까지 올라갔지만, 에펠탑 열기는 곧 식었다.

에펠탑이 철거될까 봐 두려워했던 에펠은 이 탑이 관광뿐 아니라 과학과 기술의 발전을 위해서 얼마나 유용한 시설인지를 강조했다. 탑에 일기예보를 위한 관측대를 유치했으며, 탑을 새롭게 등장한 전신, 전보 등의 기술을 적용하는 안테나로 활용했다. 특히 전파를 탐지하거나 라디오 방송을 하는 등의 용도로 기능을 확장했다. 그는 1923년에 89세의 나이로 세상을 떠났는데 그때는 에펠탑을 철거하자는 주장이 사라진 뒤다.

에펠탑이 진정 파리의 상징으로 다시 부상한 것은 1960년대 이후 관광 산업이 발달하면서부터다. 세계에서 몰려든 사람들은 파리에 가면 반드시 에펠탑에 올라갔다. 2010년까지 에펠탑에 올라간 관람객 수는 2억 5000만 명에 이른다. 21세기의 에펠탑은 세계 유료 기념물 중에서 관람객이 제일 많은 최고의 구경거리다.

공 과 대 학 과 엔 지 니 어 의 온 상

예술과 낭만의 도시인 파리가 엔지니어의 온상이라는 사실을 아는 사람은 많지 않다. 중세부터 엔지니어는 주로 세 가지 영역에서 능력을 발휘하는 전문가였다. 첫째는 전쟁을 수행하기 위해서 무기를 만드는 일이었고, 둘째는 바다에서 전투를 벌이기 위한 배와 대포 등을 제작하는 일이었다. 셋째는 병력 이동을 위한 도로를 만들고 강을 건너기 위한 다리를 건설하는 일이었다.

영국과 함께 세계를 주름잡는 강대국이었던 프랑스는 국방의 필수 요소인 엔지니어를 양성하는 데 힘을 썼다. 원래 엔지니어를 교육하는 기관은 국가 전문 관료를 양성하는 학교로 출발했다. 1741년에 설립된 왕립군함조선엔지니어학교는 가장 오래된 학교 가운데 하나로 현재 국립첨단기술고등대학(ENSTA)이라는 이름으로 명맥을 잇고 있다. 비슷한 시기인 1747년에는 왕립교량도로학교가 설립되었고 이는 지금의 교량대학École des Ponts으로 발전했다. 현대식으로 표현하자면 조선 산업과 건축공학의 대표적인 학교들이다.

이어서 1780년에는 공예대학Arts et Métiers을 설립하여 과학기술의 전반적인 교육을 담당하도록 했고, 1783년에는 당시 산업혁명 초기에 발전하기 시작한 광산들을 관리하고 감독하기 위한 관료를 양성하기 위해 광산대학École des Mines을 세웠다. 이처럼 프랑스에서 엔지니어는 무엇보다 전문적인 기술 관료였고, 이들을 체계적으로 양성하기 위한 엔지니어 학교들이 18세기 왕권시대에 이미 만들어졌다.

국가가 운영하는 최고 수준의 엔지니어 학교가 설립된 것은 프랑스 대혁명 직후다. 에콜폴리테크니크가 1794년에 공공토건대학이라는 이름으로 출범했다가 '다양한 기술^Poly Technique'을 의미하는 폴리테크니크라는 명칭의 학교로 발전했다. 나폴레옹은 특히 이 학교를 제국의 장교를 양성하는 기관으로 구상했다. 그 결과 아직까지도 에콜폴리테크니크는 프랑스 국방부 산하에 속해 있다.

에콜폴리테크니크는 프랑스에서 가장 들어가기 어려운 학교로 꼽힌다. 고등학교를 졸업하고 2년의 준비 과정을 거친 뒤에야 입학시험을 치를 수 있으며, 전국에서 불과 400여 명만을 선발하기 때문이다. 학비가 무료인 것은 물론이고 입학하자마자 초급 장교 수준의 월급을 받는 공무원이 된다. 에콜폴리테크니크를 졸업한 뒤에는 교량대학이나 광산대학, 또는 통신대학이나 전기대학 등에서 세분화된 전공을 배워 해당 분야의 고급 관료로 임용된다. 일부 학생은 국립행정연수원으로 진학하여 정치·행정 분야로 나가기도 한다.

에콜폴리테크니크를 X라고 부르는 기원은 크게 두 가지다. 하나는 폴리테크니크 학교 상징에 두 개의 대포가 등장하는데 이를 표현한 것이 X라는 것이다. 다른 하나는 수학에서 x와 y를 많이 사용하기 때문에 X를 학교의 상징으로 삼았다는 설명이다. 정확한 기원을 가려내기는 어렵지만 두 설명 모두 개연성이 있어 보인다.

프랑스의 엔지니어 학교는 19세기 유럽에서 가장 훌륭한 과학기술 교육의 표본이 되었다. 따라서 다른 나라들도 프랑스식 모델을 수입하기 시작했다. 특히 독일과 스위스는 에콜폴리테크니크의 교육 방식을 적극적으로 도입했고, 19세기에 세워진 유수의 공과대학들이 에콜폴리테크니크를 모델로 삼았다. 그리고 이러한 유행은 미국으로까지 넘어가서 1861년 매사추세츠공과대학(MIT)의 설립에도 기여했다.

산업혁명의 기수: 퇴조, 미술랭, 블레리오

프랑스의 엔지니어 학교는 유럽 전역에서 모방의 대상이 되었고 대서양을 건너 미국으로 수출되었다. 이 학교들이 배출한 엔지니어는 프랑스의 광산과 철도를 발전시켰고, 프랑스 군대가 세계에 진출할 수 있도록 무기와 군함을 만들었다. 하지만 관료 중심의 엔지니어 양성은 산업혁명이 진행되면서 한계에 도달했다.

민간을 중심으로 기업에 엔지니어를 공급하기 위해서 설립된 학교가 파리 공예중앙대학Ecole Centrale des Arts et Manufactures이다. 1829년에 이 학교를 설립한 라발레Alphonse Lavallée는 '공장과 작업실의 의사'가 필요하다며 국가 관료 양성과는 다른 시민 사회의 교육기관으로 이 학교를 구상했다. 그리고 어느 정도 기반이 잡히자 1857년에 학교를 국가에 기부함으로써 영구히 존속할 수 있도록 했다.

이 학교는 파리중앙대학Ecole Centrale Paris이라는 명칭으로 발전하여 우수한 엔지니어와 사업가들을 길러냈다. 에펠도 이 학교의 졸업생이다. 그는 훌륭한 건축가로서 산업혁명 시대를 대표하는 수많은 작품을 프랑스는 물론 전 세계에 남긴 동시에 사업가로 활발하게 활동했다. 그는 또 파나마 운하를 건설하기 위해 사업을 벌였는데, 이때 금융 스캔들에 연루되어 고역을 치렀다.

프랑스 자동차 산업을 일군 아르망 푀조Armand Peugeot는 파리중앙대학이 배출한 산업혁명의 대표주자다. 그는 지방에서 톱 같은 공구를 만드는 기업을 이어받아 발전시켰다. 영국에 체류하는 동안 자전거의 중요성을 인식하고는 1885년부터 자전거를 만들기 시작했다. 1891년에는 내연모터를 활용한 푀조(푸조) 자동차를 생산하기 시작함으로써 프랑스의 자동차 시대를 알렸다. 1차 세계대전 이전에 푸조사는 약 1만 대의 자동차를 생산했는데, 이는 프랑스 생산의 절반에 해당한다. 최근에 푸조 자동차는 위기를 맞아 중국 자본을 받아들였지만, 그럼에도 불구하고 프랑스의 자동차를 대표하는 상징임에는 틀림없다.

타이어 회사로 유명한 미슐랭의 설립자 앙드레 미슐랭André Michelin 역시 파리중앙대학 출신으로, 파리에서 태어나 파리에서 숨을 거둔 전형적인 파리지앵이다. 그는 자동차가 나오기 시작하던 19세기 후반에 타이어 회사를 차려 큰 성공을 거두었다. 여기서 그치지 않고 1900년에는 새로운 세기의 시작과 함께 관광객을 위한 여행 정보 안내서인 미슐랭 가이드를 출판하기 시작했다. 이 가이드는 명성과 권위를 자랑하

—— 1934년에 촬영된 '푸조 601'

는 드라이버 안내서의 표본이 되었다. 또한 1910년부터 미슐랭은 20만 분의 1 축적의 프랑스 지도를 만들어 운전자들이 도로를 상세하게 파악할 수 있도록 도왔다. 달리 표현하자면 미슐랭은 현대 자동차 문화의 시대를 종합적으로 구상하고 발전시킨 선구자라고 할 수 있다.

자동차와 함께 20세기의 획기적인 발전을 상징하는 비행기의 역사도 파리와 밀접하게 연결되어 있다. 루이 블레리오Louis Blériot는 파리중앙대학을 졸업하고 비행기 개발에 몰두했다. 여러 차례의 실패에도 굴하지 않고 다양한 비행기 모델을 만들어 시도했고, 마침내 하늘을 나는 비행기를 개발하는 데 성공했다. 특히 1909년 도버 해협 상공을 비행한 최초의 파일럿이 되었다. 덕분에 블레리오 항공기 회사는 정부 주문으로 성장하는 기회를 맞았다. 21세기 세계 항공기 시장은 미국의 보잉과 유럽의 에어버스가 양분한다고 볼 수 있는데, 블레리오의 회사는 에어버스의 모태 가운데 하나라고 할 수 있다.

근 대 자 연 과 학 의 뿌 리 , 뷔 퐁 의 식 물 원

|

센 강의 좌안 파리 5구에는 식물원이 넓게 자리 잡고 있다. 공식 명칭은 식물원Jardin des Plantes이지만 동물원도 있고, 광석과 같은 지질학과 관련된 전시도 볼 수 있다. 이 식물원의 특징은 영국식 정원과 프

랑스식 정원을 모두 보유하고 있다는 점이다. 북쪽의 강변 부근은 영국식 정원으로 꾸며져 있고, 남쪽에는 박물관 건물을 중심으로 프랑스식 정원이 펼쳐진다.

이 식물원의 역사는 17세기 왕궁에 공급할 약초를 재배하면서 시작되었다. 식물원을 본격적으로 확장하고 생명과학의 본산으로 만든 사람은 18세기 프랑스의 대표적인 과학자 뷔퐁Georges Louis Leclerc de Buffon이다. 뷔퐁은 18세기 계몽주의 시대에 프랑스 과학을 이끈 학자다. 디드로가《백과사전》을 통해 인류의 모든 지식을 하나의 사전에 망라하겠다는 야심을 실현했듯이, 뷔퐁의 역작《박물지Histoire Naturelle》는 자연의 역사를 포괄적으로 기술하겠다는 그의 야망이 투영된 저술이다.

뷔퐁의《박물지》는 1749년부터 1789년까지 40년에 걸쳐 총 36권이 출간되었으며, 그의 사후에 8권이 추가로 나왔다.《자연사 연구 방법》,《지구이론》,《동물의 통사》,《인간의 자연사》등은 출간되자마자 성공을 거두었다. 특히《지구이론》과《인간의 자연사》는 6주 만에 세 번이나 재판을 찍어야 할 정도로 폭발적인 인기를 끌었다. 그리고 거의 곧바로 영어, 독일어, 네덜란드어, 스페인어 등으로 번역 출간되었다. 뷔퐁의《박물지》는 네발짐승에 관한 책 12권, 조류에 관한 책 9권, 광물에 관한 책 5권, 그리고 자연의 시대에 관한 책 등으로 구성되어 있다.

뷔퐁의 집안은 관료를 많이 배출한 부르고뉴의 부르주아 가문이었는데 돈이 많은 외갓집의 유산으로 귀족의 명칭을 사들였다. 가문의 원래

—— 파리 식물원에 있는 뷔퐁 상

성은 르클레르였는데, 뷔퐁이라는 귀족의 영토를 구매함으로써 성으로 사용하게 되었다. 뷔퐁의 아버지는 그가 법학을 공부하여 자신의 뒤를 이어 관료가 되기를 바랐다. 뷔퐁은 실제로 법학 공부를 했지만 수학과 생물학, 과학에 더 관심을 가졌다.

뷔퐁은 젊은 시절에 프랑스와 이탈리아를 돌면서 견문을 넓힌 뒤 1732년 스물다섯의 나이에 야심을 품고 파리로 갔다. 그는 수학과 과학 분야에서 활발하게 연구하여 글을 발표했고, 뉴턴의 책을 번역하는 등 두각을 나타냈다. 그 결과 1739년에는 왕의 정원(약초 식물원)을 관리하는 책임자가 되었고, 1788년에 세상을 떠날 때까지 이 직책을 역임하면서 왕의 정원을 세계적 과학의 중심으로 키웠다.

그는 약초를 재배하던 왕의 정원을 세계의 자연을 재현하는 공간으로 만들었다. 당시 해군이나 상인, 탐험가들이 배를 타고 지구 곳곳을 여행하면서 가져온 식물과 동물과 광물을 한곳에 모아 자연의 역사를 집필하겠다는 것이 뷔퐁의 아이디어였다. 그는 화학과 생물학, 의학과 해부학의 전문가들을 모아 연구진을 구성했는데, 요즘 말로 하면 융합 연구센터를 만들었던 것이다. 이곳의 명성이 자자해지자 프로이센, 러시아, 덴마크, 폴란드 등의 군주들이 뷔퐁에게 동식물 견본을 선물로 보내기도 했다.

파리의 식물원은 사실상 근대 자연과학이 탄생한 뿌리라고 해도 과언이 아니다. 그곳에서 뷔퐁은 체계적인 자연의 역사를 집필했고, 그림과 글을 통해 자연을 설명하려는 교육적 접근을 시도했다. 또 뷔퐁은 19세기의 찰스 다윈 등 생명과학의 주요 학자에게 지대한 영향을 미친 학술의 아버지이기도 하다.

바 이 오 과 학 의 선 구 자 , 파 스 퇴 르

|

한국에서는 파스퇴르를 우유의 명칭으로 생각하는 사람이 많다. 상업문화와 광고가 만들어낸 환상이다. 파스퇴르Louis Pasteur는 현대 미생물학의 기초를 다진 프랑스의 과학자다. 19세기에 많은 사람들은 생물이 무(無)에서 창출될 수 있다는 자연발생설을 믿었다. 그러나 파스퇴르는 눈에 보이지 않는다고 무라고 할 수 없으며, 미생물이 여러 가지 현상의 기원이라고 설명했다.

파스퇴르는 프랑스 동부 돌이라는 도시에서 무두장이집 아들로 태어났다. 그는 파리 생루이 고등학교에서 준비반을 거쳐 명문 고등사범대학Ecole Normale Supérieure에 들어갔다. 고등사범대학은 에콜폴리테크니크와 마찬가지로 프랑스 대혁명 직후인 1794년에 교육자를 양성하기 위해 설립된 학교다. 그랑제콜 가운데 드물게 문과와 이과를 갖춘 교육기관이지만, 선발하는 학생 수는 100명 미만의 극소수다. 문과에서 사르트르가 유명하다면 이과에서는 파스퇴르가 대표적인 졸업생이다.

파스퇴르는 공부를 마친 뒤 디종, 스트라스부르, 릴 등 지방 도시를 다니며 교수 생활을 하다가 1857년부터 파리 고등사범대학으로 돌아와서 연구부장을 맡았다. 1867년에 소르본 대학 교수로 옮겨갔지만, 고등사범대학에 있는 생물화학 연구소에서 계속 연구를 진행했다. 1888년에는 세계적인 연구기관으로 성장하게 되는 파스퇴르 연구소를 설립했다.

그는 19세기에 이미 과학과 산업이 밀접한 협력 관계를 가져야 한다고 생각한 선구자였다. 말하자면 산학협력의 뿌리라고 할 수 있다. 예를 들어 파스퇴르화라는 살균 과정은 그가 포도주 양조업자들의 구체적인 문제를 해결해주려고 노력하는 과정에서 탄생했다. 그는 포도주를 일정한 온도로 데웠다가 식히면 살균 효과가 있어 오래 보관할 수 있다고 설명했다. 물론 완전히 끓여서 살균을 하면 미생물이 죽지만 포도주의 맛도 사라져버린다. 결국 파스퇴르화란 살균과 맛의 적절한 조합이라고 할 수 있다. 나중에 맥주와 우유 등에도 이러한 방식을 적용하게 되었고 이는 현대 식품산업에서 빼놓을 수 없는 핵심적인 기술로 발전했다.

식품산업뿐 아니라 의학에서도 파스퇴르는 큰 기여를 했다. 백신 개발에 있어 파스퇴르는 19세기의 대표적인 공로자다. 그는 탄저병이나 닭 콜레라 등 가축이 잘 걸리는 전염병에 대한 백신 개발로 시작하여, 1885년에는 인간을 위한 광견병 예방주사를 개발하는 데 성공했다. 물론 18세기 제너가 이미 종두법을 통해 백신과 예방접종의 아이디어를 개발했지만 파스퇴르는 이를 보편화하는 데 결정적으로 기여했다.

광견병 백신 발명을 기념하여 파스퇴르 연구소가 출범했을 때, 당시 사디 카르노 대통령이 참석한 개소식에서 초대 소장 파스퇴르는 연구소의 목표로 세 가지를 제시했다. 첫째 광견병 치료, 둘째 감염병 연구, 셋째 미생물학 교육이었다. 이 연구소는 디프테리아, 독감, 황열병, 결핵, 소아마비, 파상풍 등 감염병의 영역에서 획기적인 연구와 발전에 기여했다. 현재 상임 연구인력이 500명이 넘는 이 연구소는 여전히 세계적인 바이오과학의 선두주자다. 지난 2008년에는 파스퇴르 연구소의 몽타니에Luc Montagnier와 바레시누시Françoise Barré-Sinoussi가 에이즈 바이러스HIV를 최초로 발견한 업적을 인정받아 노벨 생리·의학상을 공동 수상했다.

파리 15구에 있는 파스퇴르 연구소의 파스퇴르 박물관에는 파스퇴르가 평생 자신의 비서이자 최고의 연구 파트너라고 불렀던 부인과 생활하던 공간이 재현되어 있다. 파스퇴르의 부인은 스트라스부르 대학 총장의 딸로 그가 그곳에서 근무할 때 만나 결혼했다. 이 작은 박물관에는 그가 생전에 이룬 과학적 업적을 소개하고 있으며 그가 사용했던 과학 기구들을 전시하고 있다. 그리고 그 박물관 지하에는 파스퇴르가 묻혀 있다.

최초 여성 노벨상의 퀴리 부인

피에르 퀴리는 1859년에 파리 토박이 의사 집안에서 태어났다. 그는 정식 학교를 다니지 않고 집에서 가정교사한테 배웠고, 바칼로레아에 합격한 다음에는 파리 대학에서 물리학을 전공했다. 그는 세 살 많은 형 자크와 함께 연구하여 압전기piezoelectricity 현상을 발견했다. 1883년에 그는 파리 시에서 설립한 파리 시립산업물리화학대학에서 교편을 잡고 연구를 시작했다.

마리아는 1867년 러시아 제국의 지배를 받던 폴란드 바르샤바에서 태어났다. 그녀는 어린 나이에 어머니를 여의었지만 뛰어난 학업 성적으로 두각을 나타냈다. 여성에게는 고등교육의 문이 닫힌 폴란드를 떠나 1891년 파리로 가서 물리학과 수학을 공부했다. 당시 파리 대학 이과 1800여 명의 학생 가운데 여성은 20여 명뿐이었다. 마리아는 당시 물리학에서 수석으로, 그리고 수학에서 차석으로 졸업할 정도로 수재였다.

피에르와 마리아의 운명적 만남은 1894년에 이루어졌다. 두 사람은 이성으로, 또 지성으로 서로에게 끌렸지만 마리아는 조국 폴란드의 해방과 민중 교육이라는 꿈을 실현하기 위해 바르샤바로 돌아갔다. 마리아를 놓치기 싫었던 피에르는 그녀에게 청혼을 했고, 두 사람은 1895년에 결혼함으로써 과학자 가문의 초석을 놓았다.

마리아는 프랑스식 이름인 마리로 바꾸었고, 남편을 따라 성을 퀴리로 바꾸었다. 두 사람은 파리 물리화학대학의 초기 멤버로 활동하면서 학교의 명성을 드높였고, 당시 유행하던 뢴트겐의 엑스레이와 베크렐선에 대해 연구하기 시작했다. 마침내 부부는 라듐과 폴로늄을 발견함으로써 1903년 베크렐과 함께 노벨 물리학상을 수상하게 된다. 여성으로서는 최초로 노벨상을 수상한 사례였다. 이 수상은 프랑스에게도 큰 경사였는데 베크렐이 방사능의 국제 단위가 되었기 때문이다. 퀴리 부인은 자신이 발견한 화학 물질에 조국 폴란드를 기념하여 폴로늄이라는 이름을 붙였다.

노벨상을 수상한 뒤 불행히도 피에르는 교통사고를 당해 1906년에 사망했다. 불과 47세의 나이에 거리에서 미끄러져 넘어진 뒤 마차에 치여 죽은 것이다. 마리는 남편의 파리 대학 강의를 물려받았는데, 당시 언론에서는 "이제 여성도 인간이 되는 시대가 가까워졌다"라고 평가했다. 그만큼 퀴리 부인은 여성의 지위를 드높이는 데 기여한 인물이기도 하다.

1911년은 퀴리 부인에게 영광스러우면서도 참혹한 해였다. 그녀는 1911년 솔베이 회의라는 당대 최고 과학자의 모임에 참석했다. 막스 플랑크, 아인슈타인, 어니스트 러더포드 등 쟁쟁한 과학자들이 참석했고, 퀴리 부인은 유일한 여성이었다. 그런데 이 회의에서 미망인 퀴리가 유부남 폴 랑주뱅과 간통을 했다는 스캔들이 터졌고 언론은 이를 대서특

필했다. 그리고 거의 비슷한 시기에 노벨 화학상 수상자로 결정됨으로써 퀴리 부인은 최초로 두 번이나 노벨상을 받은 과학자가 되었다.

퀴리 부인은 파리에 라듐 연구소를 설립하여 방사선으로 암을 치료하는 연구 센터를 만들었다. 1차 세계대전 동안에는 적십자와 협력하여 군인들을 치료하는 일에 적극 나섰다. 하지만 방사선과 너무 가까이에서 오랫동안 일한 결과 백혈병에 걸려 고통을 받았고, 1934년에 병마를 이기지 못하고 세상을 떠났다. 퀴리 부인은 파리 근교 남편 옆에 묻혔다. 1995년에 부부의 유해는 프랑스 위인의 전당 팡테옹으로 옮겨졌다. 퀴리 부인은 팡테옹에 묻힌 유일한 여성이기도 하다.

원자력 연구의 개척자, 졸리오 부부

전 세계를 통틀어 부모와 딸, 그리고 사위까지 노벨상을 받은 집안은 퀴리가(家)가 유일하다. 피에르와 마리는 두 딸을 낳았다. 1897년에 태어난 장녀 이렌 졸리오퀴리Irène Joliot-Curie는 부모와 마찬가지로 물리학과 화학을 전공했다. 이렌은 1차 세계대전 시기에는 어머니를 도와 부상자들을 치료하는 데 적극 참여했고, 전쟁이 끝난 뒤에는 라듐 연구소에서 조수로 일하기 시작했다.

1900년생인 프레데리크 졸리오Frédéric Joliot는 1923년에 파리 물리화학대학을 수석으로 졸업한 수재였다. 그는 졸업 후 스승 랑주뱅의 소개로 라듐 연구소에서 근무하게 되었다. 랑주뱅은 퀴리 부인과 스캔들을 일으켰던 주인공인데, 둘은 직업상 관계를 계속 유지했던 모양이다. 졸리오와 이렌은 퀴리 부인이 이끄는 라듐 연구소에서 만나 결혼했다. 이 젊은 과학자 부부는 장인 장모만큼이나 두각을 나타냈고, 1935년에 원자 구조에 관한 연구로 노벨 화학상을 공동 수상했다. 퀴리 부인이 세상을 떠난 이듬해의 일이다.

여성 최초의 역사를 써낸 어머니와 마찬가지로 이렌은 1936년 진보적인 인민전선 좌파 정부가 들어서자 프랑스 역사상 최초의 여성 장관으로 임명되었다. 당시 프랑스는 아직 여성의 투표권도 인정되지 않던 때였다. 그만큼 여성 장관의 등장은 획기적인 일이었다. 그녀는 과학연구담당장관이었는데 정치적인 인물은 아니었기에, 프랑스 인민전선 정부가 스페인 내전에서 중립을 지킨다는 이유로 사임해버렸다.

원자에 관한 연구의 권위자였던 남편 졸리오는 1930년대 원자력의 막대한 잠재력과 가능성을 발견했다. 그는 연구 내용을 '폭발물의 개량'이라는 제목의 특허로 제출했는데, 이것이야말로 원자폭탄의 특허라고 불릴 만하다. 그는 자신과 함께 작업했던 유대인 과학자들과 특허 내용, 그리고 중수(重水) 200킬로그램을 영국으로 보내 나치 독일이 위험한 무기의 실체를 파악하지 못하도록 했다. 그는 독일군 점령 시절 파리에 남아 있었는데, 전쟁이 끝나면 곧바로 프랑스의 과학을 재건해야 한다는 의무감을 갖고 있었다.

실제로 2차 세계대전 이후 졸리오는 프랑스 국립과학연구소 이사장과 원자력청 청장을 역임했다. 그러나 그는 공산당 당원이었고, 원자력의 군사적 이용을 반대하는 스톡홀름 선언을 주도했다. 졸리오가는 이처럼 혁명적 피가 흐르는 집안이었다. 그의 부모는 파리 코뮌에 적극 가담했고, 그는 혁명과 사회개혁을 꿈꾸며 자라났다. 스톡홀름 선언을 못마땅하게 여긴 프랑스 정부는 1950년에 졸리오를 원자력청장 지위에서 해임했다.

이렌과 졸리오 부부는 방사선을 다루는 사람들의 직업병이라고 할 수 있는 백혈병에 걸려 둘 다 50대의 나이에 세상을 떠났다. 두 사람 사이에 태어난 딸 엘렌Hélène은 물리학자로 활동하다가 은퇴했으며, 아들 피에르는 생물학자로 프랑스 학자에게 최고의 영예인 콜레주 드 프랑스 교수를 역임했다. 과학자의 피가 대를 이어 흐르는 셈이다.

한편 이렌의 동생 에브Eve는 퀴리가에서 유일하게 과학자의 길에서 벗어난 삶을 살았다. 1904년에 태어난 에브는 피아니스트가 되어 1925년에 처음 공연을 했고, 그 뒤에는 작가로 변신해 어머니 퀴리 부인의 전기를 썼다. 1934년에 출간된 이 책은 곧 베스트셀러가 되었다. 2차 세계대전 시기에는 영국에서 자유 프랑스를 위한 레지스탕스 운동을 벌였고, 1954년에는 미국 외교관 헨리 라부이스 주니어와 결혼했다. 헨리 라부이스 주니어는 유니세프 사무총장으로 1965년에 노벨 평화상을

—— 뷔제 원자력 발전소 전경. 프랑스는 전기의 70퍼센트 이상을 원자력으로 생산하는 특수한 나라다.

수상하여 퀴리가에 또 하나의 노벨상을 더했다. 에브는 2007년에 103세 생일을 넘긴 뒤 뉴욕에서 세상을 떠났다. 어머니나 언니와 달리 방사선을 피해 천수(天壽)를 누린 결과다.

라데팡스 La Défense

라데팡스 전경

라데팡스는 루브르 박물관에서 샹젤리제를 거쳐 서쪽으로 뻗어나간 파리의 근교 지역이다. 1950년대 말부터 현대식 건물이 들어서기 시작했고, 20세기 프랑스 자본주의의 심장이라고 부를 수 있는 비즈니스 지역이 되었다. 라데팡스는 '방어'라는 뜻인데, 1883년 프로이센-프랑스 전쟁에서 파리를 방어하다가 희생된 사람들을 기린 조각물에서 유래한 이름이다. 19세기에 지어진 돌집들과는 전혀 다른 현대적 분위기를 느낄 수 있다. 라데팡스 광장 역에서 내려 라데팡스까지 천천히 걸어가다 보면 뉴욕의 맨해튼과 유사한 마천루의 숲을 경험할 수 있다. 그리고 맨해튼과는 달리 잘 정돈된 도시라는 느낌을 받게 된다.

<u>Transport</u> Métro 1호선 Esplanade de la Défense · Métro 1호선/RER A La Défense

식물원 Le Jardin des Plantes

'자르댕 데 플랑트'는 말 그대로 '식물원'이라는 뜻이다. 뷔퐁이 구상하여 만든 식물원으로, 수천 종의 식물들이 자라고 있으며 작은 동물원도 있다. 식물원은 규모가 그리 크지 않지만 세계 최초로 인간이 자연을 탐색하고 분류하고 정리하는 노력이 시작된 곳이라는 점에서 의미가 깊다. 점심시간에 산책 나온 직장인들, 견학 온 어린이들을 구경하는 재미도 있어 관광지 파리가 아닌 파리지앵의 파리를 관찰하기에 적당한 곳이다. 식물원 안에는 진화관, 광물관, 곤충관, 고생물관 등의 자연사 박물관이 있다.

Transport Métro 7호선, 10호선 Jussieu · Métro 5호선, 10호선/ RER C Gare d'Austerlitz

Homepage http://www.jardindesplantes.net

그랑팔레 Grand Palais

그랑팔레는 '커다란 궁'이라는 뜻이다. 왕이나 황제를 위해서 지어진 궁이 아니라 '공화국이 프랑스 예술의 영광에 바치는 기념물'이다. 1900년 파리 만국박람회를 위해 지어진 거대한 건축물로, 1889년 에펠탑이 보여주었던 프랑스의 기술력을 건축 부문에서 재현한 것이라고 할 수 있다. 국제적으로 명성이 높은 전시회가 지속적으로 열린다. 그랑팔레의 한 부분을 이루는 발견궁(Palais de la Decouverte)은 과학의 대중화를 위해 만들어진 박물관으로 프랑스 과학의 일면을 살펴볼 수 있다.

Transport Métro 1호선, 13호선 Champs Élysées Clémenceau

Homepage http://www.grandpalais.fr

VII

자본의 파리

라파예트 백화점

"손님이라는 민족을 위해 만들어진 근대 상업의 성당."

— 에밀 졸라, 《여인들의 행복 백화점》 —

신 용 지 폐 의 탄 생

|

　　예술과 낭만의 파리를 꿈꾸는 사람들은 혁명이나 이성 또는 과
학의 파리를 잘 모른다. 하지만 프랑스에 대한 책을 읽어보거나 프랑스
관련 기사에 관심이 있는 사람이라면 파리에서 많은 혁명이 일어났고,
합리주의와 근대 과학이 싹텄다는 사실을 알 수 있다. 파리의 다양한
특징 가운데 가장 감춰진 부분은 아마 자본의 파리일 것이다. 프랑스보
다는 영국이나 미국이 자본주의의 본고장이라고 생각하기 때문이다.

　파리는 베네치아, 런던, 암스테르담과 함께 근대 자본주의가 발전한
중요한 도시다. 특히 파리는 자본주의 발전에서 핵심적인 역할을 하는
금융 혁신의 중심이라고 할 수 있다. 베네치아와 암스테르담이 자본주
의 초기에 선도적인 역할을 하다가 쇠락의 길로 접어들었고, 뉴욕, 도
쿄 등은 20세기 들어서야 세계적 중심으로 등장했지만, 파리는 런던과

함께 자본주의 역사가 진행되는 긴 시기에 지속적으로 중심지 역할을 해왔다.

자본주의 발전은 지폐의 사용과 밀접하게 연관된다. 과거에는 금이나 은같이 그 자체로 가치를 가진 화폐를 사용했다. 다만 금이나 은은 공급하는 데 명백한 한계가 있고 운반이나 사용에 제약이 많았다. 종이 화폐는 훨씬 간편하고 매우 유연하게 공급량을 조절할 수 있었다. 무엇보다 지폐는 그 자체의 가치가 0에 가깝기 때문에 결국 화폐 공급자에 대한 신용이 가치를 결정하는 매우 혁신적인 화폐다. 달러를 만드는 한 장의 종이 값은 싸지만 미국이라는 나라에 대한 신뢰가 달러에 높은 가치를 부여한다는 뜻이다.

이런 지폐 제도를 처음 대중적으로 사용한 곳이 프랑스다. 존 로John Law라는 귀족은 애덤 스미스와 마찬가지로 스코틀랜드 출신이다. 그는 유럽의 큰 도시들을 여행하면서 금융제도를 연구했다. 특히 런던, 암스테르담, 베네치아 등지에서 상인들이 서로 어음을 주고받으며 거래하는 모습을 보고 깊은 인상을 받았다. 그는 금·은을 직접 거래하지 않고도 신뢰를 바탕으로 한 화폐 시스템이 무척 유용하다는 것을 이해했다.

개별 상인을 넘어 국가 차원에서 지폐를 발행하여 유통시키는 시스템을 꿈꾸었던 로는 이탈리아의 사르데냐와 시칠리아 왕국에 이를 제안했으나 거절당했다. 프랑스 국왕 루이 14세도 황당한 아이디어라며 거절했다. 하지만 1715년에 루이 14세가 사망하자 로는 다시 프랑스로

—— 1720년대 존 로가 발행한 지폐를 둘러싸고 벌어진 탐욕스러운 모습을 풍자한 그림

가서 루이 15세의 섭정 오를레앙 공 필리프를 설득했다. 당시 프랑스는 많은 전쟁으로 인해 재정이 거의 파탄 지경이었기에 필리프는 로의 제안을 받아들였다.

일명 로 시스템의 원리는 매우 간단하다. 로는 은행을 설립하여 주식회사가 주식을 발행하듯 지폐를 발행했다. 이 지폐의 가치는 프랑스가 전 세계에 보유하고 있는 식민지의 자산과 미래에 식민지가 생산할 경제적 가치에 기초한다. 은행이 상인의 금이나 은을 보관하면서 대신 종이 화폐를 발행하던 것보다 한 차원 높은 수준이다. 현재가 아니라 미래의 가치를 화폐로 만들어 유통시키는 것이었기 때문이다.

로가 프랑스에서 은행을 운영하기 시작할 때 프랑스 정부의 부채는 매년 수입의 열 배에 달했다. 부자들은 정부에 돈을 빌려주고 그 이자로 안정적인 소득을 올리고 있었던 것이다. 이들에게 로 시스템은 새로운 투자 대상이었고, 게다가 미래의 높은 수익을 보장하는 로의 지폐는 다시 투기 대상이 되어 가치가 올라갔다. 너도 나도 국채를 포기하고 로의 은행과 회사에 투자하기 시작했다.

캥캉푸아 거리의 거품과 폭락

로의 은행은 파리 우안의 캥캉푸아 거리에 있었다. 1716년에 제네랄 은행Banque Générale이라는 이름으로 문을 열었는데, 대중적으로 많은 인기를 거둠과 동시에 국채 문제를 해결해주면서 1718년에는 왕립은행을 의미하는 루아얄 은행Banque Royale으로 발전했다. 1719년 루아얄 은행은 정부로부터 간접세를 징수할 수 있는 권한과 화폐를 발행할 수 있는 독점적 권한을 허가받았다.

게다가 이 은행은 프랑스의 식민지를 관리하는 권리까지 독점하게 된다. 처음에는 미시시피 회사를 통해 북아메리카의 영토를 개척하는 일을 시작했는데, 1719년에는 아프리카의 세네갈, 아시아의 인도회사 및 중국회사를 모두 흡수하여 세계 식민지를 통합 관리하는 회사로 발전했다. 1720년에 은행과 식민지 회사가 합병함으로써 프랑스 중앙은행의 역할을 담당하게 되었다. 그리고 로는 프랑스 재무장관으로 임명되었다.

파리 중심가에 있는 캥캉푸아 거리는 은행 거리이자 로의 지폐를 거래하는 증권시장이 되었다. 이 거리는 적어도 중세 13세기부터 많은 상인들이 자리 잡고 있었는데 18세기에 이르면서 갑자기 투기와 탐욕이 판치는 번화가로 변했다. 귀족과 부르주아, 남성과 여성, 심지어 하인들도 일을 때려치우고 일확천금을 꿈꾸며 이 거리로 몰려들었다. 게다가 앞으로 이 거리가 성황을 누릴 것이라며 부동산 투기가 성행하여 다락방까지 가격이 폭등하는 현상이 벌어졌다.

하지만 투기로 성공의 정상에 도달한 로의 시스템은 이제 무너지는 일만 남았다. 로의 적들이 도처에서 기회를 노리고 있었다. 특히 부르봉 공과 콩티 왕자는 로 시스템을 붕괴시키기 위해 주가를 일부러 올려놓았다. 은행 주식의 가격은 500파운드에서 2만 파운드까지 폭등했다. 그러자 공격 세력은 주식을 금과 은으로 교환해줄 것을 요구했다. 부자들이 더 이상 은행을 신뢰하지 않는다는 신호였다. 이에 따라 여론은 술렁대기 시작했다.

불안해진 사람들은 캥캉푸아 거리로 몰려와서 주식을 금이나 은으로 바꿔달라고 요구했다. 하지만 은행 금고에는 아무것도 없었다. 현대의 금융위기에 빈번하게 등장하는 뱅크 런bank run이 1720년 파리에서 처음 벌어진 것이다. 7월 17일에는 폭동이 일어나 거리에서 열일곱 명이 죽는 사건이 발생했다. 결국 프랑스 정부는 로 시스템의 지폐를 포기할 수밖에 없었다.

로는 재무장관을 사임하고 베네치아로 도망쳤다. 그는 이후 영국 총리 로버트 월폴의 도움으로 바이에른 등에서 재기를 노렸지만 실패했고, 다시 베네치아로 돌아가서 살다가 1729년에 세상을 떠났다. 프랑스 역사의 상상 속에서 로는 사기와 투기로 각인되었고 증권에 대한 불신을 낳은 인물이 되었다.

프랑스 정부는 로 시스템의 뒤치다꺼리를 해야만 했다. 정부는 은행 주식에 대해 보상을 해주었다. 당시 은행이 발행한 지폐를 가지고 있던 사람은 200만 명 정도였는데, 이는 프랑스 인구의 10퍼센트에 해당했

—— 18세기 영광을 찾아보기 어려운 캥캉푸아 거리

다. 정부는 소액을 투자한 40퍼센트 투자자에 대해서는 100퍼센트 보상해주었다. 반면 1만 파운드 이상을 보유하고 있던 10만여 명의 투자자들은 큰 손해를 보았다.

결국 로 시스템은 의도한 바는 아니었지만 정부 부채를 탕감하는 데 기여했다. 무엇보다 프랑스와 같은 대국에서 최초로 대중에게 지폐를 유통시켰고 신뢰에 기초한 화폐의 개념을 실현했다는 점에서 역사적 의미를 찾을 수 있다. 근대적 화폐의 탄생에서 파리는 선도적이었다.

혁 명 정 부 의 교 회 자 산 몰 수

예나 지금이나 프랑스 정부는 항상 수입보다 지출이 많은 재정을 운영했다. 1789년 프랑스 대혁명이 일어났을 때 정부의 재정 상태는 엉망이었다. 당시 정부 수입의 절반 이상을 이자나 빚을 갚는 데 사용해야 할 정도였다. 정부가 발행한 국채 증명서를 시장에서 사고팔았는데 그 가치가 점점 떨어져 국가 신용도가 낮음을 반영했다.

혁명이 일어났지만 재정 위기를 해결하기는 쉽지 않았다. 오히려 정국이 불안한 탓에 세금을 거두는 것 자체가 어려워졌고 혁명 정부는 국가 파산을 선언해야 할 지경에 이르렀다. 이때 제헌의회 의원이었던 탈레랑Charles-Maurice de Talleyrand이 기막힌 아이디어를 제안했다. 바로 프랑스에서 가장 많은 재산을 보유하고 있는 가톨릭 교회의 자산을 몰수하여 혁명 정부의 예산으로 사용한다는 것이었다.

혁명 세력에게 이 아이디어는 가뭄의 단비와 같았다. 혁명 정부는 교회의 자산을 그 어떤 보상도 없이 몰수했는데, 문제는 자산을 매각하는 데 시간이 걸린다는 것이었다. 당장 예산이 부족했던 혁명 정부는 미래에 매각될 교회 자산을 담보로 지폐를 발행했다. 그리고 지폐에 자산이 할당되었다assignation는 의미에서 아시냐assignats라는 이름을 붙였다.

원칙적으로 아시냐는 로 시스템의 지폐 기능을 재연하는 것이었다. 재정 위기에 처한 국가가 미래에 발생할 가치를 담보로 지폐를 발행하는 것이기 때문이다. 하지만 커다란 차이점이 있었는데, 로 시스템은 사람들의 탐욕을 이용하여 시장의 원칙에 따라 지폐를 유통시킨 데 비해 혁명 정부의 아시냐는 국가 권력을 이용하여 강제적으로 지폐를 사용하게 했다는 것이다.

물론 로 시스템도 위기에 봉착한 말기에는 금화나 은화의 사용을 제한하려고 벌금 등의 제도를 도입했다. 하지만 혁명 정부처럼 아시냐의 사용을 강제하지는 않았다. 특히 1793년부터 혁명 정부가 공포정치 단계로 돌입하면서부터는 아시냐 사용을 기피하는 일련의 행동을 모두 사형으로 처벌하도록 했다. 예를 들어 물건 거래를 하면서 어떤 화폐를 사용할지를 물어보거나 언급하는 것 자체가 사형의 대상이 되었다.

당시 혁명 정부의 상황이 위급한 것은 사실이었다. 국내에서 혁명을 성공시켰지만 반혁명 세력이 호시탐탐 재기를 노리고 있었고, 여전히 주변의 군주국들 역시 프랑스의 혁명을 뒤집으려고 노력하고 있었다. 이들을 진압하고 외국과 전쟁을 벌이려면 엄청난 자금이 필요했다. 결국 혁명 정부는 교회 자산을 몰수하여 그것을 담보로 지폐를 발행함으로써 재정 위기를 극복하고 필요한 자금을 충당했다. 문제는 담보할 수 있는 자산보다 훨씬 많은 지폐를 발행하여 인플레이션이 발생하기 시작했고, 나중에는 걷잡을 수 없이 아시냐의 가치가 떨어졌다는 사실이다. 영국을 비롯한 주변국에서는 가짜 아시냐를 만들어 상황을 악화시키는 전략을 쓰며 혁명 정부를 방해했다.

경제정책은 실패했지만 정치적 성과도 있었다. 교회 자산 몰수와 아시냐의 가치 하락이 혁명 정권에 튼튼한 사회적 기반을 만들어주었다. 혁명을 지지하는 부르주아 세력은 별 가치도 없는 아시냐를 모아 헐값에 교회 자산을 불하받을 수 있었기 때문이다. 이들은 손쉽게 신흥 부자가 되었고, 혁명 정부의 확고한 지지 세력으로 성장했으며, 왕정이 복고되어 재산을 도로 빼앗길까 봐 불안해했다.

여인들의 행복 백화점

|

프랑스에서 귀족 문화가 지배했던 18세기는 여성이 상대적으

로 자유로웠던 시기다. 좋은 부모를 만나서 재산이 많으면 결혼을 하더라도 애인을 두거나 자유롭게 말하고 행동할 수 있는 분위기였다. 그러나 19세기의 부르주아 문화는 여성을 집안에 가두는 경향이 있었다. 여성의 의상만 보더라도 18세기 귀족의 드레스는 가슴을 거의 드러내는 반면 19세기 부르주아의 드레스는 옷깃이 목까지 올라와 있다.

이렇게 갇혀 사는 부르주아 부인들에게 행복을 선사해주는 것이 있었다. 바로 백화점 쇼핑이었다. 19세기 후반에 활동한 작가 에밀 졸라Emile Zola는 《여인들의 행복 백화점Au bonheur des dames》이라는 소설에서 백화점을 "손님이라는 민족을 위해 만들어진 근대 상업의 성당"이라고 표현했다.

손님이 하나의 민족을 형성한다는 것은 프랑스가 혁명의 시대에서 자본의 시대로 이행했음을 의미한다. 사람들은 여전히 일요일이 되면 성당에 가지만 동시에 성당에 가는 것만큼이나 빈번하게 백화점에 가서 쇼핑을 즐기게 되었다. 달리 말하자면 종교의 시대가 가고 세속적 소비의 시대가 온 것이었다.

세계에서 최초로 백화점이 생긴 곳도 파리다. 프랭탕과 라파예트는 세계적으로 유명한 백화점이다. 우안 오페라극장 부근에 서로 마주 보고 있는 두 백화점은 체인으로 운영되고 있어 대중에게 널리 잘 알려진 듯하다. 하지만 가장 오래되고 전통이 있는 백화점은 좌안에 있는 봉마르셰다. 봉마르셰Bon Marché는 저렴하다는 뜻이다. 전통시장은 싸고 백화점은 비싸다는 인식이 지배적인 우리나라에서는 이해하기 어렵다. 하지만 백화점이 만들어진 19세기에는 기존의 부티크보다 저렴한 가격에 물건을 살 수 있는 곳이었다.

백화점grands magasins이라고 하는 새로운 형태의 근대적 상업 분야를 개척한 사람은 부시코Boucicaut 부부다. 아리스티드Aristide와 마르그리트Marguerite는 모두 지방 출신으로 성공을 꿈꾸며 파리로 올라온 가난하고 못 배운 사람들이었다. 1830년대 가게 점원으로 일하던 아리스티드와 세탁 일로 생계를 꾸려가던 마르그리트는 동거하다가 1848년에 결혼을 했다.

부시코 부부는 수예가게로 사업을 시작했는데, 그때부터 이미 새로운 상업 형식을 개발했다. 넓은 공간에 물건들을 진열해놓고 누구나 자유롭게 들어와서 구경할 수 있게 한 것이다. 상품에 가격표를 붙였으며, 싸게 팔아서 이문을 조금만 남겼다. 그리고 가끔씩 세일 행사를 했고, 우편 판매를 실시하여 고객의 편의를 도모했다.

사업이 번창하자 그동안 모은 자본으로 두 사람은 거대한 백화점을 지었다. 1869년부터 공사하기 시작하여 1887년에 완공된 백화점은 5만 2800제곱미터에 달하는 거대한 규모였고, 1800명의 직원이 근무했다. 부인들이 쇼핑에 전념할 수 있도록 최초로 공공장소에 여성 화장실을 만들었고, 아내가 쇼핑하는 동안 남편들이 지루하지 않게 시간을 보낼 수 있도록 독서실을 꾸며놓았다. 또한 아이들을 위해 음료수와 장난감을 준비하고 당나귀에 태워 동네 구경도 시켜주었다.

부인들은 이제 시간 가는 줄 모르고 백화점에 머물렀고, 백화점이 문을 여는 열두 시간 내내 그곳에 죽치고 사는 여성들이 생겨났다. 과거에는 옷을 맞춰 입었지만 이제는 기성복 시대였기 때문에 하루 종일 이 옷 저 옷을 입어보는 것 자체가 삶의 즐거움이자 행복이 되었다.

배 려 와   기 부 의   부 시 코

하지만 곧 병폐가 나타났다. 백화점 초기부터 소비를 부추기는 문화가 낳은 병폐였다. 백화점에서 시간을 보내는 것까지는 좋은데 물건을 사느라 재산을 탕진하는 사람들이 생겨난 것이다. 나중에는 빚까지 내서 물건을 사들이는 쇼핑 중독이 사회 문제로 등장했다. 또한 화려한 물건의 진열은 일부 취약한 사람들의 도벽(盜癖)을 자극했다.

부시코 부부는 선진적인 기법으로 소비를 권장했다. 예를 들어 150명의 직원을 동원하여 전국과 세계 각지의 손님들에게 신상품 소개가 담긴 600만 장의 광고 엽서를 보냈다. 또한 지방이나 외국에서 오는 손님들이 묵을 수 있도록 백화점 바로 앞에 루테시아 호텔을 세웠다. 요즘식으로 표현하자면 원스톱 쇼핑이 가능하도록 고객의 편의를 도모한 셈이다.

부르주아 남성들은 매춘부의 집을 드나들거나 연극배우나 오페라 가수와 혼외정사를 벌이던 시절이다. 반면 부르주아 부인들은 거의 집에서 생활하다 보니 외간 남자와 접촉할 일이 전혀 없었다. 그러나 상점에서 쇼핑을 하면 남자 점원들이 모자를 씌워주거나 장갑을 끼워주고, 옷을 입어볼 때 옆에서 거들어주었다. 일부 부인들은 이런 신체 접촉을 은근히 즐겼는데, 남편들이 이에 대해 불만을 털어놓았던 모양이다.

부시코 부부는 당시로서는 획기적으로 여성 직원을 대거 채용하고 검은 복장을 입혀 손님의 요구에 절대적으로 응하도록 교육했다. 어떤 이유에서든 손님이 불만을 제기하면 해당 직원은 그날로 해고당했다. '고객은 왕'이라는 개념이 만들어진 것이다.

물론 부시코 부부는 자신들이 가난한 환경에서 성장하여 성공했다는 사실을 잊지 않았다. 고객의 중요성을 인식하고 고객을 만족시키기 위해 직원을 교육하면서도 동시에 선진적인 인사관리를 실행했다. 특히 백화점 꼭대기 층에 여직원 기숙사를 만들어 제공했으며, 일주일에 한 번씩 쉬게 했다. 열심히 일하는 직원은 승진하여 자신의 삶을 향상시킬 수 있었다. 부시코 부부가 말단 점원에서 시작하여 사장으로 성공할 수 있었던 것처럼 말이다.

아리스티드가 세상을 떠난 뒤에도 마르그리트는 10년 동안 봉마르셰를 홀로 운영했다. 당시로서는 무척 보기 드문 여성 경영인이었던 셈이다. 그녀는 남편 생전에 이미 시작한 공사를 계속 이어받아 백화점 면

—— 라파예트 백화점 내부

적을 지속적으로 늘려갔다. 부시코 부부는 아들이 하나 있었는데 일찍 죽는 바람에 마르그리트가 죽을 때는 상속받을 사람이 없었다. 그녀는 자신의 재산을 모두 직원의 복지와 사회단체를 위해 기부했다. 백화점 앞에는 그녀의 이름을 딴 공원과 석상이 있다. 또한 그들의 재산으로 만들어진 병원은 아직도 건재하며, 그 병원이 있는 지역의 8호선 지하 철역 이름도 부시코다.

비슷한 시기에 만들어진 프랭탕이 프랑스의 대표적인 백화점이라고 아는 사람도 많다. 프랭탕을 세운 쥘 잘뤼조Jules Jaluzot 역시 흥미로운 인물이다. 그는 파리 부르주아의 집안에서 태어났지만 공부를 중단하고 장사에 뛰어들었다. 1864년에 유명한 연극배우와 결혼하여 부자가 되었고, 부인의 지참금으로 백화점 사업을 시작했다. 그리고 국회의원, 신문사 사장 등을 역임하면서 정치와 언론 사업에 뛰어들었다.

내가 파리에서 그래도 선호하는 백화점은 봉마르셰다. 모교인 시앙스포(파리정치대학) 근처에 있어 자주 드나들었고, 부시코 부부의 사회적 배려와 기부가 잘뤼조의 성공 신화보다는 더 애틋하게 다가왔기 때문이다. 게다가 프랭탕이나 라파예트 백화점에는 외국인 관광객들이 단체로 몰려다니기 때문에 파리라는 느낌이 별로 들지 않는다. 반면 봉마르셰는 파리지앵들이 많이 찾기 때문에 파리를 더 잘 느낄 수 있다.

유대 자본의 대표, 로스차일드 가문

파리의 증권시장은 1850년부터 1914년 사이 런던과 함께 세계 자본주의의 중심 역할을 했다. 파리 시장의 특징은 주식보다는 채권을 중심으로 거래가 이뤄졌다는 점이다. 예를 들어 영국이나 미국에서는 주식이 무척 중요했다. 사업을 하는 사람들이 주식을 통해 자금을 수혈했기 때문이다. 반면 프랑스에서는 사업가들이 시장을 통해 자금을 대기보다는 은행 융자를 받는 경향이 강했다.

수요 측면에서도 프랑스의 부르주아들은 투기성이 강한 주식보다는 정해진 이율로 이자를 주는 채권을 선호했다. 런던이나 뉴욕의 사업가와 달리 파리의 부르주아는 자본에 대한 이자, 즉 렌트로 생활을 하면서 미술이나 음악, 문학을 즐기는 것을 선호했다. 영미의 경제학에서는 렌트 추구 행위rent seeking behavior를 비생산적인 것으로 비난하지만 파리의 부르주아 문화에서는 그것이야말로 부자의 바람직한 삶으로 여겨졌다. 어떤 의미에서 파리의 문화는 자본주의 시대에도 여전히 일을 하지 않는 귀족적 삶의 이상을 추구했다고 할 수 있다.

독일 프랑크푸르트에서 국왕의 재산을 관리하면서 부를 일구고 유럽과 아메리카를 연결하는 거대한 국제 금융 조직을 만든 로스차일드가Rothschild家를 살펴보아도 프랑스의 특징을 알 수 있다. 로스차일드 가문을 일으킨 마이어 암셸Mayer Amschel은 다섯 아들을 두었는데 그중 막내인 제임스를 프랑스로 보냈다. 1811년부터 제임스는 파리를 중심으로 활동하면서 19세기 프랑스에서 가장 큰 부자가 되었다.

독일어로 로칠트, 영어로 로스차일드, 프랑스에서는 로칠드라고 부르는 이 가문은 본업인 은행업으로도 유명하지만 동시에 예술품 컬렉션으로도 명성을 날렸고, 훌륭한 성들을 사거나 건설하는 등 문화 사업에도 관심을 가졌다. 또한 포도밭에 투자함으로써 포도주 사업을 일으켰다. 샤토 라피트, 샤토 무통, 샤토 클라크 등은 로스차일드 가문의 포도주들이다. 또한 이 가문은 이스라엘을 건설하자는 시오니즘을 구상한 에드몽이라는 사상가를 낳았다.

프랑스 가문의 태두인 제임스는 또한 19세기 프랑스를 대표하는 세 문인의 소설에 주인공으로 등장한다. 《적과 흑》으로 유명한 스탕달은 소설 《뤼시엥 뢰벤Lucien Leuwen》에서 제임스를 주인공의 아버지로 묘사했다. 발자크의 《인간희극》에서는 제임스가 뉘싱겐 백작으로 등장한다. 또한 에밀 졸라의 《돈》에서는 군더만이라는 이름으로 다시 문학의 무대에 선다. 스탕달과 발자크와 졸라는 19세기 프랑스 사회를 누구보다 세밀하고 상세하게 묘사한 작가들인데, 그들의 작품에 등장할 만큼 제임스는 당시 부자의 상징이었다.

제임스는 거대한 금융 제국을 건설했는데 이 국제적 유대 자본은 프랑스 가톨릭 세력에게는 눈엣가시였다. 이에 대한 도전과 저항이 19세기 후반에 있었다. 1875년 리옹에서 위니옹 제네랄Union Générale이라는

—— 프랑스 주요 은행 본점들이 모여 있는 파리 오페라 지역

은행이 설립되는데 그 자본에 교황이 직접 참여했고, 프랑스 가톨릭 세력의 자본이 집중적으로 투자되었다. 이 은행은 1878년부터 중·동유럽 철도산업에 집중적으로 투자하면서 투기의 대상이 되었다. 1878년에 500프랑에 발행된 위시옹 제네랄의 주식이 1881년 말에 3000프랑까지 올라갔다.

하지만 로스차일드로 대표되는 시장의 전통적 세력은 이러한 주가의 폭등이 실제 가치를 반영한 것이 아니라 투기의 결과라고 보았다. 따라서 가격이 하락할 것이라고 예상하여 계속 주식을 팔아치웠다. 결국 유대 자본과 가톨릭 자본의 싸움이었는데, 위니옹 제네랄은 자사의 주를 스스로 사들이며 필사적으로 살아남으려 했지만, 1882년에 파산하고 말았다. 파리에 이어 런던에서도 영국에서 가장 유명한 은행인 베어링스가 1890년에 일시적 파산을 선언했다. 세계 자본주의 역사에서 재연될 1929년의 대공황과 2007년 세계 금융위기의 첫 번째 서곡이었다.

금 융 자 본 주 의 의 흥 망 성 쇠

금융 자본주의의 역사는 오름과 내림, 거품과 폭락이 반복된다. 그런 가운데서도 프랑스의 은행 중심 자본주의는 명맥을 이어왔다.

1913년 1차 세계대전이 터지기 직전 프랑스에서 가장 큰 여섯 개의 회사 가운데 다섯 개가 은행이었다. 당시 민간이 보유했던 프랑스 은행을 비롯하여, 2위 크레디 리요네, 3위 소시에테 제네랄, 5위 파리전국신용은행, 6위 파리바 등이다.

지금도 파리 시내를 돌아다니다 보면 이 은행들을 쉽게 발견할 수 있다. 크레디 리요네는 LCL이라는 이름으로 바뀌었고, 파리전국신용은행과 파리바는 BNP 파리바라는 명칭으로 통합되었지만 여전히 같은 은행들이다. 소시에테 제네랄은 예전 명칭을 그대로 유지하며 프랑스 자본주의의 역사를 자랑하는 상표다.

크레디 리요네를 직역하자면 '리옹 신용'이다. 리옹은 전통적인 상업 도시로 프랑스 자본주의에서 중요한 역할을 하는 지역이다. 이 도시는 실크 생산으로 유명했는데, 실크 산업에서 성공한 앙리 제르맹Henri Germain이 1863년에 크레디 리요네를 설립했다. 그의 아이디어는 대중의 돈을 모아 산업혁명에 자금을 댄다는 것이었다. 그는 위니옹 제네랄이 파산한 1882년에 리옹에서 파리로 근거를 옮겼고, 전 세계로 활동을 넓혀가면서 은행업을 성공적으로 시작하게 된다.

소시에테 제네랄은 비슷한 시기인 1864년에 파리에서 출범했다. 프랑스의 대표적인 산업자본과 로스차일드가가 결합하여 만든 은행으로 프랑스 철강산업의 대명사로 통하는 외젠 슈나이더Eugène Schneider가 첫 행장을 맡았다. 이 은행은 파리에서는 대기업을, 지방에서는 중소기업을 상대로 근대적 은행 업무를 발전시키는 데 기여했다.

이처럼 19세기 프랑스는 부르주아가 강한 나라였고, 민간 자본의 힘이 막강한 사회였다. 하지만 20세기에 들어서면서 노동운동의 성장과 사회주의 세력의 집권은 이들 자본에 커다란 변화를 강요했다. 중앙은행인 프랑스 은행은 민간 자본이 소유하고 있었고, 증권 시장에서 가치가 제일 높은 기업이었다. 그러나 1936년에 좌파 정부가 집권하면서 프랑스 은행 운영에서 민간 대주주의 역할을 대폭 축소시켰다. 그리고 1945년에 비시 정권에서 해방된 후에는 은행을 아예 국영화했다.

해방 정국에서 추진된 국영화는 중앙은행뿐 아니라 프랑스에서 가장 큰 은행 네 개도 포함했다. 프랑스 자본주의의 꽃이라고 할 수 있는 크레디 리요네, 소시에테 제네랄 등은 모두 이때 국영화되었고, 은행업은 국가가 경제를 운영하는 데 동원하는 공기업이 되었다. 그러다 1980년대 후반부터 세계화 바람을 타고 이 은행들은 다시 민영화의 대상이 되었다. 파리에서 전개되는 국영화와 민영화가 교차하는 은행업의 역사는 이처럼 세계 자본주의의 흐름을 잘 보여준다.

최근 세계화와 민영화가 파리 은행업에서 만들어낸 결과의 하나로 엄청난 금융 스캔들이 터졌다. 2008년 소시에테 제네랄의 트레이더인 제롬 케르비엘이 500억 유로(약 65조 원)라는 막대한 자금을 동원하여 선물 투기를 했다가 50억 유로(약 6조 5000억 원)를 날린 사건이다. 이는 은행의 한 해 수익에 해당하는 액수다. 2010년 재판에서 제롬 케르비엘은 회사 돈을 유용한 범죄로 5년형을 선고받았고, 은행에 대해 50억 유로를 배상하라는 판결을 받았다. 반면 은행은 그 어떤 책임도 지지 않았고 아무런 제재도 받지 않았다. 제롬은 이후 상고하여 배상 의무를 면제받았고, 2014년 9월 전자 감시를 받는 조건으로 석방되었다.

21세기 글로벌 금융에서 파리의 위상은 과거에 비해 많이 축소되었다. 런던이나 뉴욕 시장에 비교하면 규모가 작고, 동아시아의 도쿄, 홍콩, 상하이, 싱가포르 등의 부상에 가려지는 측면이 있다. 하지만 파리는 여전히 프랑크푸르트와 함께 세계 최대 경제 세력인 유럽연합의 금융 중심으로 기능하고 있다.

Tip

봉마르셰 백화점과 루테시아 호텔

Bon Marché, Hotel Lutetia

파리의 백화점이나 호텔들은 다른 나라의 거대하고 화려한 건물과 규모에 비하면 작고 초라해 보인다. 그럼에도 불구하고 파리의 백화점과 호텔을 둘러볼 만한 이유는 이들이 세계 최초로 모든 것을 한곳에서 살 수 있는 쇼핑의 전당을 만들었기 때문이다. 150여 년 전 유럽의 수많은 부자들이 루테시아 호텔에 머물면서 봉마르셰에서 값비싼 제품들을 구매했다. 뉴욕, 홍콩, 두바이 등 현대 세계의 쇼핑과 호텔의 메카들은 파리에서 싹튼 자본주의 상업의 규모를 키우고 발전시킨 결과라고 할 수 있다.

<u>Adress</u> 24 rue de Sèvres 75007 <u>Transport</u> Métro 10호선, 12호선 Sèvres Babylone
<u>Homepage</u> http://www.lebonmarche.com

가르니에궁 Palais Garnier

가르니에궁 측면

가르니에궁은 오페라극장으로 널리 알려져 있다. 노트르담 성당이나 에펠탑과 함께 파리를 상징하는 대표적인 건축물의 하나로 1860년대 나폴레옹 3세 황제 시절에 짓기 시작하여 1875년에 완공되었다. 당시 파리에서 가장 많은 자금을 쏟아부은 건축물이라는 점에서 자본의 파리를 상징하며, 개관 이후 1989년까지 한 세기가 넘게 파리 부르주아들의 예술 중심이었다고 해도 과언이 아니다. 바스티유 오페라 건립 이후 주로 발레를 공연하는 극장으로 전락했지만 건물의 화려함과 예술적 가치는 여전히 세계 최고 수준이다. 공연을 보지 않더라도 실내를 방문할 만한 가치가 충분한 명소다.

<u>Adress</u> Place de l'Opéra 75009 Paris <u>Transport</u> Métro 3호선, 7호선, 8호선 Opéra

<u>Homepage</u> https://www.operadeparis.fr

브로냐르궁 Palais Brongniart

체코 화가 시몽이 1900년경 브로냐르궁 앞의 번잡한 모습을 그린 그림

브로냐르궁은 19세기 중반부터 1980년대 말까지 파리 주식시장이 열리는 프랑스 자본주의의 핵심적 장소였다. 건축가 테오도르 브로냐르가 설계했으며, 그가 죽은 뒤인 1826년에 개관했다. 주식시장이 전산화된 이후에는 다양한 회의 장소로 대관하는 시스템으로 바뀌었다. 불행히도 개인 관광객은 내부를 방문할 수 없다. 하지만 건물 주변에 과거의 영광을 보여주는 기관과 분위기가 조금은 남아 있다. 예를 들어 프랑스를 대표하는 통신사 AFP나 금융시장관리위원회, 파리 상공회의소 등이 근처에 있다.

<u>Adress</u> 28 place de la Bourse 75002 <u>Transport</u> Métro 3호선 Bourse

<u>Homepage</u> http://www.palaisbrongniart.com

다양한 음식들

VIII

미 식 의 파 리

"치즈가 없는 디저트는 눈이 없는 미인이다."

— 장앙텔므 브리야사바랭, 《미식예찬》 —

근 대 레 스 토 랑 의 탄 생

파리는 단연 미식(美食)의 세계 수도다. 물론 런던이나 뉴욕, 도쿄나 상하이, 홍콩 등지에도 다양한 레스토랑이 밀집해 있다. 다양성이나 특정 요리에서 파리를 능가하는 경우도 있다. 하지만 미식의 문화와 역사라는 측면에서는 파리를 따라갈 도시가 없다. 왜냐하면 미식이라는 문화 자체가 파리에서 만들어졌기 때문이다.

현대식 레스토랑이 처음 생겨난 곳이 바로 파리다. 레스토랑이라는 말 자체가 프랑스어인데, 그 어원은 '다시 힘나게 하다', '재건하다'라는 뜻의 동사 '레스토레restaurer'다. 폐허가 된 건물을 다시 일으켜 세우는 것도 레스토레이고 기운이 없는 병자의 몸에 힘을 불어넣어주는 것도 레스토레다. 한국식으로 표현하자면 '보신(補身)'이다.

레스토랑은 장소를 가리키기 전에 보신의 효과를 가진 고기 국물을 의미했다. 그야말로 '보신탕'이다. 출산한 여성이나 기력이 없는 병자에게 주는 음식으로 고기뿐 아니라 다양한 재료를 넣어 끓인 진한 국물이었다. 귀족의 시대가 저물어가고 부르주아의 시대가 열리던 18세기 파리에는 전문적으로 보신 음식을 파는 곳들이 생겨났다. 귀족이야 하인에게 탕을 끓이라면 그만이었지만, 부르주아는 전문 식당에 가서 사먹었기 때문이다. 그리고 나중에는 레스토랑이 음식과 상점을 모두 지칭하게 되었다. 레스토랑이라는 단어가 탄생하게 된 재미있는 과정이다.

세계 최초의 레스토랑은 1765년에 불랑제^{Boulanger}라는 사람이 파리에 세운 것으로 알려졌다. 그는 "위가 불편한 모든 사람들이여, 내게 오라, 다시 힘나게 해줄 것이니!"라는 문구를 입구에 써놓았다. 손님이 언제 오든지 정해진 가격으로 작은 개인용 테이블에 보신 음식을 차려주는 레스토랑은 무척 새로운 문화였다.

물론 전통적으로 음식을 파는 곳은 많았다. 하지만 기존의 식당이나 음식을 만들어주던 여인숙에서는 주인이 정한 시간에만 밥을 먹을 수 있었다. 손님이 아니라 공급자 중심의 경제였던 것이다. 게다가 음식마다 정해진 가격을 문 앞에 적어놓은 것도 새로운 모습이었는데, 이제는 보편적인 문화가 되어 파리지앵들이 거리의 메뉴판을 보며 레스토랑을 고르는 모습을 쉽게 발견할 수 있다.

무엇보다 중요한 것은 부르주아와 자본주의의 개인주의 문화다. 과

—— 거리에 내놓은 메뉴판. 손으로 쓴 글씨가 인간적인 냄새를 풍긴다.

거 식당과 여인숙에서는 손님들이 모두 커다란 식탁에 둘러앉아 함께 밥을 먹었다. 그러나 레스토랑에서는 다른 사람에게 신경 쓰지 않고 자신만의 식탁에서 조용히 식사를 즐길 수 있게 되었다. 새로운 시대의 문화였던 것이다. 또 가족이나 친지끼리 따로 식사할 수 있는 룸을 갖춘 레스토랑도 생겨났다.

　파리에 레스토랑이 급격하게 늘어나기 시작한 것은 우선 왕실이나 귀족 문화를 따라하려는 부르주아들의 모방 현상 때문이었다. 1782년에는 왕의 사촌인 콩데 왕자의 주방장이 파리 시내에 커다란 레스토랑을 열어 "베르사유궁에서처럼 식사를 할 수 있다"고 내세워 부르주아들에게 큰 인기를 끌었다. 프랑스 대혁명 이후에는 왕족과 귀족들이 망명을 떠나면서 실업자가 된 주방장들이 너도 나도 레스토랑을 열어 새로운 유행을 만들었다. 혁명이 시작되던 1789년에 파리에 100여 개였던 레스토랑 수가 30년 뒤에는 3000개로 늘어났다.

식 탁 의　휴 머 니 즘

|

　　　레스토랑은 하나의 격식이고 문화다. 배가 고프다고 음식을 게걸스럽게 먹는 것은 레스토랑에 적합한 행동이 아니다. 레스토랑은 또 서비스를 받는 곳이다. 그만큼 음식을 어떻게 서빙하는가가 중요하다.

개인주의적 레스토랑이 만들어지기 전에는 여러 사람이 함께 식사하는 커다란 식탁 위주의 서빙 방식이 일반적이었다.

준비한 음식을 식탁에 가득 차려놓고 사람들이 각자 자신의 접시에 음식을 담아 먹는 방식을 프랑스식 서빙이라고 부른다. 중세부터 귀족들이 파티를 할 때 사용하던 방식으로 호스트의 풍요로운 부와 마음을 표현하는 형식이었다. 우리식으로 하면 상다리가 부러지도록 음식을 차려놓는 것이다. 요즘에도 이런 프랑스식 서빙의 전통이 남아 있는데 이를 뷔페라고 부른다. 손님의 입장에서도 좋아하는 음식을 마음껏 먹을 수 있다.

하지만 부르주아 시대를 상징하는 레스토랑에서 이런 서빙 방식은 적합하지 않았다. 대신 러시아식 서빙이 유행했다. 러시아식 서빙이란 준비한 음식을 수레에 올려 가져와서 손님에게 보여준 다음 웨이터가 음식을 각자에게 덜어주는 방식이다. 이를 조금 더 간편하게 만든 것이 영국식 서빙이다. 수레를 생략하고 웨이터가 큰 쟁반에 음식을 담아와서 손님의 접시에 덜어주는 것이다.

요즘에 유행하는 서빙은 미국식 또는 접시 서빙이라고 부른다. 주방에서 미리 음식을 접시에 나눠 담고 식탁으로 가져오는 서빙이다. 오늘날 우리가 생각하는 레스토랑은 주로 이런 방식을 쓰고 있는데, 부르주아의 개인주의 문화가 극단적으로 발전한 형식이라고 볼 수 있다.

19세기 파리에서 레스토랑이 유행하면서 외식이 하나의 문화로 자리 잡았다. 이와 함께 미식이라는 새로운 문화가 생겨났다. 프랑스어로 미식은 '가스트로노미gastronomie'라고 하는데 고대 그리스어의 '위gaster'와 '법칙nomos'을 합성한 말이다. 직역하면 '위를 관리하는 법'이다. 실제로 레스토랑의 창시자 불랑제도 위가 불편한 사람들을 대상으로 개업했으니 '밥통'이야말로 레스토랑과 미식의 기원이라고 할 수 있다.

여기서 주의해야 하는 개념이 바로 법칙이다. 미식은 맛있게 먹고 즐기는 법칙 또는 규칙, 격식이라고 보아야 한다. 18세기 백과사전에는 미식을 '입의 예술'이라고 부른 바 있다. 1801년에 시인 조제프 베르슈Joseph Berchoux는 〈미식 또는 인간, 밭에서 식탁으로〉라는 시를 발표함으로써 미식이라는 표현을 유행시켰다. 제목이 무척 흥미로운데 과거의 인간이 밭에서 배를 채우던 존재라면, 근대의 인간은 식탁에서 격식을 차려 음식을 즐긴다는 뜻이다.

21세기의 줄리아 세르고Julia Csergo라는 리옹 대학 교수는 미식을 '식탁의 휴머니즘'이라고 불렀다. 미식이란 요리사와 미식가의 만남이라고 할 수 있다. 한편에는 지식과 경험과 재료와 기술을 동원하여 훌륭한 음식을 만드는 요리사가 있고, 다른 한편에는 이를 맛보고 음미하고 즐기는 미식가가 있다. 또한 미식은 전통과 현대의 접점이기도 하다. 오래전부터 내려오는 요리법과 이를 새롭게 변화시키려는 노력의 조화가 훌륭한 음식을 만드는 것이기 때문이다. 끝으로 미식이란 다른 사람과 맛을 나누는 일이고, 다른 문화의 맛에 대한 호기심과 경험을 의미

—— 화려한 내부의 전통식 레스토랑

한다. 그야말로 식탁의 휴머니즘이 아니고 무엇이란 말인가.

맛 의 문 학 : 미 식 을 예 찬 하 라

미식은 음식을 즐기는 문화다. 그것도 부족하여 파리는 미식과 문학을 결합하여 맛의 문학을 창조했다. 시인 조제프 베르슈가 미식이라는 말을 유행시켰다면, 미식을 문학의 한 장르로 발전시킨 사람은 정치인이자 고관인 장앙텔므 브리야사바랭Jaen-Anthelme Brillat-Savarin이다. 남프랑스 부르주아 집안 출신으로 대혁명 시기에 국회의원을 역임했던 브리야사바랭은 정치적 이유로 스위스, 미국 등으로 망명했다가 1800년경에 파리로 돌아왔다. 그리고 한가한 공직을 맡아 생활하면서《미식예찬》(원제는《미각의 생리학Physiologie du Goût》)이라는 명저를 남겼다.

《미식 예찬》은 20개의 경구로 시작하는데, 다음과 같은 인상적인 문장들이 들어 있다. "당신이 나에게 무엇을 먹는지 말해주면, 당신이 누구인지 말해주겠다." "인류의 행복을 위해서는 새로운 별을 발견하는 것보다 새로운 음식을 발명하는 편이 낫다." "배가 터지도록 먹거나 술에 취하는 사람은 먹을 줄도 마실 줄도 모르는 사람이다." "치즈가 없는 디저트는 눈이 없는 미인이다."

브리야사바랭은 법학이나 정치경제학, 고고학 등의 저서를 남겼지만 후세가 기억하는 것은 《미식 예찬》뿐이다. 그가 사망하던 해에 출판된 이 책은 베스트셀러가 되었다. 1838년 판에는 소설가 발자크가 〈근대 각성제에 대한 논설〉을 속편으로 실었다. 이는 술, 설탕, 차, 커피, 담배에 대한 이야기로 브리야사바랭 저작의 디저트 역할을 했다. 1839년 판에는 다시 발자크가 〈결혼의 생리학〉이라는 속편을 썼고, 이 내용은 그의 위대한 저작 《인간희극》의 커다란 테두리를 그리는 계획이라고 볼 수 있다.

브리야사바랭이 시작한 전통은 19세기에 우후죽순처럼 번져나갔다. 요즘 텔레비전을 켜면 음식과 관련된 방송이 홍수처럼 쏟아지는 것과 마찬가지다. 샤를 뒤랑이라는 작가는 파리의 음식도 좋지만 각 지방을 대표하는 토속음식의 중요성을 강조했다. 《몽테크리스토 백작》과 《삼총사》로 유명한 작가 알렉상드르 뒤마도 《뒤마 요리사전Grand Dictionnaire de Cuisine》이라는 책을 집필했다.

브리스 백작은 프랑스 임업청장을 역임한 뒤 파리에 정착하여 일간지 《라 리베르테La Liberté》에 미식 칼럼을 썼다. 그러고는 《브리스 백작의 365 메뉴》라는 저서를 남겼다. 샤를 몽슬레Charels Moncelet라는 시인은 〈아스파라거스의 소네트〉, 〈송어 찬가〉, 〈돼지의 오드Ode〉, 〈미식 편지〉 등 음식을 찬양하는 글들을 발표했다.

20세기에도 미식 문학의 전통은 계속되었고 발전해나갔다. 소설가 퀴르농스키Curnonsky는 1927년에 '미식의 황태자'로 꼽혔다. 최고의 요

—— 브리야사바랭의 격언인 "먹는 것의 순서는 가장 든든한 것부터 가장 가벼운 것
으로"를 표현한 그림

리사, 미식가, 레스토랑 업주 등이 투표한 결과였는데, 이후에는 아무도 미식의 황태자라고 불려본 적이 없는 전무후무한 인물이다. 80여 개의 파리 레스토랑에 그의 전용 테이블이 있을 정도로 그는 진정한 황태자 대접을 받았다. 그렇다고 복잡하고 화려한 요리를 좋아한 것은 아니었다. 그는 "단순함이 완벽의 표현이다"라는 말을 남겼다.

퀴르농스키는 미식가로 평생을 활동하다 보니 나중에는 몸무게가 불어나서 거동이 힘들 정도였다. 그래서 레스토랑에 식사하러 가려면 친구 여섯 명이 동원되어 그를 거들어야 했다고 한다. 마지막 순간까지도 레스토랑에 가서 음식을 맛보고 글을 쓰는 즐거움을 버릴 수 없었던 모양이다. 그는 84세에 창문에 기대 있다가 추락하여 사망했다.

포 도 주 문 화 : 역 사 와 영 혼 을 마 시 다

브리야사바랭은 "치즈 없는 디저트는 눈이 없는 미인"이라고 표현했다. 아마 포도주가 없는 식사라면 머리가 없는 미인이라고 했을 것이다. 그만큼 포도주는 프랑스인의 삶에서 빼놓을 수 없는 부분이고, 프랑스의 민족 정체성과도 긴밀하게 연결되어 있다. 미국이나 오스트레일리아, 칠레 등 신대륙의 포도주는 샤르도네, 카베르네 소비뇽, 피노누아르, 쉬라즈 등 포도 품종으로 구분한다. 캘리포니아에서 났건 칠레에서 났건 샤르도네는 같은 샤르도네일 뿐이다.

하지만 프랑스의 포도주는 보르도, 부르고뉴, 루아르, 론 등 지역 이름으로 불린다. 프랑스인에게 포도주란 그 지역의 하늘과 땅, 기후와 환경, 역사와 영혼이 깃든 정수(精髓)다. 프랑스를 여행하다 보면 포도주 지역주의가 무척 강하다는 것을 경험할 수 있다. 부르고뉴 지방에 가서 보르도 포도주를 찾았다간 외계인 취급을 받는다. 보르도에 가서 부르고뉴 포도주를 주문하면 외진 골목에서 뒤통수를 맞을지도 모른다.

아비뇽에서 식사하면서 샤토뇌프뒤파프Châteauneuf-du-Pape를 시키지 않는다면 바보 중에 바보다. 직역하면 '교황의 새로운 성'이라는 의미인데 가톨릭 최고 권위의 아우라가 더해져서인지 향과 맛이 특별하다. 퀴르농스키는 이 포도주를 두고 '태양의 에센스'라고 찬미한 바 있다.

이처럼 생산에서 소비까지 지역의 특징이 워낙 강하다 보니 온갖 다양한 포도주가 자유롭게 경쟁하는 곳은 파리밖에 없다. 큰 슈퍼마켓에 가면 포도주 매장은 프랑스 지도를 그려놓은 것과 같다. 동쪽에서 나는 샴페인은 크리스마스나 생일 파티 등 모든 축제에 등장하는 필수 포도주다. 서쪽에서 생산하는 루아르 포도주는 과일 향이 강하고 신선한 맛으로 가볍게 마시기 좋다. 동남쪽의 부르고뉴와 코트뒤론은 그 풍부한 맛이 타의 추종을 불허하며, 서남쪽의 보르도와 랑그독 루시용은 독창적인 맛을 자랑한다.

여름에도 슈퍼마켓의 포도주 매장은 시원하다. 포도주는 보관 상태

—— 파리 시내에서 쉽게 찾아볼 수 있는 포도주 전문 가게

가 매우 중요하기 때문이다. 한국에서는 포도주의 종류와 가격을 많이 고려하는데, 사실 아무리 비싼 포도주도 온도가 높은 곳에 보관하면 식초와 다름없다. 거꾸로 싸구려 포도주라도 보관이 잘된 녀석은 온전한 맛을 제공한다.

파리지앵들은 아파트 건물 지하에 카브^{cave}, 즉 지하창고를 하나씩 갖고 있다. 거의 모든 아파트에 이런 창고가 딸려 있는데, 그 주요 기능은 역시 포도주를 저장하는 것이다. 사계절 내내 기온이 일정하기 때문이다. 좋아하는 포도주를 쟁여놓고 손님이 오면 한 병씩 꺼내서 나누는 것이 파리지앵의 문화다.

한국에서 고급 레스토랑에 가면 소믈리에^{sommelier}라는 포도주 추천 전문가가 있다. 소믈리에는 음식과 포도주의 조합을 잘 알기 때문에 손님이 포도주를 선택하는 데 도움을 준다. 솔직히 나는 파리에서 이런 사람을 본 적이 없다. 물론 그 정도의 고급 레스토랑에 가지 않기 때문이겠지만, 일반 레스토랑에서도 웨이터에게 물어보면 친절하게 음식에 맞는 포도주를 권해준다.

미식이란 반드시 식사하는 데 한 달치 집세를 들인다는 의미가 아니다. 그것은 음식을 먹고 술을 마시는 것 자체가 일상의 즐거움이라는 뜻이며, 이에 대해 관심을 갖고 살아가는 태도이자 문화라고 보아야 한다. 파리지앵에게 포도주 문화는 일상적이다. 파리 시내 곳곳에서 포도주 전문 가게를 발견할 수 있다. 슈퍼마켓에서 포도주 코너를 어슬렁거리면 옆에 있던 할아버지가 좋은 포도주를 소개해주기도 하고, 드물긴 하지만 아름다운 여인이 나에게 포도주를 추천해달라고 부탁하기도 한다. 아는 만큼 알려주고 베푸는 만큼 배우는 미식 문화인 셈이다.

종합적 삶의 예술

|

　　프랑스는 1954년에 콜베르 위원회라는 조직을 만들었다. 프랑스의 명품과 '삶의 예술'을 대표하는 70여 개의 회사가 참여하는 민간 위원회다. 일종의 명품산업 로비라고 할 수 있는데, 명품을 소개하고 포장하는 방식이 흥미롭다. 프랑스적인 삶의 예술이라는 표현은 생활 속에서 아름다움을 추구하는 파리지앵을 생각하게 한다.

　아시아는 명품의 본고장 유럽에서도 놀랄 만큼 명품 소비가 많은 대륙이다. 저렴한 청바지와 티셔츠를 입더라도 지갑만큼은 명품을 사려는 사람도 있다. 하지만 이것은 프랑스적 삶의 예술이 아니다. 삶 전반에서 아름다움을 추구해야 하기 때문이다. 따라서 입는 옷과 장식품과 드는 지갑과 가방, 먹는 음식과 마시는 샴페인, 식탁에서 사용하는 식기와 여행 가서 묵는 호텔이 모두 명품이어야 한다는 사치의 이데올로기다.

　콜베르 위원회에 속한 회사의 면모를 살펴보면 루이뷔통, 에르메스,

디오르 등 '명품의 파리'에서 다룬 브랜드들이 다수 있다. 모엣의 샴페인, 헤네시의 코냑 등 기껏해야 한순간의 즐거움을 위해 터뜨리는 샴페인의 소비를 아시아인은 이해하기 힘들다. 명품이란 입거나 들어서 남에게 보여주기 위함이 아닌가.

아니다. 삶의 예술은 루이뷔통을 들고 샴페인을 터뜨리고 코냑을 마시는 것이다. 실제로 콜베르 위원회에는 포도주 브랜드가 꽤 있다. 샤토 디켐이나 샤토 라피트 로칠드, 샤토 슈발 블랑 등이다. 이 위원회에 속한 호텔도 상징적이다. 브리스톨 호텔은 생토노레가에 위치하고 있으며, 플라자 아테네 호텔은 몽테뉴가에 있다. 둘 다 명품 거리에 자리 잡고 있다. 리츠 호텔은 보석 거리로 유명한 방돔 광장에 있다.

또한 아무렇게나 먹는다면 삶의 예술은 의미가 없다. 멋진 정식 식기를 사용해서 격식을 차려 먹어야 한다는 뜻이다. 예를 들어 샴페인을 마실 때는 가늘고 뾰족한 잔에 마셔야 한다. 플뤼트^{flûte}라는 별칭을 가진 잔이다. 포도주의 대표주자 보르도와 부르고뉴는 앙숙관계인데 병 모양만 보아도 둘을 구분할 수 있다. 그리고 포도주를 마시는 잔의 모양도 다르다.

프랑스의 유명한 식기 브랜드는 크리스토플이다. 19세기에 이 회사를 설립한 샤를 크리스토플Charles Christofle은 보석공으로 시작하여 새로운 은 세공법을 개발했다. 따라서 은 도금 식기를 만들어 팔았고, 지금도 크리스토플은 은제품으로 유명하다. 특히 신혼부부에게 크리스토플

—— 19세기 모엣 샹동 샴페인 광고

식기를 선물하는 것은 부르주아 파리지앵의 관습이기도 하다.

파리에서 생겨난 미식 문화는 레스토랑만이 아니다. 케이터링Catering
도 파리에서 탄생했다. 달로와요Dalloyau 집안은 여러 세대에 걸쳐 왕실
에서 빵과 케이크를 만드는 일을 했다. 그 공을 인정받아 귀족이 되었
지만 혁명 이후에 다른 요리사들처럼 실업자가 되었다. 장바티스트 달
로와요Jean-Baptiste Dalloyau는 1802년에 생토노레 거리에 가게를 열어 정성
스럽게 준비한 음식을 팔기 시작했고, 부르주아가 집에서 손님을 초대
할 때 음식을 공급하는 사업을 벌였다. 케이터링의 시작이다. 20세기의
달로와요는 '오페라'라는 이름의 케이크를 만들어 세계적으로 유명해
졌고, 제과 분야에서 두각을 나타냈다.

포숑도 달로와요와 비슷한 고급 식료품 상점이자 브랜드다. 오귀스
트 포숑Auguste Fauchon이라는 상인이 1886년에 파리 마들렌 광장에 가게
를 연 것이 출발점이다. 이 광장에는 또 다른 고급 식료품점인 에디아
르Hédiard가 1880년에 개점하여 부르주아 슈퍼마켓의 본산을 이루고 있
다. 1968년 혁명의 시기에는 대학생들이 포숑을 공격하여 부자 음식의
대명사인 푸아그라를 가난한 사람들에게 나눠주기도 했다.

카 페 에 서 정 치 와 문 화 를 논 하 다

레스토랑이 개인주의 부르주아 문화의 산물이라면, 카페는 민주주의의 상징이다. 커피를 전문적으로 판매하는 장소가 유럽에서 유행하기 시작한 것은 18세기다. 커피의 소비는 아랍이나 터키 문명과 접점에 있던 오스트리아 빈에서 시작되어 파리와 런던으로 전파되었다. 18세기에 이미 파리와 런던에 각각 3000여 개의 카페가 있었다.

카페가 이토록 유행하게 된 데는 커피라는 음료가 가지는 향기롭고 쌉쌀한 맛의 매력에다가 동방의 이국적인 이미지까지 더해졌기 때문이다. 게다가 카페는 사회적 차별을 하지 않고 누구나 출입할 수 있어 큰 인기를 끌었다. 런던의 사교클럽은 귀족과 부르주아가 독점하여 일반인은 들어갈 수 없었다. 파리의 살롱 역시 귀족과 부르주아, 예술인의 특권이었다. 하지만 카페는 저렴한 가격에 누구나 들락거릴 수 있는 개방된 공간이었다.

과거에 사람들이 모였던 곳은 주로 술집이었다. 하지만 술을 마시고는 진지한 대화나 토론이 불가능했다. 반면 커피를 마시면 각성 효과로 정신이 반짝 들어 신중한 이야기도 나누고 문화적이거나 정치적인 토론이 가능했다. 게다가 칸막이로 개인적 공간을 만든 레스토랑과 달리 카페는 서로 다른 테이블에 앉아 있더라도 이야기가 통하면 동석할 수 있는 개방성이 있었다. 문호 발자크는 이러한 특성을 감안하여 "카페의 중앙에 있는 바는 진정 민중의 국회다"라고 표현했을 정도다.

이러한 특성 때문에 혁명의 파리, 특히 18세기의 파리에서는 카페가 본격적으로 발달했다. 파리에서 거의 처음 생긴 카페 프로코프Procope는 볼테르, 루소, 디드로 등 쟁쟁한 계몽주의 대가들이 글을 쓰거나 토론을 하던 장소였고, 미국 혁명의 토머스 제퍼슨이나 벤저민 프랭클린도 파리 체류 시절 단골손님이었다. 확인할 수는 없지만 프랭클린이 이 카페에서 미국의 헌법을 구상했다는 이야기가 전해진다. 또한 프랑스 혁명 이후에는 당통, 마라, 로베스피에르 등이 이곳에서 살다시피 했다고 알려졌다.

이 카페는 오늘날에도 영업을 하고 있는데 화장실에는 혁명의 세기를 상기시키는 '시민'이 남성형(Citoyens)과 여성형(Citoyennes)으로 쓰여 있다. 공산주의 혁명 이후 모두를 동무라고 불렀듯이 프랑스 혁명 이후에는 누구나 시민이라고 불렀기 때문이다. 심지어 국왕도 시민이라고 불렀으니 말이다.

프로코프에서 멀지 않은 생제르맹데프레 성당 앞에는 레되마고Les Deux Magots와 플로르Flore라는 카페가 거의 나란히 붙어 있다. 이 두 곳은 19세기와 20세기의 문인, 사상가, 예술가들이 만나서 토론하고 잡담하고 시간을 보내던 곳이다. 19세기에는 베를렌, 랭보, 말라르메 같은 작가들이 즐겨 찾았고, 앙드레 지드, 피카소, 헤밍웨이, 사르트르, 보부아르 등 다양한 분야의 유명인사들이 모여들었다. 따라서 파리에서 만들

—— 문인들의 명소로 명성이 자자한 카페 레되마고

어진 초현실주의와 실존주의는 카페의 산물이라고 해도 과언이 아닐 것이다.

하지만 카페는 이제 쇠락의 길로 접어들었다. 그나마 유명한 카페는 관광객 덕분에 명맥을 유지하고 있지만, 다른 카페는 크게 위축되었다. 1950년대 20만 개에 달하던 카페는 2008년 현재 3만 6000개로 줄었다. 커피와 함께 음식과 술을 팔던 파리 특유의 카페가 몰락하는 반면, 커피와 차와 과자를 파는 미국식 커피숍이 늘어나고 있다. 특히 스타벅스 같은 세계적 브랜드의 공략에 프랑스식 카페는 힘없이 무너지고 있다.

세 계 화 와   패 스 트 푸 드 의   쓰 나 미

|

세계화와 함께 미식의 파리는 변화의 쓰나미를 경험하는 중이다. 특정 동네에서 독특한 전통을 가지고 자신만의 색깔을 드러내던 카페와 레스토랑은 일부를 제외하고는 하락세를 면하지 못하고 있다. 미식은 식탁의 휴머니즘이기에 정성을 쏟아 개성 있는 음식을 만드는 요리사와 이를 알아보는 미식가가 있어야 하는데, 이들의 만남이 점점 어려워지는 형편이다.

우선 미식가라고 할 수 있는 손님이 점차 줄어들고 있다. 19세기 파리 사회는 집세를 받으며 삶의 다양한 쾌락을 즐기는 부르주아 층이 두꺼웠다. 이들은 예술의 소비자였고, 레스토랑을 옮겨 다니며 음식과 포도주를 즐기는 미식가였다. 그러나 20세기는 이런 부르주아들이 아닌 열심히 일하는 사람들의 시대가 되었다.

미국인들은 파리지앵이 두 시간씩 점심을 먹는다고 홍보지만 파리 전통의 제대로 된 미식이라면 두 시간도 부족하다. 두 시간 안에 식사를 마치려면 아마도 치즈를 생략해야 할 것이다. '눈이 없는 미인'이 되는 셈이다. 다국적 기업들은 점심때 포도주를 마시는 것을 용납하지 않는다. 따라서 미식의 기준으로는 '머리 없는 미인'이 되어버린다. 바쁘고 치열한 경쟁 사회에서 식사를 오래 즐기는 것은 사치가 되었다. 시간을 절약하여 한 끼 식사를 신속하게 해치우는 문화가 파리에도 침투하기 시작했다.

미국이 주도하는 세계화의 상징은 패스트푸드이고 그 가운데서 맥도날드가 대표적이다. 프랑스에도 맥도날드가 상륙하면서 많은 변화가 일어났다. 우선 맥도날드의 빠른 확산을 막을 수 없었다. 맥도날드는 미국 문화의 아이콘이지만 동시에 효율성을 중시하는 현대 사회의 상징이기도 한 것이다. 프랑스도 부르주아 문화를 버리고 대중적 문화와 음식으로 갈 수밖에 없었던 셈이다.

게다가 파리는 세계에서 관광객이 제일 많은 도시다. 외국에서 온 관광객에게 프랑스의 복잡한 레스토랑과 카페는 메뉴를 봐도 이해하기 어렵고 말도 잘 통하지 않아 불편하다. 맥도날드에 가면 고국에서와 마찬가지로 간편하고 빠르게 한 끼를 때울 수 있다. 또한 프랑스의 청소년에게도 맥도날드는 선진국이고 강대국인 미국의 문화를 대변한다. 할리우드 영화를 보고 자란 청소년에게 맥도날드는 거부감 없이 받아들일 수 있는 새로운 문화다.

이 같은 패스트푸드의 침략에 파리는 나름 저항을 했지만 역부족이었다. 예를 들어 몽마르트르 언덕에는 테르트르 광장이 있다. 사크레 쾨르 성당 부근에 위치한 이 광장은 근대 예술의 성지라고도 할 수 있다. 피카소와 우트리요가 이곳에 살았고, 요즘도 많은 거리의 화가들이 미술의 전통을 잇고 있다. 또한 18세기의 몽마르트르 시청 건물이나 1793년에 생긴 식당 아라 메르 카트린A la Mère Catherine 등 유서 깊은 장소들이 있다. 그곳에 맥도날드가 들어오려고 했지만 거센 반대에 부딪혀 결국 포기해야 했다. 1999년에는 프랑스의 반(反) 세계화 운동 세력이 지방에 짓고 있던 맥도날드 건물을 무너뜨린 사건도 있었다. 그만큼 맥도날드는 프랑스 전통에 대한 공격으로 인식되었다. 하지만 이런 간헐적 저항에도 불구하고 맥도날드를 비롯한 패스트푸드의 확산을 막을 수는 없었다.

전설적인 미식의 파리가 한 부분에서 붕괴되고 있는 것은 확실하다. 하지만 그와 동시에 파리의 미식이 세계 곳곳으로 퍼져나가고 있는 것도 부정할 수 없다. 레스토랑과 카페라는 파리의 문화는 이제 세계의 모든 대도시를 장식하고 점령했다. 정해진 메뉴에서 골라 먹는다는 '아 라 카르트A la carte'라는 표현 역시 파리 문화의 세계화를 보여준다. 그리 고 다른 나라 대도시에 있는 포숑과 달로와요와 에디아르 상점에서 프 랑스식 초콜릿과 마카롱을 사먹는 시대가 되었다.

생미셸 · 오데옹 · 마비용
Saint-Michel·Odéon·Mabillion

라틴 지구는 저렴한 가격으로 프랑스 미식의 기본 분위기를 느낄 수 있는 동네다. 대학가에 위치하고 있으며 관광객이 많이 찾기 때문에 저렴한 가격을 유지하는데, 샹젤리제처럼 노골적으로 관광객 위주라는 느낌이 덜한 곳이다. 생탕드레 데자르 거리와 뷔시 거리를 거닐면서 레스토랑의 메뉴를 자세히 살펴보면 전식, 본식, 후식에 음료수나 포도주까지 포함된 경제적인 선택을 할 수 있다. 이곳에서 식사를 하지 않더라도 파리지앵들이 즐겨 찾는 '먹자골목'을 경험할 수 있다.

지하철역 마비용 부근의 작은 골목과 식당들

<u>Adress</u> rue Saint André des Arts <u>Transport</u> Métro 4호선 Saint Michel

<u>Adress</u> rue de Buci <u>Transport</u> Métro 10호선 Mabillon

파리 라그랑드 에피스리 La Grande Epicerie de Paris

파리에는 동네마다 포도주를 판매하는 가게가 거미줄처럼 네트워크를 형성하고 있다. 하지만 품질과 신뢰도는 균질하지 못하다. 많은 포도주를 한눈에 보기 위해서는 봉마르셰 백화점 바로 옆에 큰 매장을 운영하고 있는 라그랑드 에피스리를 추천한다. 프랑스는 물론 다른 나라의 포도주도 취급하며, 프랑스 각 지역마다 얼마나 다양한 종류의 포도주를 생산하는지 가늠할 수 있는 장소다. 또한 이 매장은 포도주뿐 아니라 식품 전체를 전문으로 하는 상점이라 푸줏간이나 치즈 코너에서 프랑스 미식의 일면을 확인할 수 있다.

Adress La Grande Epicerie de Paris / 38 rue de Sèvres 75007 Transport Métro 10호선, 12호선 Sèvres-Babylone Homepage http://www.lagrandeepicerie.com

몽파르나스 Montparnasse

바뱅 역에서 바라본 몽파르나스 타워

몽파르나스는 대학이 집중되어 있는 라틴 지구와 더 남쪽의 주택가인 7구의 부르주아 동네가 만나는 곳으로 보보스 문화의 핵심이라고 할 수 있다. 몽테뉴 거리가 부르주아 성향이 강하다면 몽파르나스는 보헤미안 성격이 짙은 성공한 예술가들과 문인의 거리라고 할 수 있다. 지하철 바뱅 역에서 뒤록 역까지 몽파르나스 대로를 걷다 보면 고급 레스토랑들이 즐비하다. 밖에 내놓은 메뉴판을 잘 살펴보고 요리를 정하고 들어가면 당황하지 않을 것이다. 두 역 사이에 1970년대에 세운 몽파르나스 타워가 있는데 최근까지 프랑스에서 제일 높은 빌딩이었다. 근처에는 몽파르나스 기차역도 있는데 이곳으로 브르타뉴 지방 사람들이 많이 상경하여 브르타뉴 특유의 크레페 식당들이 집중되어 있다.

Adress Boulevard du Montparnasse Transport Métro 4호선 Vavin · Métro 10호선, 13호선 Duroc

IX

운동의 파리

장띠에르 코르토의 〈마라톤 승전보를 알리는 군인〉

"더 빨리, 더 높이, 더 강하게."

— 피에르 드 쿠베르탱 —

한가롭게 거니는 산책의 도시

미국인들은 파리지앵을 신비롭게 바라본다. 무엇보다 '그토록 먹고 마시는 것을 즐기는데, 어떻게 날씬한 몸매를 유지하는지' 궁금해 한다. 뉴욕은 미국에서 가장 날씬한 사람이 많은 도시이지만, 그래도 파리에 비하면 비만 인구의 비중이 높다. 실제로 파리지앵은 균형 잡힌 몸매를 유지하는 편이다.

앞에서 말했듯이 미식은 배가 터지도록 먹는 게 아니다. 돈과 시간이 들더라도 맛있는 것을 찾아서 천천히 음미하는 것이지, 짧은 시간에 많은 양의 음식을 먹어치우는 것이 아니다. 파리지앵의 식사 시간이 긴 것은 많이 먹기 때문이 아니라 대화를 나누는 데 많은 시간을 할애하기 때문이다. 말하자면 천천히 먹는 것이지 많이 먹는 것이 아니다. 많은 연구에서 확인되었지만 비만은 주로 혼자 식사하면서 많은 양을 빨리 먹는 사람들에게 빈번한 일이다.

　사회학적 설명을 굳이 붙이자면 파리는 남의 눈을 무척 중요하게 여기는 도시다. 파리지앵은 개인의 자유를 중시하는 개성 있는 사람들이지만, 사실은 유행에 민감하고 남의 시선과 평판을 항상 의식한다. 당연히 멋진 몸매를 뽐내고 싶어하고, 먹는 것에 엄청 신경 쓴다. 내 친구들만 보더라도 중년이 되면서 살찌는 디저트는 피하고 샐러드나 가벼운 음식이 많은 애피타이저를 주로 먹는다. 파리에서 카페 손님들을 관찰하면 샐러드만 한 접시 먹는 사람들이 무척 많음을 알 수 있다.

　파리의 물리적 환경도 비만을 막는 중요한 요인이라고 생각한다. 파리의 주거 환경은 무척 열악하다. 옆집 소리가 다 들리다 보니 한 지붕 아래 사는 한 가족이라는 생각이 드는 것은 물론, 주거 면적으로 따지면 세계에서 가장 좁은 도시 가운데 하나일 것이다. 욕조나 샤워부스가 무척 작아서 욕조에 몸을 담그려면 어깨를 움츠려야 한다. 샤워를 하다가 앞뒤 좌우로 부딪히기도 한다.

　오래된 건물의 계단 가운데에 만든 엘리베이터는 너무 좁아 솔직히 관에 들어가는 느낌이 들 정도다. 아주 절친한 사이가 아니면 두 사람이 타기에 부담스럽기까지 하다. 몸이 거의 붙을 지경인 것은 물론 얼굴과 얼굴 사이가 30센티미터 이내다. 문화적으로 차이가 있겠지만 분명 상대와 편하게 있을 만한 거리는 아니다.

　레스토랑에 가도 장소가 비좁은 것은 마찬가지다. 테이블이 다닥다

—— 아르망 기요맹의 〈발위베르 광장Place Valhubert〉. 파리의 센 강변을 산책하는 사람
들을 묘사했다.

닥 붙어 있고 의자도 작다. 옆 사람이 지나가면 의자를 당겨 비켜주어야 하고, 화장실이라도 다녀오려면 미로와 같은 테이블 사이를 빠져나가야 한다. 덩치가 큰 사람은 당연히 눈치를 볼 수밖에 없는 환경이다.

물론 파리지앵들이 날씬한 또 다른 중요한 이유는 일상에서 자연스럽게 운동을 많이 하기 때문이다. 파리에는 아직도 엘리베이터가 없는 건물이 많다. 매일 걸어서 올라가고 내려와야 한다. 파리지앵은 차 없는 사람이 많다. 주차 공간이 부족해서 차를 가지고 다니는 것이 오히려 불편하기 때문이다. 그래서 많이 걷는다.

게다가 파리의 문화는 전통적으로 산책을 중시한다. 뚜렷한 목적 없이 그저 마냥 걷는 것, 어슬렁거리면서 생각도 하고 구경도 하고 쉬기도 하는 산책이야말로 파리지앵들의 소일거리다. 프랑스어로 '산책'을 '프로므나드promenade'라고 하고, '플라네flâner'라고 하는 한가하게 거닌다는 의미의 동사도 있다. 영어에선 걷기나 산책이나 모두 '워크walk'지만 프랑스어에는 '걷기marche'라는 단어도 따로 있다. 노동에 가까운 걷기에 비해 산책은 얼마나 시적이고 아름다운가.

자유의 자전거, 벨립

프랑스는 매년 여름에 열리는 투르 드 프랑스Tour de France라고

250

하는 자전거 경주대회로 유명하다. '투르'는 한 바퀴 돈다는 뜻으로 투르 드 프랑스는 프랑스 일주를 의미한다. 실제로 이 자전거 경주는 주로 지방에서 시작하여 프랑스를 한 바퀴 돈 다음에 파리 샹젤리제에서 끝이 난다. 과거 모든 길은 로마로 통한다고 했듯이 이 경주대회는 프랑스의 종착이자 중심은 파리라는 사실을 상기시켜준다. 최근에는 영국 등 주변국에서 출발하는 경우도 있다. 하지만 끝은 반드시 파리다.

프랑스 사람들은 이 경주에 열광한다. 오랜 시간에 걸쳐 조국의 다양한 지방을 돌면서 인간의 한계에 도전하는 것에 관심을 갖는 것 같다. 두 시간을 전후해서 승패가 결정되는 스포츠가 21세기 대중의 흥미를 끈다면, 투르가 시작된 20세기 초반에는 여러 날 지속되는 인간의 노력이 많은 대중의 관심과 경탄을 자아냈다.

이 경주대회는 1903년 《로토L'Auto》와 《르벨로Le Vélo》라는 양대 스포츠 일간지의 경쟁에서 비롯되었다. 로토는 자동차를 의미하고, 르벨로는 자전거를 뜻한다. 신문의 제목이 보여주듯이 당시에는 자동차와 자전거를 전문으로 하는 일간지가 두터운 독자층을 형성했다. 그만큼 이 두 개의 새로운 이동 수단이자 레저에 대해 사람들은 열광적인 관심과 흥미를 보였다.

투르 드 프랑스는 처음부터 대중의 폭발적인 인기를 끌었다. 1903년 투르의 경로는 리옹, 마르세유, 툴루즈, 보르도, 낭트 등 프랑스의 주요 대도시를 모두 지나가도록 계획되었다. 전국에서 20만~50만 명 정도의 사람들이 경주를 구경하러 나왔고, 특히 파리에 도착하는 날에는 수많은 시민이 거리로 나와서 마지막 경주를 지켜보았다. 투르 기간에는 신문 판매 부수가 폭발적으로 늘어난다.

자기네 지역 출신의 선수를 돕기 위해 길바닥에 못을 박아 다른 선수를 방해하는 일까지 벌어질 정도로 사람들은 이 경주에 열광했다. 경주에 참여하는 선수들은 자전거라는 단순한 도구를 타고 전국을 돌면서 높은 산과 넓은 강을 건너고 거대한 광야를 가로지르는 '근육의 귀족'으로 통했다.

이 시기의 프랑스에서 사실 자전거를 구매해서 운동으로 즐길 수 있던 사람들은 주로 도시, 특히 파리지앵들이었다. 투르의 주요 선수들도 파리지앵이었고, 따라서 투르는 파리의 정신을 프랑스 전국에 전파하는 수단으로 인식되기도 했다. 정부도 전국을 하나로 뭉치게 하여 민족통합을 촉진하는 투르를 적극적으로 지원했다.

투르 드 프랑스는 신문의 시대에서 라디오의 시대를 거쳐 이제는 텔레비전의 시대까지 지속적으로 인기를 누리고 있다. 이 대회는 점차 프랑스뿐 아니라 전 세계의 선수들이 참가하는 국제대회가 되었고, 주변의 다른 나라에서도 비슷한 투르들이 생겨났다. 이탈리아(1909), 폴란드(1928), 스위스(1933), 스페인(1935) 등에서도 프랑스 모델을 참고하여 전국 일주 경주대회를 만들었다.

이런 자전거 전통의 연장선에서 2007년에 등장한 것이 파리의 벨립

—— 파리의 상징 가운데 하나가 된 벨립 자전거 시스템

velib이다. '자유의 자전거vélo libre'라는 뜻이기도 하고, '공짜 자전거'로 이해될 수도 있는 말의 준말이다. 프랑스어 리브르libre는 자유와 공짜라는 의미를 모두 가지고 있기 때문이다. 파리는 평야에 위치하고 있어 자전거를 타고 도시 안에서 이동하는 데 무척 편리하다. 제일 높은 곳이 몽마르트르인데, 불과 해발 131미터다. 서울 남산이 262미터라는 것을 감안하면 매우 나지막하다. 벨립은 20만 명이 넘는 사용자가 1200여 개 정류장의 1만 7000대 정도의 자전거를 자유롭게 이용할 수 있는 환경친화적 제도다. 이제는 경주가 아니라 자전거 산책을 하는 멋진 파리지앵을 거리에서 쉽게 마주칠 수 있게 되었다.

올림픽의 아버지, 쿠베르탱 남작

|

피에르 드 쿠베르탱Pierre de Coubertin은 근대 올림픽의 창시자로 잘 알려져 있다. 1863년 1월 1일에 파리의 부촌인 7구에서 태어난 쿠베르탱은 권력 엘리트의 산실이라고 할 수 있는 파리정치대학(당시에는 자유정치과학대학이라 불렀다)을 졸업한 역사학자이자 교육학자다. 쿠베르탱은《체육교육》,《20세기 청소년 교육》등 교육학 관련 책을 10권 이상 집필했으며, 프랑스 정치사나 축구, 승마, 펜싱 등 다양한 분야의 책을 집필한 진정한 인문주의자였다.

쿠베르탱이 학교에 다니고 활동한 시기는 제3공화국(1870~1940) 때였는데, 그의 귀족 배경이나 성향은 이 시대와 잘 조화되지 못하는 부분이 많았다. 예를 들어 그의 가문은 전통적으로 왕권과 군주제를 지지하는 귀족 세력이었다. 하지만 제3공화국을 주도하는 정치 세력은 공화정을 지지하는 진보 성향이 강했다. 쿠베르탱이 한동안 정치에 관심을 가졌다가 포기한 것도 이러한 시대 상황과 무관하지 않다.

쿠베르탱은 여러 면에서 영국을 이상적으로 생각했다. 그는 대학 시절부터 영국에 자주 드나들면서 대영제국의 성공적 운영을 부러워했다. 19세기 말에 프랑스는 독일과의 전쟁에서 패배하여 알자스와 로렌 지방을 빼앗긴 아픈 경험을 곱씹어야 했다. 쿠베르탱은 특히 영국의 국가적 성공은 엘리트 교육에서 비롯되며, 그 교육 과정에서 중요한 부분이 바로 신체를 단련하는 체육이라고 생각했다.

실제로 쿠베르탱은 영국을 오가면서 배운 스포츠를 즐기던 운동광이었다. 조정, 복싱, 승마, 펜싱 등 다양한 운동을 했으며, 사격에서는 프랑스 챔피언이 될 정도로 두각을 나타냈다. 그는 특히 경쟁 정신을 통해서 인간이 발전할 수 있다고 믿었다. 체육 교육은 바로 이러한 차원에서 국가의 부흥과 밀접한 연관이 있는 중요한 정책이라고 보았다.

1880년대 쿠베르탱은 체육 교육을 확산시키기 위한 사회운동에 전념했다. 그는 운동의 성공을 위해 왕권주의에 대한 신념을 버리고 공화주의로 전향했다. 왜냐하면 당시 프랑스의 집권 세력은 공화주의와 민주적 개념을 중시하는 진보 세력이었기 때문이다. 보수 인사로 낙인이 찍히면 쿠베르탱의 사회운동은 실패할 것이 확실했다.

쿠베르탱의 교육관은 엘리트주의적 측면이 강했다. 경쟁이 노력을 자극하고 이를 통해 개인이 발전한다는 생각이었다. 하지만 이런 엘리트 교육관은 두 가지 반대에 부딪혔다. 첫째는 더 민주적이고 대중적인 국민 교육파가 엘리트주의를 비판했다. 이들은 주로 독일 체조 gymnastique 모델을 따라 신체를 단련하는 대중적 교육만으로도 충분하다고 주장했다. 둘째는 영국에서 수입된 운동이 아니라 프랑스의 전통을 살린 스포츠를 진흥해야 한다는 파벌이다. 예를 들어 영국식 럭비가 아니라 '태클 없는 아키텐 전통 게임Barrette aquitaine'을 앞세워야 한다는 논리가 제기되었다.

이것은 이데올로기적인 충돌이었다. 쿠베르탱이 앵글로색슨 계통의 자유주의 전통을 대변하는 입장이었다면, 반대파는 대륙의 집단주의적이고 평등한 전통을 앞세웠다. 이 정치적 경쟁에서 쿠베르탱은 이길 수 없었다. 당시 시대 상황이나 분위기가 그에게 유리하지 않았기 때문이다. 결국 쿠베르탱은 프랑스 교육을 개혁하기를 포기하고 국제적 활동을 통해 활로를 모색하게 되었다.

더 빨리, 더 높이, 더 강하게

|

　　근대 올림픽이 프랑스를 중심으로 조직된 것은 우연이 아니다. 고대 그리스·로마 문명을 중시하는 르네상스 이후 프랑스는 줄곧 계몽주의 사상의 중심이었고, 파리는 그 수도 격이었기 때문이다. 특히 프랑스 대혁명 이후에는 '공화국의 올림픽'이라는 이름으로 샹드마르스 광장에서 30만 명의 관객을 동원하는 경기가 열린 바 있다. 국제적인 경기는 아니었지만 프랑스라는 한 나라의 차원에서는 고대 올림픽의 근대적 버전이었다. 이 공화국의 올림픽은 1796년부터 세 차례 열렸지만 지속되지는 못했다.

　하지만 이때 이미 근대 올림픽의 핵심 요소들이 연출되었다. 각 지방을 대표하는 운동선수들이 개막식에서 깃발을 들고 무리지어 행진을 했다. 프랑스가 전쟁을 통해 점령한 스위스, 네덜란드, 이탈리아도 각각 선수단을 파견하여 프랑스에 새로 영입된 지방의 자격으로 참여했다. 또한 혁명이 장려했던 과학적인 모습을 드러냈다. 처음으로 스포츠 분야에 미터 시스템이 적용되어 달리기 종목에서 해군이 사용하는 시계로 시간을 재고 기록하기 시작했던 것이다.

　19세기에는 그리스와 영국에서 올림픽 경기를 재현하고자 했다. 그리스는 독립을 기념하기 위해 고대의 경기를 다시 펼치려고 시도했다. 영국에서는 올림피언 소사이어티Olympian Society가 형성되어 근대에 올림

그리스 아테네에 이어 1900년 파리에서 열린
올림픽 경기의 포스터

픽 경기를 부활시키려는 운동이 일어났다. 이런 산발적 시도를 종합하여 하나의 에너지로 묶어내는 데는 쿠베르탱의 노력과 파리라는 국제도시의 위상이 모두 기여했다고 볼 수 있다.

1892년에 쿠베르탱이 발기하여 1894년에는 유서 깊은 소르본 대학 대강당에서 초대 올림픽 총회가 열렸다. 이 총회에서 고대의 올림픽 경기를 부활시키자는 결정이 내려졌다. 시기는 4년마다 한 번씩 열기로 했다. 쿠베르탱은 첫 번째 올림픽을 1900년에 열리는 파리 만국박람회와 함께 추진하고 싶었지만, 근대 올림픽 경기가 그리스 아테네에서 상징적으로 시작되어야 한다는 주장에 밀려 성사되지 못했다.

쿠베르탱은 근대 올림픽을 관리하고 운영하는 국제올림픽위원회(IOC) 위원장을 1896년부터 1925년까지 역임하면서 민족 간의 화해, 평화, 페어플레이 등의 가치를 국제적으로 진흥하는 데 크게 기여했다. 그리고 파리는 아테네 올림픽 이후 처음으로 근대 올림픽의 부활을 알리는 개최 도시가 되었고, 자연스럽게 IOC 본부는 파리에 마련되었다.

파리지앵이 시작한 근대 올림픽 운동의 본부가 파리에 자리 잡은 것은 당연한 결과였다. 하지만 1차 세계대전이 발발하자 올림픽 운동의 지속을 위해서는 중립국으로 본부를 이전할 필요가 있었다. 따라서 IOC는 파리를 떠나 스위스로 갔고, 쿠베르탱도 이때 스위스에 정착하여 세상을 떠날 때까지 그곳에서 살았다.

올림픽 정신을 대표하는 '더 빨리, 더 높이, 더 강하게'는 앙리 디동 Henri Didon 신부가 제안한 모토다. 그는 파리 근교의 고등학교 교장으로 쿠베르탱과 함께 사회운동을 벌였다. 모토에서 육체와 직접 관련된 부분은 '더 빨리Citius'이고, '더 높이Altius'는 자신과 타인과 인간에 대한 숭고한 지식을 드높임을, '더 강하게Fortius'는 한계를 극복하는 정신력의 강화를 의미한다.

파리는 근대 올림픽의 정신과 조직이 출범한 도시이며, 1900년과 1924년에 드물게 두 차례나 올림픽을 개최한 도시다. 그리고 2008년 올림픽을 앞두고 런던과 경쟁을 벌였다. 런던 역시 1908년과 1948년에 이어 세 번째 개최에 도전한 것인데, 2005년 투표에서 파리(50표)는 런던(54표)에 4표 차이로 지는 쓸쓸함을 맛보아야 했다.

함께함을 중시하는 공동체 의식

파리지앵은 차갑고 쌀쌀맞기로 유명하다. 물론 뉴요커의 터프함이나 런더너의 냉정함도 만만치 않다. 결국 대도시 사람들은 그리 친절하거나 상대방을 배려하는 마음이 적다고 결론을 내릴 수밖에 없는 것 같다. 여기에 비하면 서울이나 도쿄, 베이징 등 아시아의 도시 사람들은 무척 친절하고 따뜻한 편이다.

하지만 파리지앵의 겉모습만 보고 판단해서는 곤란하다. 파리지앵들은 혁명 도시의 후손답게 공동체 의식이 무척 강하다. 영국, 미국의 앵글로색슨 문화나 독일의 게르만 문화에 비교해볼 때 프랑스의 라틴 문화는 사회성을 무척 중시한다. 어린이의 교육 과정만 보더라도 파리 사람들은 아주 어린 시절부터 공동생활을 하는 것을 긍정적으로 본다. 일찍부터 어울려 사는 법을 배우는 것이 좋다는 인식이다. 그래서 파리지앵 엄마들은 일을 하면서 아이를 키우는 부담이 덜하다.

예를 들어 독일에서는 엄마가 직접 아이를 키우는 것이 중요하다고 본다. 아이를 맡겨두고 일을 하는 엄마를 '까마귀 엄마'라고 비난하는 분위기다. 앵글로색슨 문화에서도 독일만큼 심각하지는 않지만 남편이 부자라면 아내는 전업주부가 되는 경우가 많다. 그편이 육아에 좋다고 본다. 하지만 프랑스에서는 엄마가 돌보며 기른 아이는 사회성이 부족하다고 여긴다.

파리지앵들은 서로 대화하고 어울리고 부대끼는 것을 좋아한다. 시위는 이런 성향의 정치적 표현이다. 거의 자동차가 차지하는 도시의 공간을 다양한 사람들이 점령하여 하나의 공동체가 됨을 물리적으로 연출하는 것이기 때문이다. 그때는 평소에 모르는 사람끼리도 자연스럽게 대화하고 의견을 나눌 수 있다. 파리지앵들은 이런 분위기를 아주 좋아하고 즐긴다.

2012년에 싸이의 〈강남 스타일〉이 전 세계적으로 인기를 끌었다. 그해 11월 5일 파리 에펠탑 앞에 있는 트로카데로 광장에서는 신기한 장면이 벌어졌다. 'NRJ'라는 프랑스 라디오의 디제이가 강남 스타일 춤을 추자면서 트로카데로 광장으로 모이라는 메시지를 전달한 것이다. 플래시 몹flash mob 행사인데 문자나 메시지를 통해 불특정 다수의 사람들이 공공장소에 모여 약속한 행동을 하는 21세기 문화 현상이다. 그날의 약속한 행동은 강남 스타일의 말춤을 추는 것이었는데, 2만 명 이상이 모였고, 싸이가 직접 등장해 노래와 춤을 선사했다. 공연도 아니고 시위도 아니었다. 다만 깜짝 이벤트에 수만 명이 모여들었던 것이다. 그야말로 파리 스타일의 플래시 몹이었다.

파리지앵들의 공동체 의식은 같은 취미를 가진 사람들이 벌이는 행렬에서도 확인할 수 있다. 일요일 오후나 금요일 밤에는 롤러스케이트를 타는 파리지앵 수천 명이 거리를 누빈다. 초보 스케이터들은 안전한 대낮에 바스티유에 모여서 출발한다. 실력이 좋은 스케이터는 차가 적은 금요일 밤 10시에 몽파르나스에 모여 30킬로미터 정도의 거리를 빠른 속도로 누빈다.

유럽의 많은 도시에서 이런 행위는 하나의 전통이 되었지만 파리만큼 사람들이 많이 참여하는 곳은 없다. 파리의 경우 날씨가 좋고 참가자가 많으면 3만 5000명까지 모인 적도 있다고 한다. 또한 기금을 모으는 파리-베르사유 롤러스케이팅 같은 행사에는 5만 명 이상이 참가하기도 했다. 올림픽과는 다른 차원의 공동체 운동의 전통이 여전히 파리에서 숨 쉬고 있다.

파 리 의 대 표 축 구 클 럽 , P S G

|

유럽의 대도시는 대부분 오랜 전통의 실력이 뛰어난 축구 클럽을 보유한다. 하지만 파리는 그렇지 않다. 전통도 실력도 런던이나 밀라노, 뮌헨이나 마드리드 등과 비교할 수 없다. 파리를 대표하는 클럽은 파르크 데 프랭스Parc des Princes를 홈구장으로 삼는다. 이 경기장은 1897년에 만들어진 유서 깊은 장소이며, 1900년 파리 올림픽에서도 사용되었다. 현재의 건물은 1972년에 새로 지어졌다. 라싱 클럽 파리RC Paris, 1932~1966와 스타드 프랑세Stade Français, 1945~1966 등의 파리 지역 클럽들이 주경기장으로 사용하면서 한때 명성을 날렸지만 그 위상이 지속되지는 못했다.

파리의 대중적인 축구 경기장이 부자 동네인 16구에 있다는 것은 아이러니다. 이름도 직역하면 '왕자 공원' 경기장이다. 여기서 경기가 열리는 날이면 서포터들이 몰려들어 동네가 번잡해지고, 평소에 부자 노인들이 사는 조용한 지역이 어느 정도 활기를 띠기도 한다. 반면 가장 엘리트적인 21세기의 음악 콘서트홀 필아르모니는 가장 서민적인 동네인 19구에 지어졌다.

파리생제르맹Paris-Saint-Germain이라는 클럽은 원래 파리 근교에 있는 생제르맹엉래라는 곳의 클럽과 파리의 클럽이 결합하여 형성된 것이다. PSG라는 이니셜로 자주 불리는데 지금은 파리를 대표하는 클럽으로 성장했다. 프랑스의 유료방송 채널인 카날 플뤼스가 한때 소유했는데, 미국 자본에 넘어갔다가 최근에는 카타르 국부펀드의 소유가 되었다.

파리생제르맹은 1974년 이후 한 번도 프랑스 1부 리그에서 탈락한 적이 없이 꾸준한 실력을 발휘하고 있다. 1996년에는 UEFA유럽축구연맹 컵 위너스컵을 들어올려 프랑스 클럽 가운데 유일하게 유럽 대회에서 우승하는 기록을 세웠다. 파리 지역에는 경쟁하는 팀이 없고 프랑스 안에서 올랭피크 드 마르세유Olympique de Marseille와는 앙숙 관계다.

파리 클럽은 2012년 스웨덴의 대표적인 공격수 즐라탄 이브라히모비치를 영입하여 전성기를 구가하고 있다. 파리생제르맹은 2013년과 2014년에 연달아 프랑스 챔피언으로 등극했다. 파리지앵들은 이 선수를 '이브라'라는 별칭으로 부르며 좋아한다. 즐라탄 이브라히모비치는 《나 즐라탄I am Zlatan》이라는 자서전으로도 유명하며, '즐라탄하다zlataner'라는 동사가 생길 정도로 인기가 높다. '즐라탄하다'란 "신체적, 기술적, 전략적으로 상대방을 모욕적으로 압도한다"는 뜻이다. 그는 엄청난

—— 파리생제르맹의 즐라탄 이브라히모비치. 2014년 2월 18일, UEFA 챔피언스리그 16강 레버쿠젠과의 1차전 경기에서 득점한 뒤 골 세리머니를 펼치고 있다. ⓒ 연합뉴스

덩치에 고난도의 기술을 발휘하며 골을 넣는 것으로 유명하다. 또 태권도 검은띠를 자랑한다.

파리생제르맹이 잘나가면서 관중도 늘어나 평균 입장객 수가 경기마다 4만 명이 넘는다. 하지만 폭력적인 훌리건들 때문에 골치를 앓고 있다. 1980년대 영국에서 유행하던 훌리건의 전통이 파리로 건너와 정착했기 때문이다. 나는 1980년대 파리에서 고등학교를 다니면서 파리생제르맹 경기를 보러 간 적이 있는데 열광적으로 소리를 지르며 연기 나는 폭탄을 마구 던져대는 폭력적 응원 분위기에 완전히 충격을 받았다. 게다가 파리생제르맹 서포터들은 극우 성향이 있어 나 같은 외국인은 피해 다니는 게 상책이었다.

2006년에는 파리생제르맹이 이스라엘 텔아비브의 하포엘 팀에게 패배하자 성난 서포터들이 폭력적으로 돌변하여 경찰 및 상대팀 서포터들과 충돌했는데, 한 명이 사망하고 한 명이 크게 다치는 사건이 발생했다. 2013년 봄에는 파리생제르맹이 프랑스 챔피언이 된 것을 자축하는 트로카데로 광장의 행사에서 경찰과 충돌하여 30여 명이 다치고 많은 물질적 피해가 발생했다. 파리가 품고 있는 폭력이라는 또 다른 얼굴이다.

계 절 따 라 이 동 하 는 파 리 지 앵

|

여름이면 많은 관광객들이 파리를 방문한다. 하지만 여름, 특히 8월에 파리에 남아 있는 파리지앵은 소수다. 워낙 많은 사람들이 바캉스를 떠나기 때문에 파리가 텅 빈다. 오죽하면 파리지앵의 주식인 빵을 파는 가게들조차 문을 닫겠는가. 빵집만이 아니다. 레스토랑과 카페, 상점들이 8월에는 2주에서 4주 정도 문을 닫는다.

여름에는 길게 바캉스를 떠나지만 겨울의 크리스마스 방학, 2월의 스키 방학, 3~4월경의 부활절 방학 등 1~2주의 짧은 바캉스도 많다. 주말에도 파리를 버리고 지방이나 유럽의 다른 도시로 놀러 다니는 것을 즐긴다. 인생이란 즐기라고 있는 것이 아닌가. 또 여행을 떠나 쉬면서 새로운 경험을 해야 다시 힘을 얻고 열심히 일할 수 있다고 생각한다.

앞의 낭만의 파리에서 언급한 해변 도시 도빌은 차로 두 시간 거리다. 그곳에 있는 7000채의 집 가운데 5000채 정도가 별장이라고 한다. 대부분은 파리지앵들이 보유한 별장이다. 이 때문에 도빌은 파리 21구라 불리기도 한다.

해수욕이 건강에 좋다고 해서 유행하기 시작한 것은 19세기부터다. 특히 파리의 부르주아들은 가까운 거리에 있는 노르망디의 도빌, 트루빌, 울가트, 카부르, 옹플뢰르, 빌레쉬르메르 등을 즐겨 찾았다. 트루빌이 상류 부르주아들이 모이는 곳이었다면 도빌은 귀족들이 선호했고,

—— 외젠 부댕의 〈도빌의 산책로〉, 1869년

울가트는 산업 부르주아의 중심이었다. 카부르는 문학과 연극으로 관심을 끌었다. 상대적으로 돈이 없는 예술가들은 옹플뢰르에, 그리고 가족 단위의 바캉스는 빌레쉬르메르 등에 집중되었다고 한다. 주말이나 바캉스 시즌이 되면 파리지앵들은 노르망디 해변을 찾아 해변과 해수욕을 즐겼다. 21세기 서울 사람들이 많이 찾는 제주도의 골프장과 비유할 수 있을 것이다.

20세기에 들어서면서 도빌은 트루빌을 제치고 최고의 해수욕장이자 휴양 도시로 부상했다. 거대한 카지노를 세우고 경마장을 지어 부르주아의 취향에 맞추고자 했고, 1975년부터는 미국 영화제를 만들어 매년 9월이 되면 할리우드의 감독과 배우들을 불러모았다. 21세기에도 도빌은 여전히 매력적인 모습으로 바다의 낭만을 즐길 수 있는 곳이다.

19세기 말에는 해수욕뿐 아니라 스키도 부르주아의 새로운 스포츠로 등장했다. 특히 알프스 산맥을 중심으로 겨울에 스키를 즐기는 것이 유행했는데 스위스 생모리츠 같은 지역이 유럽의 부르주아들에게 인기를 끌었다. 로스차일드 가문은 1910년대 알프스 산맥의 프랑스 영내에 있는 몽블랑 부근에 겨울 별장을 지었고, 1920년대에 메제브^{Mégève}라는 마을을 스키를 즐길 수 있는 휴양지로 발전시켰다. 1차 세계대전을 치렀던 독일인들과 어울려야 하는 스위스 스키장을 피해서 말이다.

또 1924년에는 파리에서 하계 올림픽이 열렸는데, 최초의 동계 올림픽이 같은 해 알프스 샤모니에서 개최되었다. 샤모니는 알프스의 최고

봉인 몽블랑 바로 앞에 있는 마을인데, 향후 관광산업의 발전과 스키의 대중화를 거치면서 중요한 도시로 떠오르게 된다. 특히 파리지앵들은 여름에 도빌 해변에서 자주 만나듯이, 겨울에는 스키장에서 작은 파리를 재현하곤 한다. 이들은 교통의 발달과 함께 파리를 중심으로 알프스와 지중해, 북해를 오가며 유목민적인 생활양식을 개발했다.

　파리지앵은 반드시 해변이나 스키장이 아니더라도 시골에 별장을 가지고 있는 경우가 많다. 사회학자들에 따르면 프랑스는 서구에서 도시화가 가장 늦게 진행된 나라이기에 여전히 시골에 정서적 뿌리를 둔 사람이 많기 때문이라고 한다. 통계를 보더라도 파리지앵의 20퍼센트가 지방에 별장을 보유하고 있다. 그만큼 경제적 여유가 있으면 자연을 만끽할 수 있는 휴식의 장소를 마련하는 데 열심이라는 뜻이다. 파리지앵은 파리라는 도시 안에서도 열심히 움직이고, 계절에 따라 프랑스 전국을 누비며 이동하는 것을 좋아한다.

파르크 데 프랭스 Le Parc des Princes

현재 파리를 대표하는 축구 경기장은 파르크 데 프랭스와 스타드 드 프랑스 두 개다. 두 구장 모두 파리와 축구의 역사에서 매우 중요한 의미를 가진다. 특히 역사적 관점에서 파르크 데 프랭스는 1900년 근대 올림픽이 열렸던 장소이며 1998년 프랑스 월드컵을 위해 스타드 드 프랑스가 건설되기 전까지 프랑스 대표팀의 구장이었다. 지금은 파리를 대표하는 프로 축구팀 파리생제르맹의 전용구장으로 시즌에 파리를 방문하여 축구 경기를 보고 싶다면 가볼 만하다. 파리생제르맹은 2012년에 카타르 스포츠 투자회사가 인수한 뒤 거대한 자본을 투입하여 유럽 최고 수준의 팀을 만들어가고 있다.

Adress 24 rue du Commandant Guilbaud 75016 Transport Métro 9호선 Porte de Saint Cloud Homepage http://www.leparcdesprinces.fr

뱅센 숲 Bois de Vincennes

파리에는 시의 경계에 두 개의 커다란 공원이 있다. 동쪽에는 뱅센 숲이 있고 서쪽에는 불로뉴 숲이 있다. 불로뉴 숲은 파르크 데 프랭스 축구장이나 루이뷔통 재단에 갈 때 들러볼 수 있다. 뱅센 숲은 중세에 지어진 성탑이 있고, 네 개의 호수로 꾸며진 아름다운 공원이다. 전통적으로 국왕 사냥터로 활용되었으며, 19세기 나폴레옹 3세 시대에 대중을 위한 공원으로

중세 뱅센 숲에서 사냥하던 모습

조성되었다. 공원 안에는 식물원과 동물원, 그리고 경마장까지 있어 구경할 것이 많다. 세계적으로 유명한 아리안 므누슈킨의 태양극단도 뱅센 숲에 있는 라 카르투슈리(La Cartoucherie)라는 극장에서 활동한다.

<u>Transport</u> Métro 1호선 Château de Vincennes

베르시 아레나 <u>Bercy Arena</u>

1984년에 문을 연 베르시 아레나는 2만 명의 관객을 수용할 수 있는 다용도 실내 시설이다. 파리 유도대회나 테니스 파리 마스터스가 정기적으로 이곳에서 개최되며, 농구, 권투, 스케이팅 등 다양한 운동 경기가 벌어진다. 게다가 파리를 찾는 대중음악 스타들은 대부분 이곳에서 공연을 한다. 비욘세, 에릭 클랩튼, 마돈나, 폴 매카트니, 스팅, 브리트니 스피어스, 머라이어 캐리 등이 베르시 아레나에서 공연을 했다. 공연 일정을 미리 확인하여 파리에 들른 김에 스포츠 경기나 콘서트를 관람하는 것도 즐거운 일이다. 이 시설은 기둥이 없어 현장감을 갖고 무대를 느낄 수 있는 장소로 유명하다.

<u>Adress</u> 8 boulevard de Bercy 75012 <u>Transport</u> Métro 6호선, 14호선 Bercy
<u>Homepage</u> http://www.accorhotelsarena.com

《샤를리 에브도》 테러 추모 집회. ⓒ 연합뉴스

X

연 대 의 파 리

"연대의 특징은 소외를 절대 용납하지 않는 것이다."

― 빅토르 위고, 《철학적 산문 1860∼1865》 ―

박애, 형제애에서 연대로

|

혁명의 파리는 자유, 평등, 박애라는 이상을 프랑스 공화국에 심었다. 파리 시내를 산책하면서 공공기관의 건물을 보면 반드시 리베르테Liberté(자유), 에갈리테Egalité(평등), 프라테르니테Fraternité(박애)라는 공화국의 이상이 적혀 있다. 정치철학의 많은 사상가들은 자유와 평등이 서로 상충하는 개념이라고 분석한다. 하지만 프랑스의 역사에서 자유와 평등은 서로 긴밀하게 연결되어 있다.

파리에서의 자유는 다양하게 적용되었다. 누구나 연애를 할 수 있기에 낭만을 낳았고, 누구나 사업을 할 수 있기에 자본의 파리가 발달할 수 있었다. 똑같이 자본주의가 발달했지만 청교도적 도덕과 윤리가 지배하는 런던이나 뉴욕과 다른 점이다. 또한 누구나 자유롭게 사고하고 생각할 수 있기 때문에 기존의 틀을 깨고 새로운 예술, 이성, 과학을 추구할 수 있었다.

게다가 이런 자유는 소수만의 특권이 아니다. 인간이라면 누구나 평등하게 모든 자유를 누려야 한다는 개념이 무척 중요하다. 누구라도 자유롭게 생각하고 말하고 행동할 수 있어야 한다. 부자의 주장이나 가난한 사람의 의견이나 똑같이 중요하다는 인식이야말로 자유와 평등이 상반되는 것이 아니라 밀접하게 연결되어 있음을 보여준다.

문제는 현실에선 자유와 평등만으로는 하나의 공동체나 사회를 형성할 수 없다는 것이다. 자유와 평등은 중요한 철학적 원칙이고 혁명을 주도한 프랑스인들에게는 떼어놓을 수 없는 개념이지만, 이를 실현하기 위해서는 사람들을 하나로 묶는 힘이 필요했다. 그것이 바로 프라테르니테다.

이것을 박애라고 번역하는데, 사실 형제애가 더 정확한 의미이다. 같은 부모에게서 태어난 형제가 서로에게 느끼는 감정을 말하기 때문이다. 사회를 구성하는 각각의 개인이 평등하게 자유를 누리겠다고 주장만 한다면 어떤 일을 함께할 수 있겠는가. 사회란, 공동체란, 민족이란, 공동의 목표를 향해 함께 노력해야만 만들어지는 것이 아닌가. 그 힘을 프랑스인들은 형제애에서 찾았다. 실제 형제가 아니더라도 마치 형제인 것처럼 서로를 생각하고 이해하고 사랑하는 것이 새로운 세상을 열어가는 데 꼭 필요하다고 믿었기 때문이다. 형제가 아니지만 마치 형제처럼 사랑하는 마음이야말로 휴머니즘의 출발점이다. 혁명이 반(反)가

—— 파리 고등법원이 위치한 한 공공건물에 큼지막하게 쓰인 자유·평등·박애

톨릭 성향을 띠면서도 기독교의 영향이 반영된 부분이다.

형제애는 19세기와 20세기에 점차 연대라는 새로운 개념과 언어로 발전했다. '연대'는 '솔리다리테Solidarité'인데 '솔리드solide(강하다)'의 명사형이다. 솔리다리테를 우리는 연대라고 번역하지만 프랑스어에서는 '서로 연대함으로써 더 강해짐'의 뉘앙스가 담겨 있는 단어다. 18세기의 형제애가 연대의 개념으로 발전한 이유는 단순한 감정이 아니라 공동의 행동으로 이어져야 한다는 뜻일 것이다.

'연대의 특징은 소외를 절대 용납하지 않는 것이다'라는 빅토르 위고의 말에서 볼 수 있듯이 연대란 사회가 배타적 작용으로 사람들을 소외시키는 것을 용납하지 않는다. 우리는 노동자의 권리에서, 가난한 사람에 대한 정책에서, 노숙자에 대한 태도에서, 그리고 위기에 대처하는 방식에서 모두 이러한 태도를 확인할 수 있다.

일 요 일 휴 식 은 노 동 의 권 리

1980년대 파리에 살면서 가장 불편했던 것은 주말에 모든 상점이 문을 닫는 것이었다. 평일에도 저녁 7시가 지나면 아무것도 살 수가 없었다. 주유소 상점이 그마나 늦게까지 영업했기 때문에 저녁이나 주말에 담배를 사려면 주유소까지 찾아가고는 했다. 당시 한국에는 편의

점이 보편화되지 않았지만 영업 시간이라는 것이 따로 없었기에 이런 제도가 낯설기 그지없었다.

2010년대 파리에서는 상점 영업 시간 때문에 불편한 일이 많이 줄었다. 이민자 가운데 아랍계나 인도계 상인들이 운영하는 작은 가게들이 밤늦게까지 문을 열기 때문이다. 게다가 파리의 각 지역에는 여러 개의 심야 상점이 있다. 이런 심야 상점은 일반 슈퍼마켓보다 물건 값이 비싸기 때문에 낮에는 사람들이 거의 찾지 않는다. 일반 슈퍼마켓이 문을 닫는 시간 이후에야 손님들이 줄을 선다. 어떤 가게는 낮에는 아예 문을 닫고 밤에만 영업을 하기도 한다. 일종의 틈새 전략이다.

30여 년 전 상점의 영업 시간을 통제했던 중요한 이유는 가게에서 일하는 직원들도 휴식을 취할 권리가 있다는 원칙 때문이다. 연대 의식이 노동법에 적용된 결과다. 언급했듯이 파리의 부르주아들은 주말에는 도빌의 해변으로 놀러 가고, 휴가철에는 남프랑스의 해변이나 알프스의 스키장으로 간다. 노동자는 그들만큼 경제적 능력은 없지만 그래도 일요일에는 쉬고, 저녁때는 가족이 모여 식사를 할 권리가 있다는 것이다.

이런 법이 생겨난 이유는 19세기에 자본주의가 막 발전하기 시작하면서 노동자를 착취하는 일이 많았기 때문이다. 그때는 아동 노동이 흔했으며, 일감이 밀리면 밤을 새워 일을 시키기도 했다. 휴일이라는 제도도 드물었다. 19세기 봉마르셰 백화점 직원들이 일주일에 한 번 쉴 수 있었던 것은 무척 선진적인 관대함이었다.

노동운동이 발전하고 좌파가 집권하면서 연대 의식의 법제화가 이루어졌다. 노동자의 휴식은 침범할 수 없는 성역이 되었고 주말이나 야간 노동은 엄격한 통제를 받았다. 따라서 상점 주인이 아무리 문을 열고 싶어도 직원이 존재하는 한 야간이나 휴일 영업은 불법이었다. 최근 이민자의 심야 상점이 늘어난 것은 이들이 직원 없는 자영업 형태로 스스로를 희생하고 착취하는 주인 겸 노동자이기 때문이다.

프랑스도 세계화의 영향으로 주말이나 야간에도 문을 여는 상점이 늘어나고 있다. 특히 파리는 수많은 외국 관광객들이 와서 쇼핑을 즐기는 곳이기에 이들이 언제든지 물건을 살 수 있도록 환경을 조성해주는 것이 경제적으로 무척 중요해졌다. 따라서 요즘에는 샹젤리제나 마레 등 일부 상업 지역에는 일요일에도 문을 여는 상점이 많아졌다. 하지만 노동조합은 이런 새로운 관습에 대해 항의하고 소송을 제기하기도 한다.

법적으로 일요일 노동은 업종에 따라 다른 원칙과 규칙이 적용된다. 최근에는 일요일 개장과 노동에 따른 소송이 늘어나면서 언론의 관심을 끌고 있다. 일부 유통업체는 국가가 부과하는 벌금을 내면서라도 일요일 개장을 강행하겠다고 나설 정도다. 이에 대한 여론의 반응도 흥미롭다. 일부는 "남들이 노는 일요일에 같이 놀 수 있는 권리를 지켜야 한다"라고 주장하고, 다른 쪽에서는 "실업이 이렇게 심각한 상황에서 배부른 소리를 할 때가 아니다"라고 반박한다. 아마도 21세기에 일요일 휴식을 이 정도의 성역으로 취급하는 곳은 프랑스 말고는 없을 것이다.

고 품 격 의   임 대 주 택

주택은 그 사람의 사회적 신분이나 계급을 가장 확실하게 반영한다. 파리 건축물에서 볼 수 있는 것과 마찬가지로 과거 귀족들은 엄청난 토지 위에 거대한 건물을 짓고 베르사유의 국왕을 흉내 냈다. 그 부지와 건축물이 얼마나 훌륭한지 지금은 대통령궁, 총리실, 정부 중앙 부처 건물 등으로 사용될 정도다.

부르주아 시대에는 상류층의 건물이 단독 주택이 아니라 공동 주택인 아파트 형식으로 변화했다. 거리와 맞닿는 층에는 마구간이 있었고, 지붕 밑에는 하녀 방이 있었지만 가운데 로열층에는 부르주아들이 살았다. 파리의 노동자들은 번듯한 돌집에 살 수 없었고, 매우 조악한 건물에서 밀집해 생활했다. 이처럼 19세기의 파리는 건물이나 층으로 사회적 지위를 구별했다. 하지만 시대가 변하면서 지역별 특징이 점차 강하게 드러났다.

특히 20세기가 되면 이민자가 크게 늘어나면서 파리의 지리가 새롭게 변한다. 시내의 성내(인트라 뮈로스) 파리는 전반적으로 중산층 이상이 거주하고 있다. 반면 가난한 사람이나 이민자들은 파리 밖으로 밀려

나서 열악한 교외를 형성하게 되었다. 샤를 드골 공항에서 내려 완행 기차를 타고 파리로 들어오다 보면, 여기가 프랑스인지 아프리카인지 의심하게 된다. 파리의 북부 근교에는 그 정도로 이민자가 많다.

물론 교외도 교외 나름이다. 남서쪽에 위치한 베르사유 부근은 부촌을 형성하고 있다. 특히 오퇴이Auteuil, 뇌이Neuilly, 파시Passy는 파리 16구의 연장 지역으로 전통적인 부자들의 동네다. 예를 들어 프랑스 대통령을 역임한 사르코지는 1983년부터 2002년까지 20여 년을 뇌이 시장이었다. 그만큼 부촌은 우파 정치세력을 꾸준하게 지지한다는 뜻이다. 부촌의 이러한 정치적 선택은 다른 지역 사람들의 반감을 불러왔다. 이런 분위기로 인해 부촌 지역을 풍자하는 랩까지 등장했는데, 제목이 바로 '오퇴이 뇌이 파시'다.

사회가 재산이나 소득에 의해 차별화되고, 비슷한 계층의 사람들이 같은 동네에 사는 현상은 어디나 비슷하다. 자유 시장경제가 지배하는 한 이런 현상을 막을 길이 없다. 다만 파리는 정책적으로 주택의 불평등을 완화하기 위한 노력이 대단하다. 예를 들어 HLM이라는 사회주택 제도가 있어 상당히 많은 주택을 저렴한 가격으로 빈곤층에 임대해준다. HLM이라는 이니셜 자체가 '저렴한 임대 주택Habitations à Loyer Modéré'이라는 뜻이다. 프랑스에는 430만 가구가 이런 주택에 살고 있는데, 인구로 따지면 1000만 명 정도에 이른다.

놀라운 사실은 저소득층의 임대주택이라고 해서 절대 부실하거나 날

림으로 지은 주택이 아니라는 점이다. 시대에 따라 차이가 있기는 해도 최근에 지어진 일부 HLM은 부르주아 건물보다도 훨씬 예술적이고 고급스럽다. 가난하다고 아름다움에 대한 권리를 부정할 수는 없다는 철학이다. 또 정책적으로 사회주택을 늘리는 노력을 지속하는데, 예를 들어 부동산을 매매하기 전에 해당 가격으로 시나 사회주택공사에서 구매할지를 반드시 확인받아야 한다. 낮은 가격의 거래라면 공공기관에서 먼저 매입할 권리가 있기 때문이다. 한국식 '다운 계약서'는 아예 들어설 자리가 없다.

다른 한편 이런 정책의 부작용도 피하기는 어렵다. 시장에서 거래되는 가격보다 훨씬 저렴하게 주택을 빌릴 수 있기 때문에 입주 경쟁이 치열하다. 또 시나 정부의 권력층이 정치적 압력이나 커넥션을 통해 주변 사람들에게 혜택을 베푸는 수단으로 악용되어 많은 스캔들이 일어났다.

노숙자 친구

|

파리에는 원래 노숙자가 많았다. 사실 대도시라면 어디나 노숙자가 있게 마련이다. 과거 파리의 노숙자는 어려운 환경에도 불구하고 어느 정도 낭만적인 면이 있었다. 커다란 개를 키우면서 겨울이 되

면 지하철이나 더운 바람이 나오는 환풍구에서 몸을 웅크리고 있다가도, 봄이 되어 햇살이 나오면 노숙자들끼리 서로 머리와 수염을 깎아주던 모습이 떠오른다. 당시 노숙자란 시설에 들어가기를 거부하고 궁핍하더라도 자유를 갈구하는 사람의 이미지가 있었다.

하지만 경제위기가 지속되고, 사회 불평등이 심화되면서 노숙자가 빠른 속도로 증가하기 시작했다. 번듯한 직업을 갖고 있던 사람들이 실업자가 되고, 더 이상 실업수당도 받지 못하게 되어 길거리로 쫓겨나는 신세가 되었다. 절망 속에 알코올 중독에라도 빠지면 거의 확실하게 노숙자로 전락하게 된다. 과거의 여유로운 노숙자는 이제 패배자의 얼굴을 하고 구걸하는 사람들로 바뀐 듯하다.

이제 파리의 노숙자들은 머리와 수염을 아무렇게나 기르고, 악취를 풍기며 술병을 들고 어슬렁거리는 사람들이 아니다. 물론 이런 전통적인 노숙자가 사라진 것은 아니지만 우리와 별 차이가 없는 차림에 커다란 트렁크를 끌고 다니면서 엄숙한 표정으로 구걸을 하는 부류가 늘어났다. 이들은 마치 "나는 저 사람들과 달라. 게으르게 산 것이 아니라 사회가 나를 길거리로 쫓아낸 거야"라고 말하는 표정이다. 이들은 주로 중년이 넘은 사람들로 아무리 일을 하고 싶어도 직장을 찾지 못했을 가능성이 높다.

요즘은 젊은이도 상당수 눈에 띈다. 2013년 내가 살던 동네 슈퍼마켓 앞에는 겉보기에 멀쩡한 20대 여성이 항상 지하철역 입구에 앉아 구걸

—— 최근 들어 부쩍 늘어난 파리의 노숙자. 지난 2001년부터 2012년 사이 프랑스에 서 노숙자 수가 50퍼센트가량 증가한 것으로 밝혀졌다.

을 하고 있었다. 노숙자인지는 알 수 없지만 새로운 종류의 구걸 스타일이었다. 과거 낭만적 노숙자들과 비슷하게 옆에는 커다란 개 한 마리가 앉아 있었다. 어느 날 그녀가 한 젊은 남성과 이야기하는 것을 보고 그녀의 정체를 대충 짐작할 수 있었다. 이들은 동유럽에서 온 사람들로, 삶의 돌파구를 찾으려 했으나 여의치 않아 구걸에 나선 것이었다.

유럽 통합으로 인해 유럽 내 이동이 자유로워졌지만, 옮겨왔다고 해서 모두 잘살게 되거나 좋은 직장을 얻게 된 것은 아니다. 무슨 수를 써서라도 적극적으로 일자리를 찾는 젊은이들도 있겠지만, 어쩔 수 없이 구걸로 하루하루를 연명하는 경우도 있었다. 이들과 약간 다른 부류도 있는데, 유럽 통합 이후 동유럽에서 대거 몰려온 집시들이다. 에펠탑이나 오페라 등 관광객들이 많은 지역에서는 집시들이 확실하게 주머니를 노린다고 보면 된다. 프랑스 정부에서 이들을 추방하곤 하지만 다시 돌아오는 것은 시간문제다.

파리의 특징은 노숙자 자체보다 노숙자에 대한 파리지앵들의 태도다. 다른 대도시에서는 대부분의 사람들이 노숙자를 보면 고개를 돌려 외면하고, 악취를 피해 빠른 걸음으로 지나친다. 구걸이라도 하면 굳은 얼굴로 먼 곳을 바라보거나 스마트폰에 집중하는 척한다. 물론 파리지앵도 이런 반응을 보인다. 하지만 많은 사람들이 노숙자에게 미소 짓는다. 돈을 주지 않더라도 미소를 통해 따뜻한 마음을 전하려 한다. 그리고 그 어느 도시보다 지갑에서 동전을 꺼내주는 사람이 많다.

노숙자는 대부분 자신의 자리가 있다. 거리에 나무가 있고 벤치가 있듯이 어느 지점에는 특정 노숙자가 빈곤의 표시판처럼 서 있다. 그 동네 사람들과 인사를 주고받는 일도 일상적인 모습이다. 어떤 할머니는 노숙자와 날씨 이야기를 나누기도 한다. 그리고 빵집에서 산 따뜻한 바게트나 슈퍼마켓에서 산 음식을 노숙자에게 건네는 모습도 여러 차례 보았다. 약자를 외면하지 않고 작은 도움이라도 건네는 파리지앵의 마음가짐이 연대의 파리를 완성시키는 것 아닐까.

지하철의 이력서

파리에서는 구걸하는 사람을 쉽게 볼 수 있다. 경제학적으로 생각한다면 수요와 공급이 모두 받쳐주기 때문일 것이다. 우선 구걸을 하면 돈을 주는 사람이 다른 도시보다 많아 보인다. 연대 의식이 파리지앵들에게 깊숙이 뿌리내리고 있기 때문이다. 연대가 아니라면 기독교적 동정이라고 해도 좋다. 어쨌든 지갑을 여는 사람이 상당수이고, 그 점이 항상 나를 놀라게 한다.

구걸을 하는 사람도 다른 도시보다 월등히 많다. 돈을 주는 사람이 상대적으로 많다는 사실만으로 이를 설명하기는 어렵다. 구걸을 서슴지 않는 사람이 많아야 한다. 예를 들어 집시들은 소매치기 등의 범죄에도 연루되지만 구걸도 삶의 양식이다. 30년 전의 파리에서도 집시들은 서툰 프랑스어로 자신의 불행을 설명하며 구걸을 했고, 그 방식은 지금도 마찬가지다.

예전부터 파리에서 유행한 구걸 형식은 거리의 악사다. 지하철역 통로를 무대 삼아 공연을 하고 돈을 받는 행위는 구걸과 공연의 중간쯤에 있었다. 요즘은 별의별 악기와 노래와 장르가 등장했다. 때로는 소음에 가까운 소리를 내는 사람들도 있어서, 돈을 줄 테니 그만 좀 해달라고 간청하고 싶을 정도다. 그런가 하면 하프와 같은 고급 악기를 들고 나와서 지하철역에서 공연하는 모습은 계급의 추락을 보는 것 같아 가슴이 아프기도 했다.

새롭게 등장한 장르 가운데 하나는 협박과 동정을 동시에 자극하는 연설이다. 이런 부류의 사람은 대개 프랑스어를 유창하게 한다. 이들은 자신이 감방에서 나왔는데 아무도 일자리를 주지 않는다며, 그래도 자신이 착하게 살 수 있도록 한푼 도와달라고 말한다. 이건 거의 협박이나 다름없다.

어떤 사람은 비록 구걸을 하지만 그래도 길거리가 아니라 침대에서 잠을 자고, 깨끗한 몸 상태를 유지할 수 있도록 도와달라고 한다. 그 말투나 용어, 의식이 보통 사람과 크게 다르지 않다. 이런 걸인에게는 지갑을 여는 사람이 많다. 나와 비슷한 사람이라는 생각이 마음을 움직이는 듯하다.

최근에는 기발한 아이디어를 가진 젊은 구걸자를 보았다. 그는 자기 소개를 하면서 어디에서 태어나 어떤 학교를 다녔고, 한동안 직장에 다니다가 실직했는데, 지금은 새로운 일자리를 찾고 있다고 했다. 그리고 그의 이력서를 복사해서 승객들에게 나눠주면서 어디든 일이 있으면 소개해달라고 부탁했다. 끝으로 이력서를 복사하는 데 드는 비용을 조금 부담해줄 수 있냐고 간청했다. 실제로 그에게는 많은 동전이 쏟아졌다.

이들이 만약 런던이나 뉴욕, 서울이나 베이징에서 같은 행동을 했다면 어땠을까 상상해본다. 승객들은 너무나도 냉정하게 반응하거나 아예 화를 내는 사람도 있을지 모른다. 그러나 파리에서는 이런 연설이 어느 정도 공감을 얻으며, 실제로 사람들이 도와주려 한다. 그게 지어낸 이야기라는 것을 알면서도 그의 자존심을 지켜주고 속아 넘어가준다. 파리의 문화다.

기본적으로 파리지앵의 사고에는 사회를 지배하는 권력과 부와 불평등에 대한 강한 반감이 똬리를 틀고 있다. 자신의 삶을 스스로 책임져야 한다는 뉴욕의 사고와 달리 개인의 불행에는 사회의 책임도 있다는 의식이 바탕에 깔려 있다. 그리고 십시일반의 연대 행위는 파리지앵의 유전자에 깊이 뿌리내리고 있다.

나 는 샤 를 리 다

2015년 1월 7일, 파리에 도착한 지 사흘째 되는 날, 서점에 들러 책을 사서 숙소로 돌아오는 길이었다. 지하철 안이었는데 한 젊은이가 할머니에게 소리쳤다. "무슬림들이 총을 쏴서 사람들을 죽였어요!" 할머니는 듣는 둥 마는 둥, "아, 네" 하고 건성으로 대답하더니, 그가 내리자 "저런 사람은 대꾸를 해줘야 조용해져요"라고 덧붙였다. 알코올 중독자나 정신없는 사람 취급을 하는 듯했다. 내 앞에 앉은 아랍계 남자는 얼굴이 어두워지면서 불안한 기색을 내비쳤다.

"수요일 오전 파리 테러 사건 발생." 거의 동시에 신변 안전에 주의하라는 외교부의 문자가 왔다. 이날 파리의 풍자잡지 《샤를리 에브도^{Charlie Hebdo}》 사무실에 이슬람 극단주의자 두 명이 침입, 총기를 난사해 열두 명이 사망한 사건이 발생했다.

나는 개인적으로 이 사건으로 정신적 벗을 잃었다. 테러로 살해당한 《샤를리 에브도》지의 편집진에는 베르나르 마리스^{Bernard Maris}라는 경제학자가 있었다. 그는 기존 경제학이 인간의 조건을 향상시키는 데는 관심이 없고 자본의 이익에만 충성하는 현실을 신랄하게 비판했다. 나는 그의 책을 두 권이나 한국어로 번역했다. 하나는 《무용지물 경제학》으로 기존의 경제학 비판 서적이고, 다른 하나는 속편인 《케인즈는 왜 프로이트를 숭배했을까》로 경제학이 다수 인간의 행복을 지향해야 한다

테러 사건 이후에 발간된 "모든 것을 용서한다"는 내용의 《샤를리 에브도》 만평. 예언자 무함마드가 "나는 샤를 리다"라는 패널을 들고 눈물을 흘리고 있다. ⓒ 연합뉴스

는 내용이었다. 직접 만난 적은 없지만 그의 책을 두 권이나 번역하면 서 심리적으로 무척 가깝게 느끼고 있었기에 그의 죽음은 나에게 큰 충 격을 주었다.

그리고 며칠 뒤인 1월 11일 일요일에는 프랑스 역사상 최대의 연대 시위가 파리에서 벌어졌다. 200만 명의 인파가 레퓌블리크('공화국') 광 장에서 나시옹('민족') 광장까지 행진하면서 《샤를리 에브도》 및 모든 희 생자와의 연대를 표명했다. 공교롭게도 두 광장을 연결하는 도로의 이 름은 볼테르 대로다. 관용의 정신을 역설하고 표현의 자유를 대표했던 계몽주의의 아이콘 볼테르 말이다.

혁명의 파리에서 보았듯이 사람들이 광장에 모여 행진을 하는 것은 파리의 전통이다. 이를 통해 의지를 표현하고 공동체를 확인할 수 있 다. 프랑스에서는 대통령이 나서서 행렬을 열었다. 그 주위에는 수십 개국의 국가 원수와 정부 수반들이 함께 걸었다. 국제적 연대를 표현하기 위해서다. 말하자면 프랑스식으로 연대 의식을 표명하는 데 전 세계가 동참했다고 볼 수 있다.

이 시위에 등장한 슬로건 '나는 샤를리다Je suis Charlie'는 프랑스의 연대 의식을 보여주는, 가장 정곡을 찌르는 표현이다. 일부에서 논란이 되었듯이 '나는 샤를리다'라고 표명하는 것은 이슬람의 예언자를 모욕하거나 풍자하는 행동에 동의한다는 의미가 아니다. '나는 샤를리다'는 야만적으로 사람을 살해하는 행위에 반대하며, 언론이 어떤 내용을 표현하더라도 폭력으로 보복을 가하는 행위는 용납하지 않겠다는 다짐이었다.

시위에 참여한 대부분의 사람들은 《샤를리 에브도》의 성향이나 논조에 대해 자세히 알지 못한다. 다만 프랑스 공화국에서 언론의 자유는 핵심적인 가치이기 때문에 이를 지키기 위해 하나로 뭉쳐 의사를 표명하는 데 동참한 것이다. 또한 샤를리라는 언론 기관뿐 아니라 '나는 유대인이다', '나는 경찰이다' 등의 슬로건으로 피해자와의 연대 의식을 표현했다.

프랑스는 미국처럼 친(親)이스라엘 성향을 보이지 않는다. 오히려 팔레스타인의 권리에 대해 우호적인 나라다. 그럼에도 불구하고 이번 테러에서 유대인이 공격의 대상이 된 데 대한 강력한 항의였던 것이다. 프랑스, 특히 파리에서 경찰은 비난의 대상이다. 하지만 언론의 자유를 보호하다 목숨을 잃은 경찰에 대해 예외적으로 연대의 마음을 표현했다.

야만적 테러와 성숙한 대응

열두 명이 사망한《샤를리 에브도》테러 이후 수백만 명이 거리에 나와 행진했다는 것은 예사롭지 않다. 생존 본능은 인간의 가장 큰 본능일 텐데, 거리를 행진하다가 죽을지도 모른다는 공포, 새로운 테러에 대한 불안을 극복해야만 가능한 일이다. 위험을 무릅쓰는 파리지앵들의 이 정신을 이해하지 못하면《샤를리 에브도》라는 잡지의 성향도 이해하지 못한다.

《샤를리 에브도》의 만평가들은 이미 오래전부터 이런 위험에 노출되어 있었다. 풍자라는 것은 권력이나 종교를 막론하고 비판하고 자극하는 성격을 가진다. 근대를 여는 사상은 거의 모두 봉건적 종교와 권력을 부정하면서 성장했다. 정치가나 대부호, 스타는 물론 성직자와 예수, 무함마드 등 그 누구나 어떤 상징도 풍자의 예외가 될 수 없었다. 《샤를리 에브도》의 특징은 이런 위험에도 불구하고 펜을 통해 자신의 생각을 표현하고자 하는 것이었다. 위험을 무릅쓰고 자신의 생명을 담보로 생각을 표현하는 태도 역시 대단히 '파리적'이다.

이런 배경을 간과한 채 단지 서구 문명과 이슬람 문명의 대결이라고 보는 시각은 무리다. 그것은 펜과 기관총을 같은 차원에 놓고 양비론적 입장에서 비교하는 것과 같다. 또 달리 분석하자면 캐리커처와 풍자는 서구와 이슬람에서 서로 다른 잣대를 갖고 있다. 그러나 살인은 서구나 이슬람에서 모두 절대적인 악으로 규정한다. 살인에 캐리커처의 책임이 있다는 식의 주장이나 논리는 절대악인 테러의 논리일 뿐이다.

무엇보다 이것을 제대로 파악한 것이 프랑스에 거주하는 무슬림들이다. 이들은 대거 시위에 동참하여 야만적 행동을 규탄했다. 이들은 장기적으로 테러의 피해자는 자신들임을 잘 이해하고 있었다. 사건 당일 지하철에서 만난 아랍계 남자의 얼굴에 그림자와 불안이 가득했던 것도 그 때문이다. 앞으로 얼마나 많은 사람들이 폭력을 무슬림과 연결해서 바라볼지 걱정되었던 것이다.

테러의 폭풍 속에서 가장 성숙한 생각을 만난 것은 작가 르클레지오의 〈1월 11일 이후 딸에게 보내는 공개서한〉에서다. 2008년 노벨 문학상을 수상한 르클레지오는 칠십이 넘은 노인이다. 그는 딸에게 생명의 위험에도 불구하고 용기를 내서 시위에 참가한 것을 잘했다고 칭찬한다. 자신은 그런 활동을 하기에는 너무 늙었다면서 말이다. 그리고 시위를 통해 프랑스를 구성하는 다양한 사람들이 하나가 되어 폭력에 반대함을 용기 있게 밝힌 것을 자랑스럽게 생각했다.

르클레지오는 테러범들의 행동은 야만적인 것이지만 그들은 야만인이 아니라고 지적했다. 그들은 우리가 매일 매 순간 지하철에서, 학교에서, 그리고 일상에서 만나는 보통 사람들이라고. 하지만 어두운 삶의 어느 한순간 복수의 바람이 그들을 불태우면서 사회적 소외를 종교적 믿음으로 착각하게 되었다는 것이다.

어느 사회에서나 자신을 공격하는 사람을 악마로 표현한다. 그들은 적이기 때문이다. 하지만 파리의 지성은 위기의 순간에도 그들이 결국은 인간이며, 그런 인간과 행동을 만들어낸 데 대해 프랑스 사회가 책임을 면할 수 없다고 지적한다. 그렇다. 세 명의 테러범을 야만인이라고 부르는 것은 가장 자연스러운 반응일 것이다. 그러나 르클레지오는 사회적 소외가 그들을 테러리스트로 만들었음을 꼬집는다. 적에게까지 적용되는 인간적 연대라고 할 수 있다. 그리고 충격과 슬픔과 위기의 와중에도 이런 진단을 내릴 수 있는 것은 프랑스가 표현의 자유를 높은 가치로 여겨온 나라이기 때문일 것이다.

롤러 축제

파리지앵들과 함께 롤러스케이트를 타면서 2000년의 고도를 달려보는 것은 파리에서 연대 의식을 느낄 수 있는 좋은 기회일 것이다. 매주 금요일 저녁 10시에 몽파르나스 역 앞에서 출발하는 롤러 행렬은 세 시간 동안 자동차 통행이 금지된 파리의 도로를 달린 뒤 새벽 1시쯤 출발 지점으로 돌아온다. 참가비나 조건이 없고 롤러를 탈 줄 알면 누구나 참여할 수 있다. 일반적으로 1만 명 정도가 참가하며, 여름에는 수만 명에 달하기도 한다. 복장은 자유지만 헬멧과 무릎 보호 장비를 갖추는 것이 안전하다. 물론 자동차를 금지한 도로를 가르는 스케이터들의 긴 행렬을 구경하는 것도 큰 즐거움이다.

Adress 출발 지점: place Raoul Dautry 75014 Transport Métro 4호선, 6호선, 12호선, 13호선 Montparnasse Bienvenue Homepage http://pari-roller.com

Adress 출발 지점: place de la Bastille 75011 Transport Métro 1호선, 5호선, 8호선 Bastille Homepage http://www.rollers-coquillages.org

파리의 시위

프랑스는 저항의 나라이고, 파리는 다양한 사회운동의 고장이다. 연대의 파리를 피부로 느낄 수 있는 가장 쉽고 인상적인 방법은 시위를 구경하는 것이다. 혁명이 일어날 정도의 규모는 아닐지라도 각종 사회 세력이 자신의 요구를 주장하거나 공익을 위해 시위를 벌이는 것은 일상적인 풍경이다. 다음 쪽의 홈페이지에 들어가서 시위를 의미하는 'manifestations'를 검색하면 그 주에 예정된 시위의 목록을 살펴볼 수 있다. 흥미로운 시위가 숙소 주변에 예정되어 있다면 한번 구경할 만하다. '운'이 좋아 대규모 시위라도 벌어진다면 파리의 저항과 연대의 기운을 흠뻑 맛볼 수 있다.

Homepage http://www.evous.fr/Paris.html

공화국 광장 Place de la République

시청이나 광화문이 아니고 공화국 광장

이라는 것이 수도 한가운데 자리 잡고 있

다고 상상해보라. 너무나도 자연스럽게

시위와 축제의 중심이 되지 않겠는가. 파

리의 공화국 광장은 좌파 정당이나 노동

조합 등이 대규모 시위를 벌이는 장소다.

2015년 샤를리 에브도 사건이 터졌을 때

도 자연스럽게 사람들이 모여들어 표현

과 언론의 자유라는 공화국 정신을 수호

하려 했던 상징적 공간이다. 노동자와 서

민이 많이 살았던 파리 동부에 위치한 공

화국 광장은 최근 자동차 통행을 축소하

고 보행자 거리를 늘리기 위한 공사가 진

행되었다.

자유·평등·박애가 지키고 있는 프랑스 공화국의 상징 마리안 상

Adress Place de la République **Transport** Métro 3호선, 5호선, 8호선, 9호선, 11호선
République

뤽상부르 공원의 〈지구를 들고 있는 사람들〉

XI

세계의 파리

"파리지앵은 파리에서 태어난 사람이 아니라 파리에서 다시 태어난 사람이다."

— 사샤 기트리 —

국 적 , 인 종 , 종 교 불 문

근대 세계를 만드는 데 가장 앞장섰던 두 나라가 영국과 프랑스다. 그리고 두 나라의 수도 런던과 파리는 현대를 잉태한 도시들이다. 그렇다면 런던과 파리의 차이는 무엇일까. "영국은 자신을 위해 런던을 세웠고, 프랑스는 전 세계를 위해 파리를 만들었다"는 말이 있다. 철학적 표현을 빌리자면 영국은 특수주의 성향이 강한 반면 프랑스는 보편주의를 지향하기 때문에, 런던의 잉글리시니스englishness('영국다움', '영국식')와 파리의 위니베르살리테universalité('보편성')가 만들어졌다는 뜻이다.

역사는 이러한 차이점을 잘 드러내준다. 영국에는 아직도 중세 왕족의 피가 흐르는 국왕이 나라를 대표하고 상징한다. 영국의 국가 원수는 국왕이다. 그것은 섬나라의 특징일지도 모르겠는데 우리의 이웃 일본도 마찬가지다. 전통을 존중하는 나라일수록 자신이 특수하다는 생각이 강하다. "우리는 다른 사람과 같을 수 없다"는 생각이 이들 민족을 지배한다.

프랑스에는 국왕이 없다. 오랜 역사적 투쟁이 있었지만 단두대에서 국왕의 목을 치기도 했고, 왕을 외국으로 망명 보내기도 했다. 프랑스의 마지막 왕 루이 필리프는 1848년 혁명 이후 영국으로 망명하여 그곳에서 생을 마쳤다. 프랑스는 혁명의 나라인데 그것은 항상 기존의 질서를 파괴하고 새로움을 추구한다는 의미다.

프랑스의 혁명적 성격을 잘 드러내는 개념이 바로 공화주의다. 한국에서는 정치철학 분야를 제외하고는 공화주의라는 말을 잘 쓰지 않는다. 한국은 민주주의라는 개념이 훨씬 일상적으로 사용된다. 상당한 차이가 있는 것은 사실이지만 일반적으로 한국의 민주주의와 프랑스의 공화주의는 대략 유사하다.

한국의 민주주의는 국민이 위정자를 선출한다는 의미를 강하게 풍긴다. 우리 정치사가 독재를 종식하고 얻어낸 대통령 직선제를 민주주의라고 보기 때문이다. 프랑스 공화주의는 군주제와 투쟁하는 과정에서 만들어진 이념인데, 시민의 정치 참여라는 개념이 강하게 배어 있다. 한국의 민주주의 개념에다 시민이 행동으로 정치에 직접 참여하는 부분을 더하면 공화주의에 가깝다. 2008년 미국산 쇠고기 수입에 반대하는 시위에서 "대한민국은 민주공화국이다"를 외치던 참여 민주주의는

—— 1878년 파리에서 세 번째 만국박람회가 열렸고, 6월 30일에 공화국을 기념하는 거대한 축제가 벌어졌다. 모네의 〈파리 몽토르게이 거리의 1878년 6월 30일 축제〉.

공화주의의 이상에 가깝다.

프랑스의 공화주의는 봉건적 신분제를 송두리째 뒤집어엎으면서 만들어졌기 때문에 모든 차별에 대해 과민 반응을 보인다. 공화국의 시민은 완전히 평등해야 한다. 적어도 법적이고 공적인 영역에서는 그렇다. 〈인간과 시민의 권리 선언〉 제1조가 "모든 인간은 법적으로 자유롭고 평등하게 태어나고 살아간다"로 시작하는 이유가 무엇이겠는가.

여기서 평등은 차별을 두지 않는다는 의미이며, 그 때문에 프랑스에서는 인종이나 종교를 묻지 않는 것이 전통이다. 여론조사를 하거나 통계를 만들 때도 인종이나 종교, 출신 국가를 묻는 것은 법적으로 금지되어 있다. 센서스 조사를 하면서 당신의 원래 국적은 어디냐고 묻거나 당신의 인종이 무엇이냐고 묻는 것은 불법이다.

법 앞에 모든 시민이 평등해야 한다는 공화주의 전통의 결과다. 귀족과 평민의 신분이 사라진 만인의 평등 시대에는 그 어떤 사회적 차별도 용납할 수 없다는 정신이다. 인종이나 종교에 따라 사회집단을 구분하는 것 자체가 차별의 시작이라는 우려를 반영하기도 한다. 이제 왜 파리가 세계를 위해서 만들어졌다고 하는지 조금 이해가 갈 것이다. 파리는 인류의 수도로 구상된 것이지, 프랑스를 위해서 만들어진 것이 아니다.

유 대 인 의 마 레 지 구 : 이 민 자 에 서 엘 리 트 로

프랑스에는 유대인이 오래전부터 정착해서 살아왔다. 현재 미국과 이스라엘에 각각 600만 명 규모의 유대인이 살고 있고, 프랑스는 세 번째로 유대인이 많은 나라다. 앞에서 설명한 공화주의 전통 때문에 정확한 통계는 없다. 하지만 50만 명을 전후한 유대인이 프랑스에 사는 것으로 알려졌으며, 파리는 프랑스에서도 유대인이 가장 많이 거주하는 곳이다.

프랑스 혁명은 유대인에게도 해방의 순간이었다. 앙시앵 레짐(구체제)에서 제도적·사회적 차별을 받던 유대인이 프랑스 혁명을 통해 평등한 시민으로 다시 태어날 수 있었기 때문이다. 프랑스가 19세기 후반 제3공화국의 민주 체제가 뿌리내리던 시기에 동유럽에서 많은 유대인이 이주해왔다. 독일이나 동유럽의 유대인은 아슈케나즈Ashkénaze라고 부르는데 이들은 파리의 마레라는 지역에 집단 거주하면서 봉제사업 등에 종사했다. 불행히도 비시 정권은 나치 독일과 협력하여 유대인 학살에 동참했는데, 아직도 마레 지구에 가면 이 불행한 역사를 상기시켜주는 비석이나 기념물을 많이 볼 수 있다.

파리에는 또 북아프리카 지역의 유대인인 세파라드Séfarade도 많이 살고 있다. 프랑스의 북아프리카 식민지에는 많은 유대인 공동체가 있었는데, 이들이 탈식민화 과정에서 프랑스 본토로 이주하여 정착한 것이

유대계 최초의 프랑스 총리 레옹 블룸

다. 대부분 1950년대와 1960년대에 이주했다고 보면 된다. 따라서 파리에는 원래 프랑스에 거주하던 유대인 집단부터, 로스차일드 가문처럼 국제 자본의 네트워크를 형성하며 영역을 넓힌 부르주아, 그리고 19세기에 독일 등 동유럽에서 이주해 온 가난한 사람들, 마지막으로 북아프리카에서 식민지 해방기에 지중해를 건너온 유대인 등 정말 다양한 곳에서 온 이주자들이 살고 있다. 이들은 외모도 무척 다르다. 아슈케나즈는 독일인과 비슷하고 세파라드는 북아프리카 아랍인에 가깝다.

프랑스 공화국에는 유대계 정치인이 많이 있었다. 그중 1936년 최초의 좌파 진보정권이 들어서자 유대계 정치인 레옹 블룸Léon Blum이 총리로 취임했는데, 서구에서 제일 먼저 집권한 유대계 정부 수반이 아닐까 싶다. 그는 실크상점을 운영하는 알자스 출신 아버지와 파리 토박이 어머니 사이에서 태어난 전형적인 파리지앵 유대인이다. 그는 앙리 4세 고등학교를 졸업하고 고등사범대학에 어렵게 입학했지만 공부는 뒷전이어서 1년 만에 퇴학을 당하기도 했다. 블룸은 프랑스 최초의 사회주의자 총리이기도 하다. 제5공화국 초대 총리를 지낸 미셸 드브레Michel

Debré, '국경 없는 의사회'를 창립한 베르나르 쿠슈네르Bernard Kouchner도 유명한 유대계 정치인이다. 현재 관직에 있는 대표적인 유대계 인사는 외무장관을 역임하고 헌법재판소장으로 취임한 로랑 파비우스Laurent Fabius다.

프랑스에서도 유대인은 자식에 대한 교육열이 강하다. 내가 루이르 그랑 고등학교를 다닐 때 보면 한 반에 20~40퍼센트는 유대인이었던 것 같다. 전체 인구에서 차지하는 비중은 1퍼센트가 안 되는데 명문 고등학교에서 이 정도 비중이면 유대인들이 얼마나 교육에 투자하고 성공을 거두는지 알 수 있다. 물론 프랑스 사회를 내부적으로 알지 못하면 외국인이 보기에 이들은 보통 프랑스 사람과 크게 다르지 않다. 우리는 겉모습으로만 사람을 판단하는데, 이들의 프랑스어는 현지인의 말투와 다르지 않기 때문이다.

하지만 프랑스인이 보기에 이들은 분명 다르다. 우선 성이 보통 프랑스 사람과 다르다. 전통적인 프랑스 이름이 아닌 독일식 냄새를 풍기거나 스페인 또는 이탈리아식 성이 많다. 아슈케나즈는 독일식이고 세파라드는 스페인 또는 이탈리아식이다. 게다가 음식에 대한 금기가 많은데, 그중 하나가 돼지고기를 먹지 않는 것이다. 유대 율법을 더욱 철저히 지키는 사람은 주일인 토요일에는 전기제품을 사용하지 않는다. 그래서 전기로 작동하는 문 앞에서 다른 사람이 열어주기를 기다리는 진풍경을 간혹 볼 수 있다.

프랑스 사회에서 유대인은 엘리트 계층을 이루고 있다. 이민의 역사에서 가장 오래된 층을 형성하면서 성공적으로 통합을 이룩했기 때문이다. 이들은 로스차일드와 같은 대단한 가문이 아니더라도 미국과 영국, 이스라엘과 러시아 등지에 국제적 가족 네트워크를 유지하는 경우가 많다. 유대인들은 파리를 세계의 도시로 만드는 중요한 고리라고 할 수 있다.

적응이 빠른 라틴계 이민자들

파리는 19세기부터 많은 외국인을 받아들였다. 혁명의 파리를 다루면서 독일이나 벨기에, 폴란드 등에서 많은 사람들이 경제적 또는 정치적 이유로 파리에 와서 살거나 정착했음을 보았다. 19세기와 20세기에는 빈곤한 이탈리아 사람들이 대서양을 건너 미국으로 가기도 했지만, 이웃 나라인 프랑스로도 많이 이주했다.

가수이자 영화배우로 잘 알려진 이브 몽탕도 그중 한 명이다. 그는 이탈리아 토스카나의 노동자 집안에서 태어났는데, 파시스트 정권이 들어서자 가족이 프랑스로 이주했다. 그는 마르세유에서 자랐는데 가수로 성장하면서 1944년에 파리로 입성했다. 이때 당대 최고의 가수 에디트 피아프를 만났고, 그녀의 도움으로 최고의 명성을 누리게 된다. 이브 몽탕은 쇼 비즈니스에서 성공을 거두어 부를 누렸지만 끝까지 자신이 노동자와 이민자 출신임을 잊지 않았고 공산주의적 정치 성향을 간직한 것으로도 유명하다.

스페인의 부호이면서도 정치적인 이유로 프랑스로 망명한 경우도 많다. 특히 1930년대 스페인 내전의 결과 프랑코 독재 정권이 수립되면서 많은 진보적 인사들이 프랑스로 망명했다. 대표적으로 호르헤 셈프룬Jorge Semprun이라는 작가가 있는데, 내전이 끝난 1939년에 프랑스로 이주한 뒤 숨을 거둘 때까지 파리에서 살면서 소설, 에세이, 시나리오 등을 주로 프랑스어로 출판하면서 왕성하게 활동했다. 그는 스페인이 민주화가 된 뒤 1988년부터 1991년까지 스페인의 문화부장관을 지내기도 했다.

이처럼 이탈리아나 스페인의 독재가 노동자와 부르주아를 가리지 않고 많은 사람들을 파리로 이주하게 했다. 그리고 파리는 소화가 잘 되는 위장처럼 새로운 음식을 망설이지 않고 받아들이는 재주를 발휘했다. 그리고 이들을 파리의 매력에 빠지게 하여 떠날 수 없게 만들어버렸다. 현재 파리 시장인 안 이달고와 프랑스 총리 마뉘엘 발스는 모두 스페인에서 태어나 프랑스로 이민 와서 자란 사람들이다.

파리에서 유명한 이민자 집단이 포르투갈 사람들이다. 어떤 이유에선지 포르투갈 남성은 건설업에 많이 종사했고, 여성은 아파트를 관리하는 콩시에르주concierge가 되었다. 콩시에르주는 요즘 고급 호텔에서 손님의 다양한 요구를 들어주는 컨시어지 서비스와 같은 어원이다. 역사적으로 콩시에르주는 왕궁을 관리하는 공직이었다. 부르주아들이 왕처럼 사람을 부리고 싶어 이런 이름을 아파트 관리에게 붙여주었다.

호텔에서 컨시어지가 손님의 잡다한 요구를 들어주면서 봉사를 하듯이 아파트의 콩시에르주 역시 주민의 다양한 요청에 봉사한다. 우편물이나 소포를 보관해주기도 하고, 바캉스를 떠나면 혹시 도둑이 들지 않나 감시도 해준다. 거동이 불편한 노인을 위해 장도 봐주고 집 안에 손질이 필요하면 도움을 주기도 한다. 2013년에 나온 영화 〈라 카주 도레 La Cage Dorée〉['금장(金裝) 감옥']는 이런 포르투갈 콩시에르주들이 주인공으로 등장하는 재미있는 작품이다.

40대 이상의 세대에게 콩시에르주는 너무나 익숙한 사회 제도다. 아파트를 총괄적으로 관리하고 모든 집안의 숟가락 개수까지 아는 정보통이자 여론을 생산하는 인물이다. 하지만 비용 절감의 바람이 이곳에도 몰아치면서 파리의 명물 콩시에르주도 점차 사라지는 추세다. 전기, 전자, 자동 기계가 등장하면서 아파트를 관리하는 회사들이 사람들을 내보내는 중이다.

아 시 아 각 지 에 서 파 리 로 모 인 중 국 인 들

세계 대도시치고 차이나타운이 없는 곳은 드물다. 파리도 예외
는 아닌데 13구를 차이나타운이라고 부른다. 물론 13구에서 차이나타
운이 차지하는 영역은 일부에 지나지 않는다. 대부분 이탈리아 광장에
서 포르트 드 슈아지Porte de Choisy까지를 차이나타운이라고 본다. 이 지
역은 오래된 파리 스타일의 구역과 높은 현대 빌딩의 구역을 동시에 끌
어안고 있다.

파리의 차이나타운은 가장 덜 차이나타운답다. 무슨 말인가 하면 대
부분 차이나타운은 어느 나라를 가든지 비슷한 분위기를 풍긴다. 입구
에 있는 중국식 대문을 지나면 중국 레스토랑과 상점이 줄지어 서 있으
며, 각자 중국의 전통적인 장식을 달고 있다.

하지만 파리의 차이나타운은 그저 파리의 한 동네 같은 분위기로 중
국 또는 아시아 식당이 많다는 점이 다를 뿐이다. 게다가 다른 도시의
차이나타운은 정말 중국인들이 점령하다시피 한다. 하지만 파리의 차
이나타운은 중국인들이 많이 살지만 원래 파리지앵이나 다른 곳에서
이민 온 사람들이 섞여서 생활한다.

특정 지역을 아예 하나의 민족 공동체에 할당해버리는 미국식 전통
과 다른 모습이다. 파리는 철저하게 개인적 시민으로 구성된 도시다.
지역을 어떤 공동체나 집단에게 절대 할당할 수 없다. 따라서 우연의

—— 차이나타운에서는 구정을 맞아 상점을 돌며 행운을 기리는 사자춤과 용춤을 볼 수 있다.

결과로 중국인들이 한 지역에 많이 모여 살 수는 있지만 파리의 이상(理想)은 역시 다양한 사람들이 모여 사는 것이다.

파리 차이나타운의 역사는 상당히 복잡하다. 1차 세계대전 때 일손이 부족하자 프랑스 정부가 중국에 노동 이민을 요청하면서 중국인의 이민이 시작되었다. 이때 원저우(溫州)에서 많이 이주해왔는데, 그들은 유대인이 정착한 마레 지역에 모여 살았다. 내 친구의 할아버지도 이 시기에 파리로 이주해왔는데 그는 광둥 출신으로 라틴 지구에 살았다고 한다. 그때 많은 중국인들이 세탁소를 운영했다고 하는데, 뉴욕의 세탁소를 한국인들이 거의 독점하는 것과 비슷하다.

이 친구가 나에게 재미있고 감동적인 이야기를 들려주었다. 할아버지의 고향 친구가 광둥에서 배를 타고 바다를 건넌 다음 걸어서 파리까지 왔고, 파리에서 다시 물어 물어 세탁소까지 찾아왔다는 것이다. 그렇다, 불과 100년 전만 하더라도 지구 저편으로 연락할 길이 있었겠는가. 그래도 결국은 친구를 찾아올 수 있었다는 것이 신기하다.

이들 초기 중국인 이민자들은 파리 차이나타운의 터줏대감인데 이들은 이미 프랑스 사람이 된 지 오래다. 내 친구의 아버지만 하더라도 파리에서 태어나 프랑스 여성과 결혼했다. 초기 이주민과 또 다른 부류는 인도차이나의 공산화와 함께 이주해온 동남아 화교들이다. 이들이 대부분 13구를 개척했다. 이런 점에서 13구는 차이나타운이기도 하지만 동시에 베트남, 캄보디아, 태국 등 동남아 타운이기도 하다.

최근에 발전하기 시작한 새로운 차이나타운은 벨빌이라는 센 강 우안의 동네를 중심으로 형성되었다. 13구의 화교들이 이곳을 개발했지만 벨빌이 성장하는 데 기여한 것은 이후에 이주해오기 시작한 중국인들이다. 특히 원저우 출신들이 핵심적인 역할을 했다고 알려져 있다. 그리고 이제는 중국과의 교류가 활발해지면서 다양한 부류의 중국인들이 파리로 오고 있다. 유학생은 현대사회의 당연한 흐름이라고 치더라도, 부패한 중국 관료들이 재산을 은닉하는 곳으로도 파리가 인기를 끌고 있다는 소문이다.

아 랍 인 과 모 스 크

에드워드 사이드의 《오리엔탈리즘》을 읽으면 런던과 파리, 영국과 프랑스가 서구의 정체성을 만드는 과정에서 얼마나 동방, 특히 아랍 세계에 대한 편견과 오해를 조작했는지 알 수 있다. 파리에 있어서도 아랍 세계는 타자의 이미지를 형성하는 대상이었고, 그 때문에 온갖 부정적 의미를 투영하는 대상이었다.

파리가 본격적으로 아랍 세계의 한 도시가 된 것은 20세기다. 특히 2차 세계대전 이후 프랑스가 경제 발전을 이룩하는 과정에서 북아프리카 국가의 이민자들을 대거 활용했다. 많은 북아프리카인들이 이 시기 파리에 정착하게 되었다. 이들을 마그레뱅Maghrebins이라고 부르는데, 해가 뜨는 동쪽의 마슈레크Mashreq와 반대로 해가 지는 서쪽의 마그레브Maghreb라는 말에서 유래한다. 프랑스 식민지였던 모로코, 튀니지, 알제리는 아랍 세계에서 서쪽 축에 속하기 때문이다.

같은 북아프리카 출신이라도 배경은 매우 다양하다. 예를 들어 유대인은 북아프리카에서 이민해왔지만 마그레뱅이라고 부르지 않는다. 알제리는 식민지가 아니라 프랑스의 직접 통치를 받았고, 프랑스의 일부로 취급했다. 그래서 알제리 출신이지만 독립 당시 프랑스 국적을 선택한 사람들이 있었다. 이들은 알제리가 독립전쟁을 치를 때 프랑스 편에 서서 싸웠다. 아르키Harki라고 불리는 특이한 사람들인데 이들 역시 일반 이민자와는 여러모로 다르다. 이들은 진정한 의미의 프랑스 무슬림이라고 부를 수 있는데, 2012년 현재 80만 명에 달한다. 불행히도 이들 알제리 출신들은 조국을 배반했다는 비난을 받는 한편 프랑스인들로부터는 아랍인이라고 차별받는 이중의 고난을 겪고 있다.

마그레뱅들은 파리 18구, 19구, 20구, 즉 파리의 동북부 지역에 정착했다. 그리고 이 동북부에 인접해 있는 생드니라는 교외 지역에도 많이 거주한다. 파리 동북부는 금요일이 되면 이슬람 예배가 거리에서도 진행될 정도로 무슬림이 많다. 생드니에는 프랑스 월드컵을 계기로 건설한 현대식 축구장 스타드 드 프랑스가 있다. 하지만 이 지역 이민자 청년들은 경기장에서 프랑스 국가가 나오면 괴성을 지르며 난동을 피워

—— 쿠스쿠스couscous라는 북아프리카 음식은 이제 프랑스 메뉴의 하나로 정착했다. 쿠스쿠스를 전문적으로 파는 식당을 파리에서 쉽게 발견할 수 있다.

프랑스 여론의 몰매를 맞기도 했다. 그만큼 프랑스 사회에 적응하지 못하고 소외되는 이민 2세들이 많다는 의미이며, 2015년의 파리 연쇄 테러의 주범들도 이런 지역에서 태어나서 자란 무슬림이다.

2015년 11월에 발생한 비극적인 테러는 모두 파리 동북부와 생드니를 중심으로 일어났다. 많은 시민을 학살하고 자폭한 테러리스트 다수에게 파리 동북부와 생드니는 자신이 나고 자란 고향과 같은 곳이다. 이들이 프랑스 사회에 대해 가지는 반감과 분노가 얼마나 심각한지 실감할 수 있다.

같은 마그레뱅이라도 모두 아랍계라고 볼 수 없다. 역사적으로 북아프리카 서쪽의 마그레브 지역에는 베르베르어를 사용하는 민족이 아랍인들이 진출하기 전부터 살고 있었다. 예를 들어 모로코에서는 베르베르어가 아랍어, 프랑스어와 함께 공식 언어다. 알제리에도 수백만 명의 베르베르어권 종족이 있는데 이들을 카빌Kabyle이라고 부른다. 프랑스로 이민 온 카빌도 80만 명에 달한다. 그중에서 제일 유명한 사람은 축구 황제 지네딘 지단일 것이다.

소수이기는 하지만 엘리트 아랍인이라고 할 수 있는 근동 출신 사람들이 있다. 프랑스는 19세기 나폴레옹 시기부터 이집트와 긴밀한 관계를 유지했고, 수에즈 운하 건설을 주도한 바 있다. 20세기에는 레바논과 시리아 등의 신탁통치 세력으로 역시 이 지역 엘리트와 긴밀한 네트워크를 형성했다. 내가 고등학교 때 만난 한 레바논 친구가 자신은 '아럽인'이 아니라 '크리스찬'이라고 강력하게 주장하던 모습이 떠오른다.

다 양 한   흑 인

프랑스 축구 대표팀에는 흑인 선수가 많다. 이 선수들이 그저 아프리카의 과거 식민지에서 프랑스로 이민 온 사람들이라고 단순하게 생각하는 경향이 있는데, 현실은 무척 복잡하다. 크게 보면 과거 식민지 출신들이 상당수 있다. 예를 들어 클로드 마케렐레는 자이레(지금의 콩고민주공화국)에서 태어나 프랑스로 이민 온 선수다. 파트리크 비에라 역시 세네갈 다카르에서 태어난 아프리카 출신 흑인이다.

반면 릴리앙 튀랑은 프랑스령 서인도 제도의 섬 과들루프 출신이다. 티에리 앙리 역시 파리 근교에서 태어나 자랐지만 아버지는 프랑스령 서인도 제도 출신이다. 또한 대표팀의 크리스티앙 카랑뵈는 남태평양의 프랑스령 누벨칼레도니 출신이다.

중요한 것은 다양성 그 자체가 아니라 이들이 무척 다른 정체성을 가지고 있다는 점이다. 아프리카에서 온 흑인들은 이민자 성향이 강하다. 성공 지향적이면서도 조국과 끈끈한 연대 의식을 갖고 있다. 실제로 많은 아프리카 출신들이 이중 국적을 보유하고 있다.

특히 아프리카의 엘리트들은 프랑스와 친인척 관계를 형성하는 경향이 있다. 아프리카 대통령이나 장관 가운데 프랑스 여성과 결혼한 사례가 적지 않다. 세네갈의 초대 대통령 셍고르나 2000년대에 집권한 와드 대통령 모두 프랑스 여성과 결혼했다. 코트디부아르의 와타라, 가봉의 알리 봉고, 카메룬의 비야 대통령도 프랑스 여성을 부인으로 두었다.

군이 혼인을 하지 않더라도 과거 아프리카 식민지의 엘리트들은 프랑스에서 교육을 받는다. 세네갈의 셍고르 대통령은 파리 명문 루이르그랑 고등학교를 거쳐 고등사범대학을 졸업했다. 고교 동창이자 대학 동기인 퐁피두 프랑스 대통령과는 평생지기다. 카메룬의 비야 대통령도 루이르그랑 고등학교와 파리정치대학을 졸업했다. 그리고 지금도 아프리카의 미래를 책임질 많은 엘리트들이 파리에서 공부하고 있다.

이런 엘리트와 에펠탑 앞에서 기념품을 파는 이민자들은 같은 이방인이고 흑인이지만 당연히 동질성을 갖지 못한다. 또한 더 나은 미래를 꿈꾸며 파리로 온 아프리카 흑인이라도 무슬림 문화를 가진 서아프리카 사하라 지역의 흑인들과, 조금 더 남쪽의 기독교 또는 토착 종교를 가진 흑인들은 서로 잘 어울리지 않는다. 위계질서가 강하고 윤리관이 뚜렷한 무슬림들과 훨씬 자유롭고 개방적인 다른 아프리카인은 서로를 의심 어린 눈으로 바라보기 때문이다. 코트디부아르는 두 종류의 아프리카를 한 나라 안에 품고 있는 전형적인 국가로, 이 때문에 내전을 치른 바 있다.

아프리카 출신 흑인들은 20세기에 프랑스를 알고 경험한 이들이다.

그러나 서인도 제도의 흑인들은 이보다 훨씬 전에 프랑스 제도권으로 포함되었다. 19세기에 이미 이들은 프랑스 문화와 긴밀한 관계를 가졌고, 파리를 포함한 지역에 정착해서 살기 시작했다. 이들은 어떤 면에서는 프랑스인의 눈으로 우월감을 가지고 아프리카 출신 흑인들을 바라본다.

아주 특별한 부류이기는 하지만 미국의 인종차별적 분위기가 싫어서 파리로 이주해온 흑인 그룹도 있다. 대표적인 인물은 음악과 무용과 영화의 첫 흑인 스타 조제핀 베이커Josephine Baker다. 그녀는 미국 세인트루이스에서 태어났지만 1925년 파리에 왔을 때 흑인도 인간 대접을 받을 수 있다는 데 놀랐다. 버스에서 아무 자리에나 앉아도 되고, 레스토랑을 출입하는 데 문제가 없으며, 심지어 백인 남자와 결혼도 할 수 있었으니 말이다. 그녀는 1937년에 프랑스인과 결혼하여 프랑스 국적을 취득했고, 1975년에 세상을 떠날 때까지 파리지앵으로 살았다.

파 리 지 앵 의   조 건

피부색은 파리지앵의 조건이 아니다. 셍고르와 비야는 아프리카 식민지에서 태어난 검은 피부의 소년이었지만 파리의 명문 고등학교와 대학교에서 공부하는 데 아무런 장벽도 없었고 그 어떤 차별도 받지 않았다. 이것이 프랑스의 공화주의다. 능력이 있으면 프랑스의 중심 파리에서 성공하는 데 거리낌이 없다.

종교도 성공의 걸림돌이 아니다. 유대인 레옹 블룸은 파리 최고의 명문 앙리 4세 고등학교를 졸업하고 고등사범대학에 들어갔다. 19세기의 이야기다. 그리고 사회주의 운동을 통해 정계에 진출했고, 프랑스 최초로 진보 좌파 정부의 수반이 되었다. 그는 프랑스 사회를 바꿔놓은 수많은 개혁을 추진했다.

프랑스에서 장관을 역임한 바 있는 한국 출신의 플뢰르 펠르랭Fleur Pellerin도 마찬가지다. 생후 6개월에 프랑스 가정에 입양되어 파리 근교에서 자랐지만 우수한 능력을 발휘하여 정치·행정의 엘리트 코스인 파리정치대학을 졸업하고 국립행정연수원을 거쳤다. 피부색이 다르다고 차별을 받지 않고 젊은 나이에 문화부장관까지 올랐다. 상상해보라. 문화대국 프랑스의 문화부장관을 머나먼 한국에서 입양해 키운 인재에게 맡기는 용기를. 한국 입양아로 프랑스에 와서 성공한 또 다른 인물은 녹색당에서 활동하며 상원의원이 된 장뱅상 플라세Jean-Vincent Placé다. 그는 일곱 살에 프랑스로 입양되었으니 더욱 놀랍다.

그렇다면 프랑스에서 성공하는 조건은 무엇인가. 프랑스 사람보다 더 프랑스적이면 된다. 노력해서 그들보다 더 프랑스어를 잘하면 되고, 시험을 잘 보면 된다. 더 적극적으로 사람들과 사귀고 친해지려고 노력하고, 사교적으로 활동하고 믿음을 주는 행동으로 신뢰 관계를 형성하면 된다. 당신이 유대인이건 흑인이건 무슬림이건, 또는 입양되어 온 이방인이건 간에 공화국의 문화를 당신 것으로 만들면 파리는 당신 것이다.

이들처럼 큰 성공을 꿈꾸지 않더라도 파리지앵으로 일상의 아름다움과 매력을 즐기는 일이 가능하다. 무엇보다 언어를 배우는 일이 시급하다. 파리지앵이 되는 첫걸음은 어느 사회에서나 마찬가지겠지만 그 나라와 도시의 언어를 구사해야 한다. 물론 관광객으로 파리를 살짝 맛보려는 것이라면 프랑스어를 몰라도 무방하다. 하지만 이 도시를 알고 사귀고 느끼고 싶다면 최소한의 프랑스어를 배워야만 한다.

파리지앵의 또 다른 조건은 대인관계에서 관심과 무관심을 적절하게 조절하는 것이다. 그들의 관점에서 볼 때 한국인은 아는 사람과는 과도하게 친하고, 모르는 사람에게는 무자비할 만큼 차갑다. 파리지앵은 아는 사람의 삶에 대해서도 관심을 가지되 크게 개입하지 않고, 하지만 도움을 청하면 생각 외로 적극 나서준다. 모르는 사람이라도 외면하는 것을 당연시하지 않는다.

마지막으로 파리지앵에게는 최소한의 예의가 필요하다. 이웃이 다닥다닥 붙어서 살기 때문일 것이다. 예의가 없다면 지옥이 되어버린다. 파리에서 주말은 늦잠을 자는 기회이며 이 권리는 성역이다. 따라서 당신이 아침잠이 없다고 일요일 오전에 진공청소기를 돌리는 것은 파리지앵이 할 짓이 아니다. 이웃을 생각하는 마음, 배려하는 마음이 파리와 같은 도시에서는 필수적이다.

한국에 살면서 손님으로서의 '갑질'에 익숙해져버린 나는 어느 날 빵집에 가서 점원에게 다짜고짜 "바게트 하나, 크루아상 두 개 주세요"라고 말했다. 점원은 나이 지긋한 인도계 여인이었는데 나를 보고 "봉주르!"라며 인사말을 건넸다. 그렇다. 파리에서는 빵을 사러 가도, 내가 손님이라도, 인사부터 하고 물건을 사는 것이 예의이고 문화다. 나는 얼굴이 후끈거렸다. 얼른 정신을 차리고 "미안합니다. 봉주르!" 하고 다시 주문을 했다. 잠시 잊었다가 파리지앵으로 다시 태어나는 순간이다.

마레 Le Marais

마레는 전통적으로 귀족들이 사는 동네였다. 상스, 쉴리, 보베, 카르나발레, 게네고, 수비즈 등 오텔이라는 명칭이 붙은 수많은 저택들이 아직도 마레의 품격을 높여주고 있다. 19세기 후반에는 유대인들이 정착하여 대표적인 에스닉 구역이 되었고 아직도 유대 다과점이나 식품점이 많다. 1차 세계대전에 노동력으로 수입된 중국인들도 이 지역의 북부에 자리를 잡아 코스모폴리탄으로서의 파리를 형성했다. 1980년대 이후에는 게이, 레즈비언 등이 선호하는 동네로 발전하면서 성적 소수자의 해방구가 되었다.

Transport Métro 1호선 Saint-Paul

슈아지 대로 Avenue de Choisy

파리의 차이나타운 가운데 규모가 가장 큰 곳은 13구에 위치한 지역이다. 특히 이탈리아 광장에서 포르트 드 슈아지까지 연결되는 슈아지 대로는 차이나타운의 중심축이다. 말은 차이나타운이지만 중국, 베트남, 캄보디아, 태국 등 다양한 아시아 식당과 비즈니스들이 공존하

슈아지 대로변의 작은 골목에는 다양한 아시아 식당들이 있다.

며, 아랍이나 아프리카 출신 이민자들도 많이 사는 편이다. 슈아지 대로를 걷다 보면 여기가 유럽인지 아시아인지 또는 아프리카인지 헷갈리는 초현실적 경험을 할 수 있다. 프랑스어를 사용하는 흑인들이 테라스에 앉아 베트남 수프를 맛있게 먹는 모습

을 보면서 말이다.

Transport Métro 5호선, 6호선, 7호선 Place d'Italie · Métro 7호선 Porte de Choisy

미라 거리 rue Myrha

미라 거리가 파리에서 유명해진 이유는 무슬림 이민자들이 거리에서 금요일마다 예배를 보기 때문이다. 이 지역은 1950년대 이후 북아프리카에서 온 이민자들이 거주하는 동네가 되었고 자연스럽게 몇 개의 모스크가 생겨났다. 하지만 이민자가 계속 늘면서 기존 모스크가 신도들을 모두 수용하지 못하는 상황에 이르렀고, 결국 거리에서 예배를 드릴 수밖에 없었던 것이다. 프랑스 극우 민족전선 등이 공공장소인 거리에서 종교적 행위를 하는 것은 불법이라며 강력하게 항의하면서 이 문제는 정치쟁점이 되었고, 미라 거리는 이민 문제의 상징처럼 불거졌다. 파리의 인류학적 탐험을 위해서는 한번 들러볼 가치가 있다.

Transport Métro 4호선 Château Rouge

파리 풍경이 담긴 엽서들

XII

기 억 의 파 리

"기억이 없는 머리는 군대 없는 광장이다."

— 나폴레옹 보나파르트 —

중 세 부 터   현 대 까 지   시 간 여 행 의   도 시

　유럽 대륙의 도시는 다른 대륙의 도시와 다르다. 특히 미국과
비교하면 유럽의 도심은 역사와 문화로 가득 찬 느낌을 준다. 반면 미
국이나 캐나다 도시들의 도심은 마천루의 웅장한 모습으로 상징된다.
베이징의 자금성, 도쿄의 황궁, 한국의 고궁 등 동아시아의 도시는 역
사 유산이라는 점에서 유럽적이지만 사실 매우 제한된 지역의 궁터나
유적 외에는 거의 현대 건물로 둘러싸여 있다.

　유럽의 도심에서 역사와 문화를 느낄 수 있는 이유는 역사가 단절되
지 않고 점진적이고 지속적으로 발전해왔기 때문이다. 물론 유럽에서
도 전쟁과 같은 불행 때문에 역사적인 도시와 건축이 붕괴된 곳도 많
다. 대표적으로 베를린이나 런던은 2차 세계대전 당시 독일과 영국이
서로 맹렬하게 폭격을 퍼부었기 때문에 도시의 상당 부분이 파괴되었

고, 전후에 새로 재건할 수밖에 없었다.

　파리의 행운은 고대부터 도시의 역사가 시작되었고, 중세에 프랑스라는 커다란 나라의 수도로 발전했다는 데 있다. 중세 유럽에는 '도시의 회랑(回廊)'이라는 것이 존재했다. 북쪽으로는 잉글랜드 남부 지역부터, 도버 해협을 건너 베네룩스와 독일, 프랑스 동부와 오스트리아를 거쳐 이탈리아 북부까지 복도처럼 길게 이어진 지역을 일컫는다. 이곳은 중세부터 상업이 발달했고 남과 북의 교류가 활발한 지역으로 유명하다.

　도시가 많은 이 회랑은 도시 간 경쟁이 심했기 때문에 고대 그리스처럼 도시국가가 발달했다. 중세와 르네상스 시대를 지배하는 이탈리아의 베네치아, 제노바, 밀라노, 토리노, 피렌체 등은 모두 도시국가의 전형이다. 마찬가지로 독일이나 베네룩스 지역에서도 도시나 지역 중심의 소규모 국가들이 번성했다.

　파리와 런던은 도시가 지배하는 회랑 안에 위치하고 있어 상업과 문화적 교류의 혜택을 누리면서도 프랑스와 잉글랜드라는 비교적 드넓고 경쟁 도시가 없는 농촌을 배경으로 보유하고 있었다. 영국과 프랑스 왕국이 다른 도시국가를 넘어서 발전할 수 있는 자연적이고 지리적인 조건이 특출했다는 말이다.

　영국과 프랑스는 거대한 영토를 가진 왕국으로 발전했고 전국의 자원을 수도로 집중할 수 있었다. 베를린과 로마가 각각 독일과 이탈리

—— 몽마르트르 언덕에서 바라본 파리의 전경

아의 수도가 된 것은 19세기 후반의 일로 150년 남짓밖에 되지 않는다. 반면 파리와 런던은 1000년이 넘는 프랑스와 영국의 수도다. 그만큼 파리와 런던은 유럽 역사에서 독보적인 존재라고 할 수 있다.

신이 내린 축복인지, 도시의 보존이라는 측면에서 파리는 유일하다. 파리의 대학촌인 라틴 지구에 가면 로마 시대의 유적을 볼 수 있다. 클뤼니 박물관에서는 로마 시대 목욕을 즐기던 문화 유적을 구경할 수 있다. 또 파리의 로마 시대 명칭이 루테시아^{Lutetia}였는데, 5구의 식물원 부근에는 파리 원형 경기장을 부르주아 건물들 사이에서 찾아볼 수 있다. 물론 로마의 콜로세움과는 규모가 비교되지 않지만 이미 유럽 변방에서 파리가 중요한 위치를 차지하고 있었음을 알 수 있다.

이 도심을 둘러싸고 중세의 파리를 볼 수 있고, 그곳에 좁은 골목이나 이와 대비되는 거대한 루브르를 볼 수 있다. 왕궁이 베르사유로 이전한 뒤에도 파리 시내에는 귀족의 커다란 저택들이 지어졌고, 19세기에는 현재 파리의 가장 많은 부분을 차지하는 오스만 스타일의 돌집들이 들어섰다. 마지막으로 20세기형의 고층 건물도 13구, 15구나 근교의 라데팡스 지역에서 위상을 자랑하고 있다. 이 때문에 파리의 도심부터 교외로 걸어가는 것은 그 자체가 역사 탐방이 된다.

300년 전통의 개방적 국립도서관

파리가 건축에서만 역사의 흔적과 유산을 소중하게 간직하고 있는 것은 아니다. 프랑스는 모든 자료와 기록을 중요하게 여기는 전통이 있고, 그 덕분에 역사적 가치를 지닌 수많은 기록물을 보관하고 있다. 예를 들어 프랑스 국립도서관의 뿌리는 1368년 루브르궁에 왕의 도서관을 설치한 데서 그 유래를 찾을 수 있다. 그 후 영국과의 백년전쟁이나 종교전쟁 등이 터질 때는 왕립도서관도 여러 차례 옮겨가야만 했다.

파리 중심에 왕립도서관이 터를 잡은 것은 루이 14세가 베르사유로 궁을 옮겼던 17세기의 일이다. 1672년부터는 왕실뿐 아니라 일반 시민에게도 도서관이 개방되어 사실상 국립도서관의 기능을 했으며, 이때부터 안정적으로 프랑스 문화를 대표하는 자료들을 수집하는 종합 문화센터가 되었다. 시간이 지나면서 인쇄물이 급격하게 늘어났고, 국립도서관은 주변으로 확대되었지만 20세기가 되자 더 이상 불어나는 자료를 소장하기 어려운 상황에 도달했다.

1988년 당시 진보적 정치인이자 문화적 소양으로 유명했던 미테랑 대통령은 새로운 국립도서관을 건립해야 한다는 결정을 내리고 추진했다. 그는 프랑스 대통령 가운데 처음으로 자신의 공식 초상 사진을 독서하는 모습으로 내세울 만큼 문화에 관심이 많았다. 이것을 정치인의 이미지 메이킹으로 폄하하는 사람도 있는데, 사실 그는 대통령이 되기 전부터 센 강변의 고문서와 중고책을 파는 상가의 유명한 단골손님이었다.

현대적 문화의 전당이라고 할 수 있는 국립도서관은 1996년 미테랑이 사망한 뒤 문을 열었는데, 당시 우파 시라크 대통령이 정권을 잡은 때였음에도 불구하고 미테랑 국립도서관이라는 이름을 갖게 되었다. 센 강변에 드넓게 자리 잡은 국립도서관은 세워놓은 책 모양의 건물 네 개가 사방에 자리한다. 네 건물은 모두 연결되어 있는데, 1층과 지하에 있는 회랑식 열람실이 연결 기능을 한다. 최고의 현대식 시설을 자랑하는 열람실은 전 세계에서 프랑스나 유럽을 연구하는 학자들이 모여드는 곳이다.

국립도서관은 우리가 흔히 생각하는 책만 모아놓은 곳이 아니다. 현대의 국립도서관은 인간의 문화에 대한 가장 광범위한 자료를 모으는 것이 목적이다. 따라서 건축 도면이나 관련된 사진, 다양한 형식의 지도, 출판되지 않은 개인 자료들, 연극이나 음악회의 포스터 등 상상할 수 없이 다양한 기록과 자료가 이곳에 보관된다. 최근에는 이런 기록물을 디지털화해서 인류의 유산으로 남기려는 계획을 추진 중이다.

국립도서관은 프랑스의 문화적 노력을 대변하는 기관이지만, 이에 못지않게 국립기록보관소archives nationales도 오랜 역사를 자랑하는 곳이다. 1789년 프랑스 대혁명 이후 국가와 관련된 모든 자료와 기록을 남

—— 옛날 포스터를 전문적으로 파는 가게

기자는 것이 제헌의회의 인식이었다. 과거 임의적 통치의 시대에서 이제는 모든 것을 후손들에게 남기고 공개해야 한다는 공화정의 원칙이 제시된 셈이다.

　파리 3구에 위치한 오텔 드 수비즈Hôtel de Soubise는 역사적으로 국립기록보관소를 대표하는 건물로, 국가 기록 관리의 중심이다. 물론 자료와 기록은 여러 곳에 나뉘어 보관된다. 또한 특수성을 인정받은 외교 문서와 국방 관련 자료는 해당 부처에서 따로 보관한다. 모든 자료는 보물이라는 인식이 기억의 파리를 만드는 중요한 정신이다.

역 사 학 이　최 고　학 문

|

　　한국에서는 취직이 용이한 응용학문이 인기를 끄는 반면 인문학은 커다란 위기를 맞고 있다. 법학이나 의학 등 사회적으로 높은 위상을 누리는 직업으로 연결되는 학문들이 우수한 인재를 독점한 것은 어제오늘의 이야기가 아니다. 미국에서는 그나마 학부에서 인문학이나 사회과학을 전공한 학생들이 법학 대학원에 진학하여 변호사가 된다. 또 자연과학을 전공한 학생들이 의학대학원에 진학하는 등 분업이 잘 이루어져 있다. 프랑스에서 미국의 로스쿨이나 메디컬스쿨 역할을 하는 것은 주로 엔지니어 그랑제콜이다. 과연 이성의 나라답지 않은가.

프랑스가 예술의 나라로 인식되고, 낭만의 파리를 유지하며 그 덕분에 전 세계인들에게 명품을 수출할 수 있는 기반은 문·사·철의 삼위일체다. 그중 첫 번째가 문학이다. 프랑스어는 르네상스 이후 라틴어를 대신하여 서구의 국제 언어로 사용되었다. 유럽 왕실에서는 프랑스어를 사용하는 것이 일상이었고, 유럽의 귀족들은 프랑스어로 대화를 나누었다. 파리를 중심으로 발전한 문학 살롱은 프랑스어의 전파와 확산에 중요한 역할을 했으며, 20세기까지도 헤밍웨이를 비롯한 작가들이 파리를 중심으로 활동했다. 헤밍웨이는 젊은 시절을 파리에서 보낸 것이 엄청난 행운이라고 강조한 바 있다.

두 번째 기반은 철학이다. 철학은 인문학적 소양과 수학적 능력을 모두 요구하는 논리적 사고의 학문이다. 프랑스의 논술형 대입 자격시험인 바칼로레아에서 철학은 필수 과목이다. 그만큼 철학을 통해 국민의 윤리와 도덕, 그리고 비판 정신을 키우게 하는 것이다. 《샤를리 에브도》 사건에 대한 프랑스인의 반응이 그토록 격했던 것도 철학 전통을 반영한다. 철학이란 모든 것에 대해 회의적인 태도를 가지고 비판적 사고를 적용하는 것이 아닌가. 《샤를리 에브도》는 이런 비판정신의 하나(모두가 동의하는 방식은 아니었을지라도)라고 사람들은 판단했던 것이다.

세 번째 기반은 역사학이다. 프랑스는 지금까지 쟁여놓은 자료와 기록만을 가지고도 엄청난 역사 연구를 할 수 있다. 역사가 짧은 미국이 사회과학의 발전으로 특화한 것과 대조적으로 프랑스에서는 심지어 사

—— 프랑스 문학의 보루 아카데미 프랑세즈가 열리는 앵스티튀 드 프랑스

회과학도 역사를 제대로 알지 못한다면 대접을 받지 못한다. 미국에서 사회과학 논문은 대부분 통계나 수학 공식을 사용하여 새로운 이론을 검증하고자 하는 반면 프랑스에서는 주어진 분야의 역사가 그 무엇보다 중요하다고 본다. 그만큼 역사학은 모든 인문사회과학의 기본이다.

이런 프랑스의 전통을 잘 대변해주는 것이 아날학파Annales School다. '아날'은 '연대기' 또는 '연보'라는 뜻으로 이 학파의 주요 저널 이름이기도 하다. 사실 저널의 원래 명칭은《경제사회사 연보》로 1929년 뤼시앵 페브르와 마르크 블로크에 의해 창립되었다. 이들은 기존의 역사학이 너무 정치적인 왕실의 역사 또는 국제정치적인 전쟁과 평화의 역사에만 치우쳤다고 비판했다. 그리고 일반 대중에게 더 중요했던 경제나 사회 분야로 역사 연구를 확대해야 한다고 주장했다. 이러한 움직임을 통해 그동안 역사 연구에서 소홀히 다루어졌던 많은 분야가 연구 대상으로 부상했다.

'조선시대 사람들은 어떻게 살았을까' 하는 식으로 역사에 접근하는 방식은 모두 프랑스 아날학파의 영향이라고 볼 수 있다. 학문 용어로는 미시사라고 부른다. 아날학파의 대표적인 학자로는 1000년 단위의 장기 역사를 중시했던 페르낭 브로델,《기억의 장소》라는 역작을 남긴 피에르 노라 등이 있다. 이들은 파리의 콜레주 드 프랑스, 고등사회과학대학원 등을 중심으로 활동하면서 프랑스 역사학을 세계적으로 키웠다.

역 사 를   즐 겨 라

|

     학계에서 역사가 중요한 위치를 차지하고, 프랑스 역사학이 세계적인 권위와 명성을 자랑하는 것은 어쩌면 세계사에서 프랑스라는 나라의 위상과 밀접하게 연결되어 있다고 할 수 있다. 서구가 지배하는 세상이 19세기부터 20세기까지 지속되었고, 그 서구의 부상 과정에서 프랑스는 중세부터 제일 핵심적인 위치를 차지해왔기 때문이다. 문명의 중심이었기 때문에 프랑스는 학문과 역사학의 중심이 될 수 있었다는 뜻이다.

  하지만 또 다른 중요한 요인이 있다. 프랑스 서점에 가면 금방 알 수 있는 일인데, 프랑스 대중만큼 역사에 지대한 관심을 가진 민족은 없다. 역사 서적이 베스트셀러 목록에 꾸준히 오르는 것은 다른 나라에서는 보기 드문 프랑스적인 특징이다. 요즘 전 세계적으로 유행하는 책은 소설이나 현대적 주제를 다루는 논픽션, 또는 실용적인 서적들이다. 하지만 프랑스 사람들은 역사적 상상력을 발휘하여 과거를 재구성하거나 설명해주는 역사 이야기에 관심이 많다.

  이런 장르 가운데 특히 인기를 끄는 것은 역사 인물 서적이다. 프랑스의 역대 왕들은 물론 나폴레옹 보나파르트, 장 조레스, 조르주 클레망소, 레옹 블룸, 샤를 드골 등 중요한 정치인들에 대한 책이 수십 권 이상 출간되었고 꾸준히 역사적 조명을 받는다. 잔 다르크에 대한 이야기가 프랑스와 미국 등 다양한 나라에서 영화로 제작되었고, 앙리 4세, 여왕 마고, 몰리에르, 루이 14세, 뒤바리 부인, 마리 앙투아네트, 나폴레옹 등도 영화로 여러 번 제작되었다. 그리고 프랑스만큼 일반인의 관심을 자극하는 역사 인물이 많은 나라도 드물 것이다.

권력자만 관심의 대상이 아니다. 예술가에 대한 책 또한 당시의 역사적 배경을 중심으로 서술되어 대중적 인기를 끈다. 자신이 살고 있는 도시와 마을, 또는 동네의 역사도 프랑스 사람들의 관심사다. 더 개인적인 영역으로 들어가면 족보학généalogie도 발달하여 먼 역사로 거슬러 올라가며 자신의 뿌리를 찾는 작업에 열심인 아마추어들도 많다.

독서를 통해 역사를 알기도 하지만 역사 현장을 찾아 당시의 분위기를 상상하거나 기억을 되살려보는 것도 파리지앵들이 즐기는 방식이다. 프랑스 학교에 가보면 커다란 비석이나 담 벽에 사람들의 이름이 가득 적혀 있는 것을 볼 수 있다. 1차 세계대전과 2차 세계대전 때 전사한 학생들의 명단이다. 국가와 민족에 대한 희생을 길이길이 기억하고자 하는 장치다.

파리 곳곳에는 역사를 설명하는 푯말들이 있다. 이런 의미에서 파리 시내는 그 자체가 하나의 역사 박물관이다. 물론 왕실이나 귀족이 등장하는 곳도 많고, 중요한 역사적 사건을 기념하는 장소도 많다. 그러나 우리를 놀라게 하는 것은 파리를 해방시키는 과정에서 나치 독일군의 총을 맞아 죽은 한 레지스탕스 용사의 흔적까지 기억하려 노력한다는

"파리의 해방을 위한 전투에서 1944년 8월 19일 마르셀 마르탱 이 자리에서 숨지다."

점이다. 실제로 벽에 총알 자국이 그대로 남아 있기도 하다.

이런 점에서 파리는 세상에서 가장 역사적인 도시다. 거리를 산책하는 것은 역사를 거니는 것이다. 고대 로마 시대에서 중세, 근대의 탄생에서 현대까지 기웃거리는 묘미가 있다. 내가 살고 있는 집이나 부근에서 누군가 역사적으로 중요한 사람이 활동했을 것이며, 인간의 상상력의 세계나 예술의 분야에서 획기적인 어떤 일들이 근처에서 벌어졌을 것이다. 파리에서 숨을 쉰다는 것은 역사를 호흡하는 셈이다.

박 물 관 이   나 라 를   지 켜 준 다 ?

나폴레옹은 기억에 대해 '기억이 없는 머리는 군대 없는 광장' 이라는 강렬한 평가를 내렸다. 군인 출신인 나폴레옹에게 군대 없는 광장이란 스스로를 방어할 수 없는 상태를 의미할 것이다. 기억이 없는 머리란 결국 아무런 기능을 하지 못하고 사방으로부터 공격받을 수 있는 광장만큼이나 쓸모없는 존재라는 뜻이다.

　이런 비유가 중요한 것은 한 개인의 삶에서도 기억이 사라진다면 결국 정체성이 없는 존재가 되고 말 것이기 때문이다. 기억이란 내가 나이게끔 하는 장치이기 때문이다. 기억이 없다면 부모도 형제도 친구도 의미가 없다. 기억이 사라지면 과거도 없기 때문이다. 추억이 없음은 미래에 대한 계획을 불가능하게 만든다. 2014년 노벨 문학상을 수상한 파트리크 모디아노Patrick Modiano에 대해 스웨덴 한림원은 '기억의 예술'을 독자적인 경지로 끌어올렸다고 평가한 바 있다. 파리를 무대로 기억의 조각들을 발굴하여 기록하는 형식의 소설가 모디아노야말로 가장 파리적인 작가이기도 하다.

　또한 나폴레옹은 혁명 이후의 프랑스를 장기간 집권한 통치자로 근대 프랑스의 골격을 세운 인물이다. 기억이 없는 머리는 군대가 없는 광장이라는 말을 국가 차원에 적용해본다면 기억이 없는 국가는 스스로를 방어할 수 없는 나라라는 말로 해석할 수 있을 것이다. 조금 더 변형하자면 국가의 기억이 국방의 첫걸음이라는 뜻이다.

　한 나라가 과거를 기억하고 현재까지 오기 위해 노력하고 힘을 합친 경험을 되살리는 이유는 이런 공동의 정체성으로 미래를 향해 나아갈 수 있기 때문이다. 프랑스 대혁명 이후 제헌의회에서 국립도서관을 만들고, 국가기록보관소를 설립한 이유는 모두 여기에서 비롯된다. 프랑스라는 공동체와 민족을 만드는 데 급선무는 조직적으로 기억을 동원하고 소집하고 정리해야 한다는 인식 말이다.

프랑스 대혁명 이후 파리는 박물관의 세계적 수도라고 할 수 있을 만큼 다양한 박물관이 세워졌다. 그중 가장 큰 박물관은 1793년에 '공화국 예술 중앙 박물관'이라는 이름으로 개장한 루브르 박물관으로 6만 제곱미터에 이르는 면적을 자랑한다. 루브르는 2014년만 하더라도 900만 명이 넘는 관람객이 입장한 어마어마한 규모의 세계 정상급 박물관이다.

가장 많은 사람이 방문한 세계 예술 박물관 탑 10위 안에 파리의 박물관이 세 개나 있다. 1위 루브르 박물관을 비롯하여 8위 퐁피두센터, 10위 오르세 미술관이다. 런던 역시 브리티시 뮤지움, 테이트 모던, 내셔널 갤러리 등 세 개의 박물관, 미국도 뉴욕의 메트로폴리탄과 근대예술관(MOMA), 워싱턴의 내셔널갤러리오브아트 등 세 개가 포함되어 있다. 파리는 여기에 덧붙여 500만 명 이상이 방문하는 베르사유궁이 있다. 박물관의 방문객 수를 보면 왜 파리, 런던, 뉴욕이 가장 많은 사람들이 찾는 도시인지를 알 수 있다.

파리에는 이처럼 국제적으로 유명한 박물관 외에도 수많은 박물관이 있다. 일단 문화부에서 직접 운영하는 국립박물관이 35개에 달한다. 또한 파리 시에서 운영하는 시립박물관이 17개다. 여기에 민간에서 운영하는 박물관까지 더하면 과장하여 동네마다 박물관이 하나씩 있다고 할 만하다. 앞서 언급한 박물관 외에도 방문객이 많이 찾는 곳은 케 브

—— 기차역을 개조해 만든 오르세 미술관에는 대중적으로 인기 있는 인상파 작품이 풍부하게 전시되어 있다.

랑리 박물관, 나폴레옹의 묘가 있는 앵발리드 군사박물관, 파리의 역사에 관한 카르나발레 박물관, 기획 전시회를 중심으로 운영되는 그랑팔레 등이 있다.

이 정도면 나폴레옹도 편히 잠들어 있을 것이다. 확실한 기억의 군대가 프랑스를 확고하게 지키고 있기 때문이다. 게다가 프랑스 국민뿐 아니라 전 세계에서 관람객이 찾아와서 이 철통같은 국방 장비를 보고 감탄하니 얼마나 마음이 놓이겠는가.

인 류 예 술 과 문 명 의 박 물 관

|

대부분의 박물관에 대한 소개는 여행 가이드에도 상세하게 실려 있고, 한국에서도 쉽게 정보를 얻을 수 있으니 여기서는 비교적 최근에 생긴 박물관이면서도 많은 관람객이 찾는 케 브랑리 박물관을 소개한다. 특히 이 박물관은 준비 과정부터 프랑스 내외에서 쟁점이 된 바 있어 흥미롭다.

파리에는 에펠탑에서 센 강 건너편 트로카데로 광장에 인간박물관이라는 인류학 및 고고학 박물관이 있었다. 이 박물관에는 인류 초기 문화에 대한 전시물이 다수 있었다. 하지만 이와 별개로 일명 '원시 예술'을 전시하는 특별 박물관이 필요하다는 의견이 1990년대에 제기되었다.

미테랑 대통령이 '독서왕' 국가 원수로 국립도서관을 새로 지었듯이, 시라크 대통령은 예술을 사랑하는 것으로 유명했다. 그는 특히 원시 예술의 후원자로 자임하는 한편 일본 예술에도 조예가 깊었다. 파리 시장 시절 새로운 박물관에 대해 지지 의사를 밝혔던 시라크는 1995년 대통령에 당선되자 박물관 설립을 추진했다. 엄청난 예산을 동원한 결과 2006년 시라크가 퇴임하기 전해에 박물관이 완성되어 개관할 수 있었다. 이 박물관이 케 브랑리 박물관이다.

이 박물관의 정식 명칭은 '아시아, 아프리카, 오세아니아, 아메리카 예술 문명 박물관'이지만 이름이 너무 길어서 강변 둑 이름을 따서 케 브랑리라고 지었다. 논쟁은 박물관의 정식 명칭을 짓는 과정에 있었다.

첫 번째는 문화와 예술 가운데 무엇이 박물관의 개념에 해당하는가였다. 원래 인류학 또는 고고학 박물관의 핵심 개념은 인간이 살아온 문화의 발자취를 소개한다는 것이었다. 하지만 새로운 박물관에서는 그보다는 미적 감각을 감안한 예술성이 강조되었다. 결국 예술 측면을 강조하게 되었지만 박물관 명칭에는 문명이라는 이름이 남았다.

두 번째, 이 박물관의 개념 자체가 유럽 중심주의의 산물이라는 비판이 제기되었다. 전 세계 대륙에서 유럽만 빠진 것이다. 그럼 유럽에는 원시 시대가 없었다는 말인가? 루브르나 오르세는 유럽 문명이 우월하다는 의식을 반영하고, 나머지 원시적이고 미개한 문명은 모두 케 브랑리에 몰아놓았냐는 비판이 나왔다. 결국 이런 비판을 감안하여 원시라

—— 케 브랑리 박물관

는 표현은 사라지고 그냥 지역과 문명을 나열하는 형식이 되었다.

세 번째 논쟁은 각 지역의 대표성과 관련된 것이었다. 예를 들어 캐나다의 이누이트 문명을 대표하는 전시품이 고작 빗 하나에 불과하며 퀘백 지역의 종족들은 허리띠 두 개로 묘사되었다는 것이다. 달리 말해 제대로 전시품을 준비하여 문명을 소개하는 박물관이 아니라 보유하고 있는 물품을 진열한 데 불과하다는 비판이었다.

이처럼 다양한 논쟁을 불러일으킨 케 브랑리 박물관은 그럼에도 불구하고 성공적인 10년을 보냈다. 최근에는 매년 평균 관람객이 100만 명을 넘는다. 아마도 에펠탑 바로 옆에 위치한 지리적 이점을 톡톡히 누리는 것 같다. 게다가 파리를 방문하는 대부분의 관광객은 여전히 프랑스, 유럽, 미국 등 서구인들이다. 원시 예술 논쟁과 상관없이 유럽 중심주의의 시각에서 관람하는 사람들이 대다수다. 이 박물관의 한국 전시실에는 보자기, 갓, 가구, 의상 등의 민속 작품을 전시하고 있다.

공화국 정신이 만든 묘지, 몽파르나스와 페르 라셰즈

30년 전 프랑스에서 유학하던 시절, 한국에서 온 관광객들은 프랑스 사람들이 조상을 잘 만난 덕에 이렇게 앉아서 돈을 번다며 부러

위했다. 정확한 지적이다. 파리는 프랑스인이 2000년 동안 가꾸어온 집이자 정원이고, 가구이자 도서관이며, 문화이자 정신이다. 과거의 것이라고 무조건 버리지 않고 온고지신(溫故知新)의 동양적 사고를 실현한 대표적인 도시가 아닌가 싶다.

하지만 케 브랑리 박물관이 보여주는 교훈은 조상의 힘만으로 이 문화대국이 유지되지 않는다는 점이다. 건축 비용만도 2억 3000만 유로(약 3000억 원)가 소요되었고, 운영비도 매우 많이 든다. 파리가 세계 박물관의 수도라는 명성을 유지하는 비결은 이처럼 지속적으로 새로운 박물관을 개발하고 촉진하는 것이다.

퐁피두센터는 1977년에 개장했는데 이 또한 당시에는 상상하기 어려운 혁신적인 건축이었다. 케 브랑리 박물관과 마찬가지로 처음에는 반대하는 사람이 많았고, 건축물의 미적 감각을 비난하는 여론도 많았다. 하지만 이제 퐁피두센터는 현대 미술의 보고(寶庫)이자 파리의 명물 가운데 하나가 되었다.

미테랑 국립도서관도 얼마나 거대한 계획인지는 한번 건물을 돌아보면 알 수 있다. 기억의 파리를 담기 위한 도서관 건물은 센 강변의 한 면을 크게 차지하는 초현대식 건축이다. 게다가 도서관을 둘러싼 이 지역은 초현대식 건물로 꾸며진 동네가 되었다. 이곳에 서 있으면 파리라는 것을 느끼기 어려울 정도다. 거기서 멀지 않은 곳에 2013년에 개장한 놀이예술박물관이 있다. 예술 장르로 새로이 등장한 만화, 비디오게임,

—— 고전적 돌집 사이에 현대적 감각으로 우뚝 서 있는 퐁피두센터

영화 등의 발전사를 소개하는 박물관이다.

파리는 이처럼 기억과 새로움이 잘 조합된 도시다. 항상 새로움에 대해 개방적인 자세로 받아들인다. 새롭게 만들어진 모든 인간의 활동을 예술이나 문화라고 보고 이를 차곡차곡 정리하고 분석하는 일을 게을리 하지 않는다. 현재의 컬렉션이 미래의 기억이 될 것이라는 사실을 경험을 통해 잘 알기 때문이다.

파리의 이 독특한 성향을 잘 드러내주는 장소가 묘지다. 대부분의 문화에서 묘지는 죽음의 공간으로 구분하여 보통 일상과 먼 장소에 위치한다. 그러나 파리의 묘지는 매우 일상적인 장소로 여겨진다.

파리에는 두 개의 커다란 묘지가 있다. 하나는 우안의 페르 라셰즈 묘지이고 다른 하나는 좌안의 몽파르나스 묘지다. 파리의 많은 유산과 마찬가지로 이 두 묘지도 프랑스 대혁명 이후 나폴레옹의 결정에 의해 만들어졌다. 앙시앵 레짐에서는 무신론자나 죄를 지어 파문당한 사람, 배우, 가난한 사람들은 묻힐 곳이 마땅치 않았다. 혁명의 시대에 나폴레옹은 모든 시민은 인종이나 종교와 상관없이 묻힐 권리가 있다고 생각했다. 공화국 정신의 실현이다. 이에 따라 파리 북쪽에 몽마르트르, 동쪽에 페르 라셰즈, 서쪽에 파시, 남쪽에 몽파르나스 묘지가 만들어졌다.

그중에서도 페르 라셰즈는 매년 방문객이 350만 명에 달하는, 세계에서 가장 많은 사람들이 찾는 묘지다. 대중의 시대에 걸맞는 묘지라고 할 수 있으며, 다시 강조하자면 기억을 중시하는 파리의 모습이 무척 유교적이라고도 할 수 있다.

　나는 몽파르나스 묘지를 자주 찾았다. 많은 문인과 예술가들이 묻혀 있을 뿐 아니라 녹색 공간이 드넓게 펼쳐져서 역사의 기억을 더듬으며 산책과 사색을 즐기기에 아주 적절하기 때문이다.

Tip

케 브랑리 박물관 Musée du Quai Branly

센 강변 에펠탑 부근에 자리한 케 브랑리 박물관은 매년 100만 명 이상의 관람객이 찾는 파리의 명소다. 아프리카의 마스크, 오세아니아의 토템, 아메리카의 조각 등 문자가 없는 지역에서도 인류의 기억을 보존하기 위한 노력을 확인할 수 있다. 박물관이 건립될 당시 많은 논쟁이 있었지만 파리 방문객에게 소중한 기회를 제공하는 것은 틀림없다. 루브르나 오르세에 비해 한적한 분위기에서 관람을 할 수 있고, 정기적으로 열리는 특별 전시회는 세계 오지의 문화를 접할 수 있는 훌륭한 창이다.

<u>Adress</u> 37 Quai Branly 75007 <u>Transport</u> Métro 9호선 Alma Marceau · RER C Pont de l'Alma <u>Homepage</u> http://www.quaibranly.fr

페르 라셰즈 묘지 Cimetière Père Lachaise

페르 라셰즈는 파리에서 제일 큰 공동묘지로, 시에서 운영하는 최초의 공영 묘지이기도 하다. 1804년 나폴레옹이 모든 시민은 인종이나 종교와 상관없이 제대로 묻힐 권리가 있다는 공화주의 정신을 반영하여 만든 공공시설이다. 몰리에르나 발자크 같은 작가, 들라크루아나

파리 코뮌에서 숨진 사람들을 기억하고 추모하기 위한 벽

앵그르 같은 화가, 쇼팽, 로시니, 마리아 칼라스 같은 음악가 들도 이곳에 묻혀 있다. 케 브랑리 박물관이 인류의 기억을 보존하고자 한다면 페르 라셰즈 묘지는 위대한 인물이나 평범한 파리지앵 모두가 편안히 쉬는 언덕이다.

Transport Métro 2호선 Philippe Auguste · Métro 3호선 Gambetta

프랑수아 미테랑 도서관

Bibliothèque François Mitterrand

책 모양으로 설계한 프랑스 국립도서관

파리 시에서 새로 개발한 13구 센 강변
에 자리 잡은 프랑수아 미테랑 도서관은
프랑스 국립도서관의 대표 중심 도서관
이다. 1000만 권 이상의 책을 소장하고
있는 지식의 보고다. 원래 있던 장소가
비좁아 1996년에 이전했으며 책 모양
을 한 거대한 네 개의 빌딩이 있고 지하에 열람실을 갖추고 있다. 도서관 정기권은 1
일 카드가 3.5유로, 1년 카드는 38유로로 매우 저렴한 편이다. 특별히 찾아보고 싶은
책이 없더라도 열람실을 한 바퀴 돌면 프랑스의 지식을 만들어가는 두뇌들이 열심히
독서하고 연구하는 모습을 들여다볼 수 있다.

Transport Métro 14호선 Bibliothèque François Mitterrand

Homepage http://www.bnf.fr

그래도 삶은 계속된다

짧지 않은 파리 여행을 나를 믿고 기꺼이 동행해준 독자들에게 진심으로 감사한다. 책을 쓴다는 것은 무엇인가를 공유하고 싶다는 강한 욕망의 결과다. 내가 독자와 함께 누리고 싶었던 것은 무엇보다 파리에 대한 사랑이고, 이 아름다운 도시의 매력이며, 파리지앵들의 숭고한 정신이다. 권력에 저항하면서도 약자를 보듬고 품어주는 연대의 정신 말이다.

객관성을 유지하려고 노력했지만 그래도 이 책에 담긴 파리 이야기는 무척 주관적으로 비칠 수 있다. 예를 들어 파리가 전혀 아름답지 못한 지저분한 도시라고 생각하는 사람도 많다. 또 어떤 사람은 연대의 정신은커녕 이기적이고 차갑고 계산적인 인간으로 가득한 탐욕과 허영의 도시라고 여기기도 한다. 파리지앵조차 이제 이 도시는 살아 숨 쉬는 생물이 아니라 박제화된 박물관이라고 아쉬워하는 경우도 있다. 상당수의 사람들이 파리에 대해 왜 이런 부정적인 감정을 느끼는지 이해하지 못하는 것은 아니다. 그럼에도 불구하고 내가 가진 파리에 대한 애틋한 감정은 긴 시간 이 도시와 가졌던 특별한 관계 때문일 것이다.

나는 고등학교부터 박사학위를 받을 때까지 파리에서 유학을 했다. 나의 두 아이는 모두 파리에서 태어났다. 나는 1993년에 박사학위를 마치고 귀국했지만, 하나뿐인 남동생은 계속 파리에서 공부했다. 내가 프랑스 문화를 소개하는 책《똑같은 것은 싫다》를 출판한 2000년, 동생은 교통사고로 세상을 떠났다. 의대를 졸업하고 정형외과 전문의를 딴 뒤 임용을 앞두고 사고를 당했다. 나는 삶에서 어느 날 갑자기 닥치는 사고와 불행을 뼈저리게 경험했다. 그 후 10년 동안 파리를 의도적으로 피했다. 출장이라도 가게 되면 몰려오는 고통이 견디기 어려워 도망 나오듯 달아났다.

그러다 2010년쯤 고통을 극복하자고 마음을 먹었다. 억지로, 일부러, 강제로 파리를 집요하게 찾았다. 친구들을 다시 찾았고, 만나서 즐겁고 행복한 시간을 함께 보내면서 파리의 밝은 면을 보려고 노력했다. 아무리 힘들어도 파리에서 도망치지 않고 버텨야 한다고 다짐했다. 여러 해 이런 노력을 반복하면서 파리의 죽음과 고통의 그림자는 서서히 걷혔다. 순간순간 파리는 여전히 가슴 한구석에 아픔을 주지만, 이제 먹구름 사이로 비치는 밝은 햇살을 느낄 수 있게 되었다.

2015년은 테러의 폭풍이 파리에 휘몰아친 해다. 연초에 벌어진《샤를리 에브도》테러 사건에서 나는 지적 동지를 잃었다. 내가 번역했던《무용지물 경제학》과《케인즈는 왜 프로이트를 숭배했을까》의 저자이자 대안 경제학자인 베르나르 마리스가 편집회의에 참석했다가 테러범의 총탄에 맞아 죽은 것이다.

나에게 이 책은 죽음과 상실의 늪에서 손에 잡은 지푸라기였다. 파리의 공포 속에서 나는 글쓰기를 시작했다. 구름 낀 하늘과 비 내리는 거리를 바라보며 글을 썼다. "우리는 평생 삶을 사랑과 희망의 색으로 칠해야 한다"는 샤갈의 말을 생각하면서 파리의 열두 풍경을 그렸다. 암울하고 슬픈 파리가 아니라 즐겁고 밝은 파리가 있다는 사실을 스스로 되새기며 글에 매달렸다. 여름 방학이 끝날 무렵에야 초고를 마무리할 수 있었다.

원고를 다듬으며 희망의 파리를 열심히 그리고 있는데 11월에 다시 IS(이슬람국가)의 테러가 파리를 강타했다. 평화로운 금요일 밤, 삶의 기쁨을 누리는 무고한 파리지앵 수백 명이 죽거나 다쳤다. 가족과 친구와 사랑하는 사람을 한순간에 잃고 세상에 남은 동병상련의 사람들, 그 고통은 오래 지속될 것이다. 그래도 삶은 계속되어야 한다. 고통과 절망을 딛고 일어나서 사랑과 희망으로 삶을 색칠하는 작업을 계속해야 한다. 사랑하는 이들과 작별도 나누지 못하고 갑작스레 세상을 떠난 사람들의 명복을 빌며 파리 여행을 마친다.

이 책이 세상의 빛을 보기까지 직·간접적으로 많은 분의 도움을 받았다. 이 책의 원고를 읽고 흔쾌히 출판을 결정해준 도서출판 책과함께의 류종필 대표와 소박한 원고를 훌륭한 책으로 완성해준 천현주, 박진경 편집자에게 감사드린다.

2013년 파리에서 연구년을 보내는 동안 30년 지기 파트리크 베이유 Patrick Weil는 자신이 근무하는 파리 1대학 20세기사회사연구소에서 연구할 수 있도록 주선해주었고, 자신은 미국 예일대에 객원교수로 간다며 나에게 개인 연구실을 선뜻 내주었다. 우연히도 20세기사회사연구소 소장은 내가 고등학교 때 역사학을 가르쳐준 미셸 피주네 Michel Pigenet 선생님이었다. 당시 아프리카에서 온 한국 학생을 믿고 학교를 대표해서 프랑스 전국 역사학 백일장에 나가도록 추천해주셨던 은사를 수십 년 만에 만난 감동스러운 재회였다. 여기서 모두 거명할 수는 없지만 연구소의 훌륭한 사회사 연구진은 내가 이 책을 쓰는 데 필요한 시각과 지적 양식을 제공해주었다. 이 자리를 빌려 깊은 감사를 올린다.

연구년은 물론 그 후 파리를 방문할 때마다 가족처럼 반갑게 맞아주는 친구들이 없었다면 파리의 우울을 절대 극복하지 못했을 것이다. 영화를 제작하는 티에리 Thierry Wong와 은행에서 근무하는 질베르 Gilbert Couderc, 그리고 홍콩에 오래 살다 파리로 돌아온 금융계의 윤경화가 들려주는 살아 숨 쉬는 파리의 이야기는 이 책을 더욱 풍요롭게 만들어주었다. 조선일보의 이성훈 파리 특파원과 전은경 부부, 시앙스포 후배인 안창균과 이수현은 포도주 잔을 기울이며 파리에 대해 많은 토론을 나누는 것은 물론 초고를 읽고 피드백까지 해주는 수고를 마다하지 않았다. 이 친구들과 그 가족들에게 감사의 말을 전한다.

내가 가장 두려워하는 독자는 아내 황세희다. 16년의 기자 경력으로 단련된 날카로운 눈으로 어색한 표현이나 말이 안 되는 내용을 솔직하게 꼬집어내기 때문이다. 이 책의 원고도 어렵사리 아내의 테스트를 통과했다. 무엇보다 자주 집과 본국을 비울 수밖에 없는 지역 연구자의 직업적 고충을 넓은 마음으로 이해해주는 아내가 있기에 현장의 기운을 담은 글을 쓸 수 있었다. 미안하면서 동시에 고마운 마음을 표한다.

2016년 봄을 기다리며, 파리에서
조홍식

파리의 열두 풍경

루브르에서 루이뷔통까지, 조홍식 교수의 파리 이야기

1판 1쇄 2016년 4월 20일
1판 3쇄 2017년 5월 20일

지은이 | 조홍식

펴낸곳 | (주)도서출판 책과함께
　　　　주소 (04022) 서울시 마포구 동교로 70 소와소빌딩 2층
　　　　전화 (02) 335-1982~3
　　　　팩스 (02) 335-1316
　　　　전자우편 prpub@hanmail.net
　　　　블로그 blog.naver.com/prpub
　　　　등록 2003년 4월 3일 제25100-2003-392호

ISBN 979-11-86293-55-3 03920

이 도서의 국립중앙도서관 출판예정도서목록(CIP)은 서지정보유통지원시스템 홈페이지(http://seoji.nl.go.
kr)와 국가자료공동목록시스템(http://www.nl.go.kr/kolisnet)에서 이용하실 수 있습니다.(CIP제어번호:
CIP2016009008)

• 이 책에 실은 도판과 텍스트는 저작권자의 허락을 받아 게재한 것입니다. 허가를 받지 못한 일부 도판과 텍스트는 저작권자가 확인되는 대로 허가 절차를 따르겠습니다.